독자의 **1초**를 아껴주는 정성!

—

세상이 아무리 바쁘게 돌아가더라도

책까지 아무렇게나 빨리 만들 수는 없습니다.

인스턴트 식품 같은 책보다는

오래 익힌 술이나 장맛이 밴 책을 만들고 싶습니다.

길벗이지톡은 독자여러분이 우리를 믿는다고 할 때 가장 행복합니다.

나를 아껴주는 어학도서, 길벗이지톡의 책을 만나보십시오.

독자의 1초를 아껴주는 정성을 만나보십시오.

미리 책을 읽고 따라해본 2만 베타테스터 여러분과 무따기 체험단, 길벗스쿨 엄마 2% 기획단,

시나공 평가단, 토익 배틀, 대학생 기자단까지!

믿을 수 있는 책을 함께 만들어주신 독자 여러분께 감사드립니다.

mp3 파일 다운로드 무작정 따라하기

길벗 홈페이지 (www.gilbut.co.kr)로 오시면 mp3 파일 및 관련 자료를 다양하게 이용할 수 있습니다.

1단계	도서명 ▾ [ ] 검색 에 찾고자 하는 책이름을 입력하세요.
2단계	검색한 도서로 이동하여 〈자료실〉에서 mp3 파일을 다운로드 받으세요.

네이티브는 쉬운 일본어로 말한다 200

대화 편

1권 | 001-100 대화

스자키 사요 저

네이티브는 쉬운 일본어로 말한다 - 200대화 편

The Native Japanese Speaks Easily - 200 Dialogues

초판 발행 · 2019년 7월 25일
초판 3쇄 발행 · 2023년 7월 10일

지은이 · 스자키 사요
발행인 · 이종원
발행처 · (주)도서출판 길벗
브랜드 · 길벗이지톡
출판사 등록일 · 1990년 12월 24일
주소 · 서울시 마포구 월드컵로 10길 56(서교동)
대표 전화 · 02)332-0931 | **팩스** · 02)323-0586
홈페이지 · www.gilbut.co.kr | **이메일** · eztok@gilbut.co.kr

기획 및 책임 편집 · 오윤희(tahiti01@gilbut.co.kr) | **디자인** · 최주연 | **제작** · 이준호, 손일순, 이진혁
마케팅 · 이수미, 장봉석, 최소영 | **영업관리** · 김명자, 심선숙 | **독자지원** · 송혜란, 윤정아

편집진행 및 교정 · 이경숙 | **전산편집** · 수(秀) 디자인 | **녹음 및 편집** · 와이알미디어
CTP 출력 · 인쇄 · 예림인쇄 | **제본** · 예림바인딩

ISBN 979-11-5924-230-4 03730
(길벗 도서번호 301009)

정가 16,000원

<사요채널> 독자들의 기대평

현지인 같은 일본어를 구사하는 게 목표인데 네이티브 일본인이 알려주는 일본어라서 정말 도움이 많이 됐습니다. 출간하시는 책도 딱 제가 찾던 현지 회화 표현이라 일본 생활에 많은 도움이 될 것 같아요. 기대하겠습니다.

: 세오타로 :

상황별로 쓰이는 단어라든지 표현을 네이티브 발음으로 듣고 쉽게 익힐 수 있어서 영상을 자주 봤어요. 목표가 네이티브와의 대화인 만큼 네이티브가 사용하는 표현을 익힐 수 있을 것 같아서 책도 너무 기대됩니다.

: 이소영 :

사실 한국의 일본어 학습서들이 진짜 일상생활에서 쓰이지 않는 표현이나 문장이 많고, 좀 어색한 표현이 있어서 사요 님 채널 통해서 생생한 표현들 많이 얻어가요. 그런 사요 님이 쓰신 책이라 더 기대됩니다.

: EB SHIN :

대화로 재미있게 공부해보려고 언어교류회에서 일본인과 대화하고 친구 사귀려고 노력 중인데 사요 님이 가르쳐준 일상생활 표현과 유행어 등은 반응도 좋았고 도움이 많이 되고 있어요. 책 출간 정말 축하드리고, 새 책도 얼른 읽어보고 싶네요.

: hyunky :

사요 님의 일본어는 머릿속에서 생각하는 것이 아니라 그냥 쉽게 내뱉을 수 있는 말들, 짧고 간단하지만 의미를 충분히 전달할 수 있는 말들이라 아주 유용해요. 게다가 재미까지 있어서 공부한다는 부담도 없습니다. 출간하는 책 내용이 마구마구 궁금해지네요.

: soyoung kim :

저는 일어과 학생입니다. 일본어에 관심 있는 지인들에게 사요 님 유튜브 채널을 많이 추천해줬는데, 이런 꿀지식이 책으로 나온다고요? 앞으론 채널이랑 책 세트로 공부하라고 말해줄 거예요.

: 문초희 :

머리말

네이티브는 짧고 쉬운 문장으로 대화한다!

유튜브 채널에 일본어 학습 콘텐츠를 만들어 업로드 한 지 2년이 지났습니다. 채널을 운영하면서 많은 구독자들과 소통하며 느낀 점이 있는데요, 바로 일본어를 어렵게 접근하는 분들이 많다는 거예요. 외국어 공부는 다양한 방법이 있지만 저는 '쉬운 내용을 가지고 재미있게 공부하는 방법'을 권해드립니다. '천재는 노력하는 자를 이길 수 없고, 노력하는 자는 즐기는 사람을 이길 수 없다'라는 말처럼 흥미와 재미를 가지고 접근하면 일본어를 공부하는 과정이 훨씬 즐겁게 느껴질 거예요.

쉽고 단순한 문장으로 배운다!

이 책은 친구끼리 편하게 나눌 수 있는 반말 대화를 정리한 책으로 카페, 쇼핑, 다이어트, 연애, SNS 등 젊은 층의 관심사를 담은 10가지 테마로 분류했습니다. 네이티브가 실생활에서 사용하는 말들은 의외로 그다지 어렵지 않습니다. 일본어 기초 학습자들도 충분히 알 수 있을 만한 단어와 표현을 가지고 짧은 문장을 만들어 대화하는 경우가 대부분이에요. 여러분도 쉬운 단어와 표현으로 이루어진 짧은 문장으로 대화를 해보세요. 이 책이 그 길잡이가 되어줄 겁니다.

언어는 문화에 대한 이해와 함께!

일본어만 공부하고 문화에 대한 이해가 부족하면 네이티브가 왜 그런 표현을 써서 말하는지 모를 수 있습니다. 한국과 일본의 문화가 다르기 때문이지요. 이 책에는 대화문과 관련된 일본문화 이야기, 알아두면 도움되는 다양한 관련 표현들을 넣었습니다. 읽으면서 일본 문화에 대한 이해도를 높여보세요. 이 책을 공부할 때는 mp3 파일도 꼭 들어보세요. 마치 일본인 친구와 이야기하는 것처럼 직접 소리 내어 말해보세요. 상대가 하는 말을 듣고 그 말에 어떻게 대답할지 생각해보는 것도 좋은 공부 방법입니다.

이 책이 여러분에게 일본어가 더욱 쉽고 가깝게 느껴지는 계기가 되기를 바랍니다.

스자키 사요

하루 5분, 일본어 습관을 만드세요!

부담 없이 하루에 대화 하나 정도만 읽어보세요. 매일매일의 습관이 일본어 실력을 만듭니다!

1단계 출근길 1분 30초 **일본어 대화를 보고 어떤 의미인지 생각해보세요.**

한 페이지에 ABAB로 구성된 일본어 대화가 정리되어 있습니다. 상황 설명, 단어 뜻과 표현 TIP을 참고하여 어떤 의미인지 생각해보세요. 다음 페이지에서 뜻을 확인하고, 한 문장이라도 맞히지 못했다면 오른쪽 상단 체크 박스에 표시해두세요.

2단계 이동 시 짬짬이 2분 **mp3 파일을 들으며 따라 해보세요.**

mp3 파일에 녹음된 원어민의 음성을 듣고 따라 해보세요. 표현을 쓸 상황을 상상하며 감정을 살려 연습하면, 실제 상황에서도 자신 있게 말할 수 있습니다.

3단계 퇴근길 1분 30초 **체크 박스에 표시해둔 대화는 한 번 더 확인하세요.**

앞 페이지에서는 일본어를 보고 우리말 뜻을 떠올려보고, 뒤 페이지에서는 우리말을 보고 일본어 문장을 5초 이내로 바로 말할 수 있다면 성공입니다!

망각방지 복습법

매일매일 일본어 습관을 들이는 것과 함께 꼭 신경 써야 할 한 가지가 있습니다. 인간은 망각의 동물! 채워 넣을 것이 수없이 많은 복잡한 머릿속에서 입에 익숙지 않은 일본어 문장은 1순위로 빠져나가겠지요. 그러니 자신 있게 외웠다고 넘어간 표현들도 하루만 지나면 절반 이상 잊어버립니다.

1단계 **망각방지장치 ❶**

10일에 한 번씩, 10개 대화를 공부한 후 복습에 들어갑니다. 통문장을 외워서 말해야 한다는 부담 없이, 핵심 키워드만 비워 놓아 가볍게 기억을 떠올려볼 수 있습니다. 문장을 완성하지 못했다면, 체크하고 다시 앞으로 돌아가 한 번 더 복습합니다.

2단계 **망각방지장치 ❷**

20일에 한 번씩, 20개 대화를 복습할 수 있도록 10개의 대화문을 넣었습니다. 망각방지장치 ❷의 대화문은 앞에서 배운 대화의 응용 버전입니다. 우리말 해석 부분을 일본어 표현으로 바꿔 말해보세요. 네이티브들이 쓰는 생생한 대화로 다시 복습하면, 앞에서 배운 회화 문장들을 어떻게 써먹어야 할지 감이 확실히 잡힐 거예요.

이 책의 구성

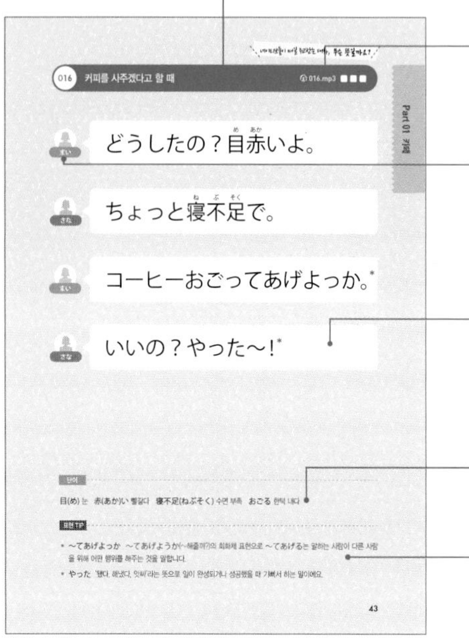
016 커피를 사주겠다고 할 때

016.mp3

Part 01 카페

どうしたの？目赤いよ。

ちょっと寝不足で。

コーヒーおごってあげよっか。*

いいの？やった～！*

단어

目(め) 눈 赤(あか)い 빨갛다 寝不足(ねぶそく) 수면 부족 おごる 한턱 내다

표현 TIP

- ～てあげよっか ～てあげようか(~해줄까?)의 회화체 표현으로 ～てあげる는 말하는 사람이 다른 사람을 위해 어떤 행위를 해주는 것을 말합니다.
- やった '됐다, 해냈다, 앗싸'라는 뜻으로 일이 완성되거나 성공했을 때 기뻐서 하는 말이에요.

43

상황 설명 어떤 상황에서 이뤄지는 대화인지 간단하지만 '확!' 와 닿게 설명했습니다. 상황 설명을 보고 어떤 대화인지 감을 잡아보세요.

mp3 파일 해당 페이지를 공부할 수 있는 mp3 파일입니다. 우리말 해석과 일본어 문장을 모두 녹음했습니다.

등장인물 대화하는 인물을 단순히 A/B로 정리하지 않고, '남-여, 남-남, 여-여'끼리의 대화라는 것을 한번에 알 수 있도록 남녀 아이콘과 구체적인 이름으로 표기했습니다.

일본어 대화 한 페이지에 ABAB로 구성된 일본어 대화를 넣었습니다. 일본인이 자주 쓰는 표현 중에서 초중급자에게도 어렵지 않은 단어로 된 문장만 뽑았습니다.

단어 일본어 대화를 보고 어떤 뜻인지 감이 오지 않는다면, 간단히 정리한 단어를 참고하세요.

표현 TIP 대화문에 쓰인 표현의 이해를 돕기 위해 추가 설명이 필요한 부분을 골라 넣었습니다.

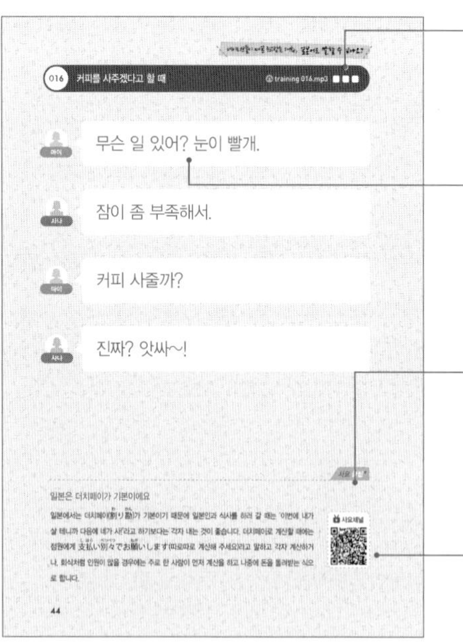
016 커피를 사주겠다고 할 때

training 016.mp3

무슨 일 있어? 눈이 빨개.

잠이 좀 부족해서.

커피 사줄까?

진짜? 앗싸~!

일본은 더치페이가 기본이에요

일본에서는 더치페이(割り勘)가 기본이기 때문에 일본인과 식사를 하러 갈 때는 '이번에 내가 살 테니까 다음에 네가 사'라고 하기보다는 각자 내는 것이 좋습니다. 더치페이로 계산할 때에는 점원에게 支払い別々でお願いします(따로따로 계산해 주세요)라고 말하고 각자 계산하거나, 회식처럼 인원이 많을 경우에는 주로 한 사람이 먼저 계산을 하고 나중에 돈을 돌려받는 식으로 합니다.

사요채널

44

체크 박스 일본어 대화를 보면서 해석이 잘되지 않거나, 우리말 해석을 보면서 일본어 표현이 떠오르지 않는다면 체크하세요. 복습할 때 체크한 대화 위주로 학습합니다.

우리말 해석 일본어 대화문 바로 뒤 페이지에 해석을 넣었습니다. 일본어 문장의 뜻과 뉘앙스를 100% 살려 가장 자연스러운 우리말로 해석했습니다. 우리말을 보고 일본어가 바로 나올 수 있게 연습하세요!

사요꿀팁 사요 선생님이 알려주는 진짜 일본어, 일본문화 꿀팁을 소개합니다. 대화를 이해하는 데 도움이 되는 일본문화 관련 정보나 한국문화와의 차이점, 다양한 일본어 표현을 소개하고 정리했습니다.

사요채널 영상 QR코드 사요꿀팁에서 알려주는 정보와 관련이 있는 영상을 바로 볼 수 있도록 QR코드를 넣었습니다.

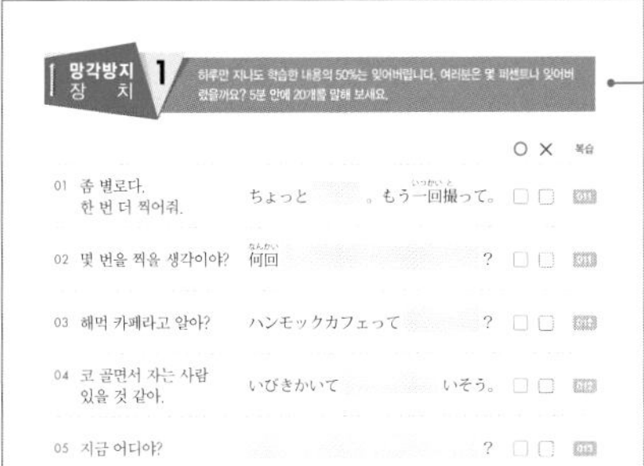

망각방지 장치 1 하루만 지나도 학습한 내용의 50%는 잊어버립니다. 여러분은 몇 퍼센트나 잊어버렸을까요? 5분 안에 20개를 말해 보세요.

			O	X	복습
01	좀 별로다. 한 번 더 찍어줘.	ちょっと 　。もう一回撮って。	☐	☐	011
02	몇 번을 찍을 생각이야?	何回 　?	☐	☐	011
03	해먹 카페라고 알아?	ハンモックカフェって 　?	☐	☐	012
04	코 골면서 자는 사람 있을 것 같아.	いびきかいて 　いそう。	☐	☐	012
05	지금 어디야?	?	☐	☐	013

확인학습 망각방지장치 ❶

대화 10개마다 문장을 복습할 수 있는 연습문제를 넣었습니다. 빈칸에 알맞은 말을 넣어 5초 이내에 문장을 말해보세요. 틀린 문장은 오른쪽 대화 번호를 참고해, 그 표현이 나온 페이지로 돌아가서 다시 한번 확인하고 넘어가세요.

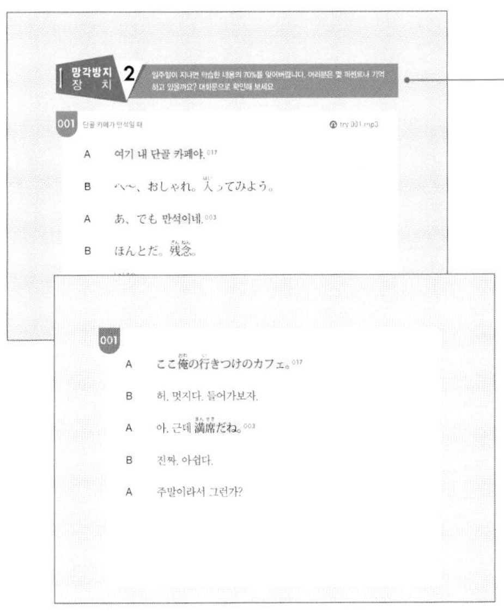

망각방지 장치 2 일주일이 지나면 학습한 내용의 70%를 잊어버립니다. 여러분은 몇 퍼센트나 기억하고 있을까요? 대화문으로 확인해 보세요.

001 단골 카페가 만석일 때 　try 001.mp3

A 여기 내 단골 카페야. 017

B へ～、おしゃれ。入ってみよう。

A あ、でも 만석이네. 003

B ほんとだ。残念。

001

A ここ俺の行きつけのカフェ。017

B 허, 멋지다. 들어가보자.

A 아, 근데 満席だね。003

B 진짜, 아쉽다.

A 주말이라서 그런가?

확인학습 망각방지장치 ❷

대화 20개를 배울 때마다 앞서 배운 표현을 활용할 수 있는 응용 대화문 10개를 넣었습니다. 대화 상황 속에서 우리말 부분을 일본어로 바꿔 말해보세요. 뒤 페이지에서 정답과 해석을 바로바로 확인할 수 있습니다.

mp3 파일 활용법

책에 수록된 모든 문장은 일본인 베테랑 성우의 목소리로 직접 녹음했습니다. 오디오만 들어도 이 책의 모든 문장을 외울 수 있도록, 일본어 문장뿐 아니라 우리말 해석까지 녹음했습니다. 일본어 문장이 입에 착! 붙을 때까지 여러 번 듣고 따라 하세요. mp3 파일은 길벗이지톡 홈페이지(www.gilbut.co.kr)에서 무료로 다운로드 받거나, 각 Part가 시작하는 부분의 QR코드를 스캔해 스마트폰에서 바로 들을 수 있습니다.

1단계 **그냥 들으세요!** 일본인 회화

2단계 **일본어로 말해보세요!**
- (한 문장씩) 우리말 해석 ➡ 답하는 시간 ➡ 일본어 문장 ➡ 따라 말하는 시간
- A 대사 듣기 ➡ B 역할 하기 ➡ A 대사 듣기 ➡ B 역할 하기
- A 역할 하기 ➡ B 대사 듣기 ➡ A 역할 하기 ➡ B 대사 듣기

*〈망각방지장치 ❷〉는 1단계만 있습니다.

차례

1권

2권

Part 01

네이티브가 매일 주고받는

카페 대화 20

Part 01 전체 듣기

더워서 한 잔, 졸려서 한 잔. 이젠 일상이 된 하루 커피 한 잔!
'목 말라 죽겠어, 자리 잡아둘까?, 빈자리가 없네, 뭐 먹을지 고민되네,
난 아이스커피, 졸려, 커피 사줄까?, 카페에서 시간 때우고 있을게' 등등
카페에서 주고받는 다양한 대화를 익혀 보세요.

001 친구에게 카페에 가자고 할 때

002 카페에서 음료 주문을 부탁할 때

003 카페에 빈자리가 없을 때

004 카페에서 간단히 요기할 때

005 카페에서 음료를 고를 때

006 몰랐던 사실을 알았을 때

007 넋 놓고 앉아 있는 남친에게

008 카페에서 공부하는 사람들을 보고

009 카페에서 이상형을 발견했을 때

010 다정한 연인을 보고 부러울 때

011 찍은 사진이 마음에 들지 않을 때

012 이색 카페를 발견했을 때

013 친구와 통화하며

014 패스트푸드점 커피에 대해 말하면서

015 커피가 또 마시고 싶을 때

016 커피를 사주겠다고 할 때

017 단골 카페를 소개할 때

018 약속 시간보다 일찍 왔을 때

019 금연 카페에서

020 특별한 날에 대해 물을 때

001 친구에게 카페에 가자고 할 때

001.mp3 ■■■

のどかわいて死(し)にそう。*

今日(きょう)暑(あつ)いからね。

カフェで一休(ひとやす)みしない？

そうだね！ スタバよってこ。*

단어

のど 목　かわく 마르다　死(し)ぬ 죽다　～そうだ ~것 같다　今日(きょう) 오늘　暑(あつ)い 덥다
カフェ 카페　一休(ひとやす)み 잠깐 쉼　スタバ 스타벅스　よる 들르다

표현 TIP

* ～て死(し)にそう '~해서 죽겠어, 죽을 것 같아'라는 뜻이에요.
* よってこ よって行(い)こう(들렀다 가자)의 줄임말입니다.

001 친구에게 카페에 가자고 할 때

training 001.mp3

목말라 죽겠어.

오늘 더우니까.

카페에서 잠깐 쉬었다 갈래?

그래! 스벅 들렀다 가자.

사요 꿀팁*

일본의 대표 카페 체인점을 소개합니다

'스타벅스'를 정확히 말하면 スターバックス인데 한국에서 '스벅'으로 줄여서 말하는 것처럼 대화할 때는 일반적으로 スタバ라고 해요. 이 밖에 대표적인 카페 체인점으로는 タリーズコーヒー(TULLY'S COFFEE), ドトールコーヒー(Doutor Coffee), コメダ珈琲店(komeda 커피점), サンマルクカフェ(Saint Marc Cafe) 등이 있습니다.

002 카페에서 음료 주문을 부탁할 때

002.mp3

混(こ)んでるね。

ほんとだ。席(せき)とっとく?*

うん! よろしく。

じゃあ、注文(ちゅうもん)よろしく!

단어

混(こ)む 붐비다　ほんと 정말, 진짜　席(せき) 자리　とる 잡다　注文(ちゅうもん) 주문

표현 TIP

* ほんと　ほんとう(정말, 진짜)의 줄임말이에요.
* とっとく　とっておく의 줄임말로 '확보해두다, 보관해두다'라는 뜻입니다.

002 카페에서 음료 주문을 부탁할 때

training 002.mp3

사람 많네.

정말. 자리 잡아둘까?

응 ! 부탁해.

그럼, 주문해줘!

사요 꿀팁*

일본 카페에서는 빈자리를 먼저 확인하세요!

일본의 카페는 한국에 비해 공간이 좁고 빈자리가 없을 때가 종종 있기 때문에 먼저 자리가 있는지 확인하고 주문하는 경우가 많아요. 그리고 식당에서는 점심시간이나 사람이 많이 몰리는 시간에는 자리가 없기 때문에 따로 온 손님을 한 테이블에 앉게 하는 相席(あいせき)(합석)를 부탁하기도 합니다. 보통 相席(あいせき)でもいいですか(합석해도 됩니까?)라고 물어봅니다.

003 카페에 빈자리가 없을 때

003.mp3

ここいつも満席(まんせき)だね。

私(わたし)もカフェでも開(ひら)いてみようかな。*

そんなに甘(あま)くないと思(おも)うよ。*

やってみないとわからないじゃない。

단어

いつも 언제나, 항상　満席(まんせき) 만석　開(ひら)く 시작하다, 일으키다　甘(あま)い 달다, 다루기 쉽다
思(おも)う 생각하다　やる 하다　わかる 알다

표현 TIP

* 開(ひら)いてみよう ～てみよう는 '～해보자'라는 뜻으로 새로운 일에 도전하거나 시도해보자고 할 때 써요.
* 甘(あま)い '달다'라는 뜻으로 많이 쓰지만 여기서는 '다루기 쉽다, 쉽게 생각하다'라는 뜻으로 쓰였어요.

003 카페에 빈자리가 없을 때

training 003.mp3

여기는 항상 만석이네.

나도 카페나 열어볼까?

그렇게 쉽지 않을걸.

안 해보면 모르잖아.

사요 꿀팁*

회화에서 자주 쓰는 종조사 ね와 よ의 쓰임

종조사 ね는 상대방의 동의를 기대할 때 쓰는 말이에요. 가령 暑(あつ)いですね에서의 ね는 '덥네요'라는 뜻을 전달하면서 상대방이 동의하겠지 하는 기대감이 포함되어 있습니다. 그리고 よ는 듣는 사람이 모르는 내용을 알려주거나 주의를 환기시키기 위해 사용하는데요, 危(あぶ)ないよ(위험해), 혹은 勉強(べんきょう)しろよ(공부해)라고 할 때는 명령, 금지, 권유의 의미도 들어 있습니다.

사요채널

004 카페에서 간단히 요기할 때

004.mp3

ここ軽食(けいしょく)メニュー充実(じゅうじつ)してるね。*

ほんとだ。サンドイッチもあるし、トーストもあるね。

コーヒーもすごく種類(しゅるい)が多(おお)いね。

何(なに)食(た)べるか迷(まよ)っちゃう。

단어

軽食(けいしょく) 간단한 식사, 스낵　メニュー 메뉴　充実(じゅうじつ) 알참　サンドイッチ 샌드위치　トースト 토스트　コーヒー 커피　種類(しゅるい) 종류　多(おお)い 많다　食(た)べる 먹다　迷(まよ)う 고민하다, 헤매다

표현 TIP

* 軽食(けいしょく) 샌드위치처럼 간단히 먹을 수 있는 식사나 요리를 뜻해요. スナック(스낵)과 같은 뜻입니다.
* 充実(じゅうじつ)してる 직역하면 '충실하다'라는 뜻인데요, 여기서는 '실하다, 알차다'라는 뜻으로 해석했습니다.

004 카페에서 간단히 요기할 때

training 004.mp3

여기 간식 메뉴 되게 혜자롭다.

진짜. 샌드위치랑 토스트랑 다 있어.

커피도 엄청 종류가 많아.

뭐 먹을지 고민되네.

사요 꿀팁*

카페에 가면 먹을 수 있는 대표 간식 메뉴

요즘 카페에는 다양한 음료뿐만 아니라 배가 출출할 때 가볍게 식사 대용으로 먹을 수 있는 간식 메뉴들도 잘 갖추어져 있는데요. 대표적인 메뉴가 トースト(토스트)나 サンドイッチ(샌드위치)입니다. 샌드위치는 들어가는 재료에 따라 たまごサンド(계란 샌드위치), 野菜(やさい)サンド(야채 샌드위치), ハムサンド(햄 샌드위치), ミックスサンド(믹스 샌드위치), ツナマヨサンド(참치마요 샌드위치) 등이 있고, 토스트에는 ピザトースト(피자 토스트)를 비롯해 フレンチトースト(프렌치 토스트), チーズトースト(치즈 토스트) 등이 있어 다양하게 즐길 수 있습니다

005 카페에서 음료를 고를 때

005.mp3

何頼む？*
(なに たの)

私カフェラテホットで。
(わたし)

ゆかは？*

私はアイスコーヒー。
(わたし)

じゃあ、注文しよっか。*
(ちゅうもん)

단어

頼(たの)む 주문하다 カフェラテ 카페라떼 ホット 핫(hot), 뜨거움 アイスコーヒー 아이스커피
注文(ちゅうもん) 주문

표현 TIP

* 頼む(たの) '부탁하다, 의뢰하다'라는 뜻이지만 음식점 등에서는 '주문하다'라는 뜻으로 써요.
* しよっか '~할까'라는 뜻으로, しようか의 회화체입니다.

카페에서 음료를 고를 때

training 005.mp3

뭐 주문할래?

나는 카페라떼 따뜻한 걸로. 유카는?

나는 아이스커피.

그럼 주문할까?

사요 꿀팁*

현금 사회 일본의 캐시리스화

일본에서는 몇 년 전까지 신용카드를 사용할 수 없는 가게나 카페가 많아서 항상 현금을 가지고 다녀야 했지만 도쿄올림픽, 코로나19로 인해 キャッシュレス化(캐시리스화)가 되어 최근에는 많은 가게에서 신용카드를 사용할 수 있게 되었습니다. 결제 방법으로는 LINE Pay, PayPay와 같은 QR코드 결제가 있고, PASMO, Suica와 같은 전자화폐, 그리고 신용카드 등으로도 결제를 할 수 있습니다.

006 몰랐던 사실을 알았을 때

006.mp3

コーヒー飲(の)もうかな。

妊娠中(にんしんちゅう)ってコーヒーダメじゃないの?*

ディカフェだったら大丈夫(だいじょうぶ)だよ。

そんなのあるんだ!

단어

飲(の)む 마시다　妊娠(にんしん) 임신　中(ちゅう) ~중　ダメ 안 됨　ディカフェ 디카페인
大丈夫(だいじょうぶ) 괜찮음

표현 TIP

* **~って** ~って은 격의 없는 구어체로 어떤 것을 화제로 삼아 정의나 의미를 설명하거나 평가를 내릴 때 사용합니다.
* **~じゃない** ~ではない의 격의 없는 표현으로 '~가 아니다'라는 부정의 뜻과 '~아냐?'라는 의문의 뜻으로 쓰입니다.

몰랐던 사실을 알았을 때

training 006.mp3

커피 마실까?

임신 중에는 커피 안 되는 거 아니야?

디카페인 커피라면 괜찮아.

그런 게 있구나!

사요 꿀팁*

'디카페인 커피'는 ディカフェ라고 해요

카페인을 줄인 커피 디카페인 커피는 일본어로 ディカフェ, デカフェ 또는 カフェインレス(카페인리스), カフェインフリー(카페인 프리)라고도 해요. 일본에서 디카페인 커피를 마실 수 있는 곳은 스타벅스, 타리즈커피 등이 있습니다.

넋 놓고 앉아 있는 남친에게

007.mp3

何ボーっとしてるの？

なんか眠くてさ。*

徹夜でもしたの？*

うん。実は海外ドラマにハマっちゃって。*

단어

ぼうっとする 멍하다, 얼빠지다　眠(ねむ)い 졸리다　徹夜(てつや)する 밤새다, 철야하다
海外(かいがい) 해외　ドラマ 드라마　はまる 빠지다

표현 TIP

* なんか '왠지, 뭔가'의 뜻으로, 말을 할 때 입버릇처럼 붙여 말하는 사람도 많아요.
* ～でもしたの？ '~라도 했어?'라는 뜻입니다. でも는 '~(이)라도'라는 뜻으로 범위를 제한하지 않고 예를 들어 말할 때 써요.
* ハマっちゃって ～ちゃって는 ～てしまう(~해버리다)의 격의 없는 구어체로 유감, 후회 등 화자의 여러 가지 감정을 내포하는 표현입니다. '돌이킬 수 없는 일이 생겼다'라는 뉘앙스가 부가되는 경우도 있습니다.

007 넋 놓고 앉아 있는 남친에게

training 007.mp3 

왜 멍때리고 있어?

왠지 졸려서.

밤샜어?

응. 실은 해외 드라마에 빠져서.

사요 꿀팁*

회화에서 자주 쓰는 종조사 の의 쓰임

종조사 の는 의문사 か와 같은 뜻이지만 친구 혹은 친한 관계에서 자주 사용된다는 점이 달라요. 또한 상냥한 뉘앙스가 있습니다. 예를 들어, '무슨 일 있었어?'라고 물어볼 때 どうした?라고 하면 조금 거친 느낌이고 どうしたんですか라고 하면 공손하지만 조금 딱딱한 느낌이 있고 どうしたの?라고 하면 상냥하고 부드러운 느낌을 줍니다.

008 카페에서 공부하는 사람들을 보고

008.mp3

カフェで勉強してる人多いね。

ほんとだ。

勉強がんばるのはいいけど。*

席がなくて困るね。

단어

勉強(べんきょう) 공부　多(おお)い 많다　がんばる 열심히 하다, 힘내다　席(せき) 자리
困(こま)る 곤란하다

표현 TIP

* **いいけど** いい(좋다)와 けれども(~이지만)의 격의 없는 표현 けど가 합쳐진 것으로 けど 뒤에는 앞의 내용과 상반된 내용이 옵니다.

카페에서 공부하는 사람들을 보고

training 008.mp3

카페에서 공부하는 사람 많네.

진짜.

공부 열심히 하는 건 좋은데….

자리가 없어서 곤란하네.

사요 꿀팁*

일본에도 카공족(카페에서 공부하는 사람들)이 많아요

한국과 마찬가지로 일본에서도 카페에서 책을 읽거나 공부하는 사람들이 많은데요, 이유는 한국의 도서관처럼 공부만 할 수 있는 공간이 일본 도서관에는 많이 없기 때문이에요. 그래서 카페에서는 장시간 공부하는 사람을 관리하기 위해 勉強(べんきょう)お断(ことわ)り(공부 손님 사절)라는 안내문을 써붙이기도 합니다.

009 카페에서 이상형을 발견했을 때

009.mp3

もしかして、あのバイトの子(こ)に惚(ほ)れちゃった?

え? 何(なん)でわかったの?

バレバレだよ。一度(いちど)、声(こえ)かけてみたら?*

よし! 当(あ)たって砕(くだ)けろだ。

단어

もしかして 혹시　バイト 알바　惚(ほ)れる 반하다　わかる 알다　バレバレだ 빤히 보이다
一度(いちど) 한번　声(こえ)をかける 말을 걸다　当(あ)たる 부딪다, 맞서다　砕(くだ)く 부수다, 깨뜨리다

표현 TIP

* バレバレだよ　ばればれ는 거짓말이나 비밀 등이 처음부터 빤히 들여다보인다는 뜻으로 상대방의 말이나 행동에서 바로 속마음을 짐작할 수 있을 때 ばればれだよ(티 나)라고 말합니다.

009 카페에서 이상형을 발견했을 때

training 009.mp3

마사루

혹시 저 알바생한테 반했어?

다케루

어? 어떻게 알았어?

마사루

티 났어. 한번 말 걸어봐.

다케루

좋아! 일단 부딪쳐보자.

사요 꿀팁*

이건 무슨 뜻? 当たって砕けろ(일단 부딪쳐보자)

当たって砕けろ는 성공할지 모르지만 일단 도전해보자는 뜻을 가진 일본 속담입니다. 실패할지도 모르지만 아무것도 안 하는 것보다는 나으니 일단은 해볼 수 있는 데까지 해보자라는 뜻이지요. 이와 비슷한 표현으로는 결과가 어떻게 될지 모르지만 운은 하늘에 맡기고 보자라는 뜻의 관용구 一か八か(모 아니면 도)가 있습니다.

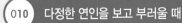

010 다정한 연인을 보고 부러울 때

010.mp3

あのカップル、ラブラブだね。

すぐ別(わか)れそうじゃない?

何(なん)でそう思(おも)うの?*

何(なん)となくうらやましくて言(い)ってみただけ。

단어

カップル 커플 ラブラブ 서로 사랑하고 있음 すぐ 곧, 금방 別(わか)れる 헤어지다
何(なん)となく 왠지 うらやましい 부럽다 言(い)う 말하다 だけ ~뿐, ~만

표현 TIP

* 何(なん)でそう思(おも)うの? '왜 그렇게 생각해?'라고 이유를 물어보는 표현입니다. 이외에 이유를 묻는 표현에는 どうして(왜), なぜ(왜) 등이 있습니다.

다정한 연인을 보고 부러울 때

training 010.mp3

저 커플 완전 좋을 때네.

금방 헤어질 것 같지 않아?

왜 그렇게 생각해?

그냥 부러워서 해본 소리야.

사요 꿀팁*

이건 무슨 뜻? ラブラブ(러브러브)

ラブラブ(러브러브)는 love+love의 조어로 서로 깊이 사랑하고 있는 상태를 말합니다. 사이가 좋은 커플을 보고 あのカップルラブラブだね(저 커플 러브러브하네)라고 부러운 뉘앙스로 말하거나, 일반적으로는 커플 사이에서 사용하지만 남자끼리나 여자끼리 혹은 부모자식 간에 사용하기도 합니다.

망각방지 장치 1

하루만 지나도 학습한 내용의 50%는 잊어버립니다. 여러분은 몇 퍼센트나 잊어버렸을까요? 5분 안에 20개를 말해 보세요.

			O	X	복습
01	목말라 죽겠어.	のどかわいて＿＿＿＿。	☐	☐	001
02	카페에서 잠깐 쉬었다 갈래?	カフェで＿＿＿＿？	☐	☐	001
03	사람 많네.	＿＿＿＿ね。	☐	☐	002
04	정말. 자리 잡아둘까?	ほんとだ。＿＿＿＿？	☐	☐	002
05	여기는 항상 만석이네.	ここいつも＿＿＿＿だね。	☐	☐	003
06	그렇게 쉽지 않을걸.	そんなに＿＿＿＿と思(おも)うよ。	☐	☐	003
07	샌드위치랑 토스트랑 다 있어.	サンドイッチ＿＿＿＿、トースト＿＿＿＿ね。	☐	☐	004
08	뭐 먹을지 고민되네.	何(なに)食(た)べるか＿＿＿＿。	☐	☐	004
09	뭐 주문할래?	何(なに)＿＿＿＿？	☐	☐	005
10	그럼 주문할까?	じゃあ、＿＿＿＿。	☐	☐	005

정답 01 死(し)にそう 02 一休(ひとやす)みしない 03 混(こ)んでる 04 席(せき)とっとく
05 満席(まんせき) 06 甘(あま)くない 07 もあるし, もある 08 迷(まよ)っちゃう
09 頼(たの)む 10 注文(ちゅうもん)しよっか

			O	X	복습
11	디카페인 커피라면 괜찮아.	＿＿＿＿＿ 大丈夫(だいじょうぶ)だよ。	☐	☐	006
12	그런 게 있구나!	そんなの ＿＿＿＿＿ !	☐	☐	006
13	왜 멍때리고 있어?	何(なに) ＿＿＿＿＿ の?	☐	☐	007
14	응. 실은 해외 드라마에 빠져서.	うん。実(じつ)は海外(かいがい)ドラマに ＿＿＿＿＿ 。	☐	☐	007
15	카페에서 공부하는 사람 많네.	カフェで ＿＿＿＿＿ 多(おお)いね。	☐	☐	008
16	자리가 없어서 곤란하네.	＿＿＿＿＿ 困(こま)るね。	☐	☐	008
17	혹시 저 알바생한테 반했어?	もしかして、あのバイトの子(こ)に ＿＿＿＿＿ ?	☐	☐	009
18	좋아! 일단 부딪쳐보자.	よし！ ＿＿＿＿＿ だ。	☐	☐	009
19	저 커플 완전 좋을 때네.	あのカップル、＿＿＿＿＿ だね。	☐	☐	010
20	그냥 부러워서 해본 소리야.	何(なん)となく ＿＿＿＿＿ 。	☐	☐	010

정답 11 ディカフェだったら　12 あるんだ　13 ボーっとしてる　14 ハマっちゃって
15 勉強(べんきょう)してる人(ひと)　16 席(せき)がなくて　17 惚(ほ)れちゃった　18 当(あ)たって砕(くだ)けろ
19 ラブラブ　20 うらやましくて言(い)ってみただけ

011 찍은 사진이 마음에 들지 않을 때

011.mp3

あおい

私(わたし)がコーヒー飲(の)んでるの撮(と)って。

さとし

撮(と)ったよ。

あおい

ちょっと微妙(びみょう)。もう一回(いっかい)撮(と)って。*

さとし

何回(なんかい)撮(と)る気(き)?*

단어

撮(と)る (사진을) 찍다　微妙(びみょう) 미묘함　何回(なんかい) 몇 번　気(き) 생각, 마음

표현 TIP

* ちょっと微妙(びみょう)　微妙(びみょう)는 어느 쪽이라고 단언할 수 없는 상태를 나타내는데, 속어적으로는 부정적인 기분을 완곡하게 나타내는 말이기도 합니다. 확실하게 말하고 싶지 않을 때도 써요.
* ~気(き)　気(き)에는 '기운, 기력, 마음, 성질, 정신' 등 여러 가지 뜻이 있는데 여기서는 ~(する)気(き)의 형태로 뭔가를 하려는 생각이나 작정을 뜻합니다.

011 찍은 사진이 마음에 들지 않을 때

training 011.mp3

아오이

내가 커피 마시는 모습 찍어줘.

사토시

찍었어.

아오이

좀 별로다. 한 번 더 찍어줘.

사토시

몇 번을 찍을 생각이야?

사요 꿀팁*

애매한 일본어 표현 ちょっと

일본인은 상대를 배려하고 상처 주지 않기 위해 혹은 만약의 경우에 도망갈 곳을 남겨두기 위해 애매한 표현을 자주 사용합니다. 그래서 외국인들은 가끔 일본인이 무슨 생각을 하는지 모르겠다고들 해요. 대표적인 표현이 ちょっと인데요. ちょっと의 사전적 의미는 '조금, 잠깐'이지만 오늘 술 마시러 가자고 했을 때 今日(きょう)はちょっと…。(오늘은 좀…)라고 대답하면 완곡한 거절의 의미가 됩니다. 이런 애매한 표현은 커뮤니케이션에서 종종 오해를 부를 수도 있기 때문에 주의해서 써야 해요.

012 이색 카페를 발견했을 때

012.mp3

ハンモックカフェって知(し)ってる?

カフェにハンモック?

カフェだけどハンモックで寝(ね)れるみたい。*

いびきかいて寝(ね)てる人(ひと)いそう。

단어

ハンモック 해먹　知(し)る 알다　~けど ~지만　寝(ね)る 자다　いびきをかく 코를 골다

표현 TIP

* **寝(ね)れる** 寝(ね)れる는 '잘 수 있다'는 뜻으로 寝(ね)る의 가능 표현입니다. 원래는 寝(ね)られる인데 られる에서 ら가 빠지고 寝(ね)れる만으로 가능 표현이 된 거예요. 이런 것을 ら抜(ぬ)き言葉(ことば)(ら가 빠진 말)라고 합니다.

012 이색 카페를 발견했을 때

training 012.mp3

해먹 카페라고 알아?

카페에 해먹이라고?

카페지만 해먹에서 잘 수 있나 봐.

코 골면서 자는 사람이 있을 것 같아.

사요 꿀팁*

일본의 이색 카페를 소개합니다

일본의 이색 카페로는 기동전사 건담을 테마로 만든 ガンダムカフェ(건담 카페), 절에서 운영하는 寺(てら)カフェ(절 카페), 수수께끼 같은 분위기의 探偵(たんてい)カフェ(탐정 카페) 등이 있습니다. 그리고 해먹 카페(ハンモックカフェ)처럼 느긋하게 쉴 수 있는 카페를 癒(いや)し系(けい)カフェ(힐링 카페)라고 하는데, 해먹 카페 외에도 뜨거운 물에 발을 담그고 시간을 보낼 수 있는 足湯(あしゆ)カフェ(족욕 카페), プラネタリウムカフェ(천문 카페) 등이 있습니다.

013 친구와 통화하며

013.mp3

今どこ?

秋葉原。

何してるの?

メイドカフェでお茶してる。*

단어

今(いま) 지금　秋葉原(あきはばら) 아키하바라(지명)　メイドカフェ 메이드 카페　お茶(ちゃ) 차

표현 TIP

* **お茶してる** お茶する는 직역하면 '차를 마시다'라는 뜻이지만 카페 등에 들어가서 차나 음료를 마시며 이야기를 한다는 뜻도 포함되어 있습니다. '밥 먹고 카페 가자'라는 의미로 お茶しない?, お茶していかない?라는 식으로 사용할 때가 많아요.

013 친구와 통화하며

training 013.mp3

지금 어디야?

아키하바라.

거기서 뭐 해?

메이드 카페에서 차 마시고 있어.

사요 꿀팁*

아키하바라의 관광명소로 등극한 메이드 카페

메이드 카페는 메이드복을 입은 점원이 손님을 주인으로 대하는 서비스를 제공하는 카페인데요. 주로 아키하바라에 밀집되어 있습니다. 여기서는 점원이 손님을 ご主人様(주인님)라고 부르고 손님을 맞을 때는 いらっしゃいませ(어서 오세요)가 아닌 お帰りなさいませ(다녀오셨어요)라고 합니다. 이 밖에 자주 듣게 되는 말에는 萌え萌え(모에모에), 주문한 메뉴가 맛있어지도록 마법을 거는 おいしくな～れ(맛있어져라) 등이 있어요.

패스트푸드점 커피에 대해 말하면서

014.mp3

マックのコーヒーおいしいよね?

そう?私(わたし)はあんまり。

値段(ねだん)のわりにはおいしいじゃん。*

それもそうだね。

단어

マック 맥도널드　おいしい 맛있다　あんまり 별로　値段(ねだん) 가격　~わりには ~치고는

표현 TIP

* **~わりには** '~치고는, ~에 비해서'라는 뜻으로 자신이 생각했던 기준이나 예상에서 벗어났을 때 쓰는 말이에요. 긍정적인 평가와 부정적인 평가 모두에 씁니다.
* **~じゃん** '~잖아'라는 뜻의 じゃないか의 격의 없는 표현으로 남녀 모두가 사용해요.

014 패스트푸드점 커피에 대해 말하면서

training 014.mp3

맥도날드 커피 맛있지 않아?

그래? 나는 별로.

가격에 비해서는 맛있잖아.

그건 그렇지.

사요 꿀팁*

도쿄에서는 マック, 오사카에서는 マクド

한국에서 '맥도날드'를 '맥날'이라고 짧게 줄여서 부르는 것처럼 일본에서는 マクドナルド(맥도날드)를 줄여서 マック라고 합니다. 그런데 오사카를 비롯한 관서지방에서는 マック가 아닌 マクド라고 불러요. 이외에도 '유니버셜 스튜디오 재팬'을 관동지방에서는 USJ라고 하는데 관서지방에서는 ユニバ라고 하고, '만두'는 관동에서는 肉(にく)まん, 오사카에서는 豚(ぶた)まん이라고 하는 등 다르게 쓰는 표현이 많아요.

015 커피가 또 마시고 싶을 때

015.mp3

コーヒー飲(の)みたい！

さっき飲(の)んでなかった?

さっきも飲(の)んだけどまた飲(の)みたい。

カフェイン中毒(ちゅうどく)じゃないの?*

단어

さっき 조금 전　また 또　カフェイン 카페인　中毒(ちゅうどく) 중독

표현 TIP

* 〜中毒(ちゅうどく) 中毒(ちゅうどく)(중독)라고 하면 부정적인 이미지가 연상되지만 비유적으로 어떤 것에 과도하게 집착을 보이는 것을 中毒(ちゅうどく)(중독)에 빗대 쓰기도 해요. アルコール中毒(ちゅうどく)(알코올 중독), 活字中毒(かつじちゅうどく)(활자 중독), 仕事中毒(しごとちゅうどく)(일 중독) 등이 있습니다.

015 커피가 또 마시고 싶을 때

training 015.mp3

커피 마시고 싶다!

아까 마시지 않았어?

아까도 마셨는데 또 마시고 싶어.

카페인 중독 아니야?

사요 꿀팁*

일본에서 캔커피가 처음으로 만들어졌대요

세계에서 캔커피를 맨 처음 만든 나라인 만큼 일본에는 정말 많은 종류의 캔커피가 있습니다. 대표적인 브랜드로는 조지아의 エメラルドマウンテンブレンド(에메랄드 마운틴 블렌드), 산토리의 BOSS(보스), 아사히의 WONDA(원더) 커피 등이 있는데요. 편의점이나 대형마트, 자동판매기에서 쉽게 살 수 있습니다. 자동판매기에는 물, 탄산음료, 주스, 에너지 드링크 등 많은 종류의 음료를 파는데 가장 많이 팔리는 것은 커피라고 해요.

016 커피를 사주겠다고 할 때

016.mp3

どうしたの？目(め)赤(あか)いよ。

ちょっと寝(ね)不(ぶ)足(そく)で。

コーヒーおごってあげよっか。*

いいの？やった～！*

단어

目(め) 눈　赤(あか)い 빨갛다　寝不足(ねぶそく) 수면 부족　おごる 한턱 내다

표현 TIP

* ～てあげよっか　～てあげようか(~해줄까?)의 회화체 표현으로 ～てあげる는 말하는 사람이 다른 사람을 위해 어떤 행위를 해주는 것을 말합니다.
* やった　'됐다, 해냈다, 앗싸'라는 뜻으로 일이 완성되거나 성공했을 때 기뻐서 하는 말이에요.

016 커피를 사주겠다고 할 때

training 016.mp3

무슨 일 있어? 눈이 빨개.

잠이 좀 부족해서.

커피 사줄까?

진짜? 앗싸~!

사요 꿀팁*

일본은 더치페이가 기본이에요

일본에서는 더치페이(割り勘(わりかん))가 기본이기 때문에 일본인과 식사를 하러 갈 때는 '이번에 내가 살 테니까 다음에 네가 사!'라고 하기보다는 각자 내는 것이 좋습니다. 더치페이로 계산할 때에는 점원에게 支払(しはら)い別々(べつべつ)でお願(ねが)いします(따로따로 계산해 주세요)라고 말하고 각자 계산하거나, 회식처럼 인원이 많을 경우에는 주로 한 사람이 먼저 계산을 하고 나중에 돈을 돌려받는 식으로 합니다.

017 단골 카페를 소개할 때

017.mp3

ここ俺(おれ)の行(い)きつけのカフェ。

こんなところにカフェあったんだ。

ここ豆(まめ)からひいてて、おいしいんだよ。*

そうなんだ。今度(こんど)行(い)ってみる。*

단어

俺(おれ) 나, 저(남자가 사용) **行(い)きつけ** 단골 **ところ** 곳, 장소 **豆(まめ)** 콩, 원두
ひく 맷돌에 갈다, 빻다 **今度(こんど)** 다음

표현 TIP

* **豆(まめ)をひく** 豆(まめ)をひく는 '커피 원두를 갈다'라는 뜻입니다. ひく는 '끌다, 뽑다' 등 여러 가지 뜻이 있는데 여기에서는 '갈다'라는 뜻이에요.
* **今度(こんど)** '이번, 다음'이라는 의미로 사용되며 今度(こんど) 뒤에는 종종 미래를 의미하는 문장이 옵니다.

단골 카페를 소개할 때

training 017.mp3

여기 내 단골 카페야.

이런 곳에 카페가 있었구나.

여기 원두부터 갈아주니까 맛있어.

그래? 다음에 가볼게.

사요 꿀팁*

'단골'은 行(い)きつけ라고 해요

'단골'은 일본어로 行(い)きつけ, '단골 가게'는 行(い)きつけの店(みせ)라고 하는데요. 음식점 외에도 자주 가는 바나 이자카야, 서점, 미용실 등에도 行(い)きつけ를 붙여서 行(い)きつけのバー, 行(い)きつけの居酒屋(いざかや), 行(い)きつけの本屋(ほんや), 行(い)きつけの美容院(びよういん) 등으로 말합니다. 다만 '단골'에 '손님'이 붙은 '단골손님'은 常連客(じょうれんきゃく) 또는 常連(じょうれん)さん, お得意様(とくいさま)라고 해요.

018 약속 시간보다 일찍 왔을 때

018.mp3

早(はや)めに着(つ)いちゃった。

今(いま)、家(いえ)出(で)たとこなんだけど。*

じゃあ、カフェで時間(じかん)潰(つぶ)してるよ。*

了解(りょうかい)。

단어

早(はや)めに 빨리, 일찌감치　着(つ)く 도착하다　家(いえ) 집　出(で)る 나가다, 나오다

とこ 막 ~하려는 판, 마침 그때　時間(じかん) 시간　潰(つ)ぶす 으깨다, 부수다

了解(りょうかい) 양해, 이해

표현 TIP

* 出(で)たとこ　とこ는 ところ의 줄임말로 '동사 과거형+ところ'의 형태로 '막 ~했다'라는 상황을 나타냅니다.
* 時間(じかん)を潰(つぶ)す　潰(つぶ)す는 주로 にきびを潰(つぶ)す(여드름을 짜다)처럼 무언가에 힘을 가해 형태를 무너뜨린다는 의미로 사용되는 경우가 많지만 時間(じかん)과 함께 쓰이면 비어 있는 시간을 다른 일로 보낸다는 의미입니다.

약속 시간보다 일찍 왔을 때

training 018.mp3 

너무 일찍 도착했어.

지금 막 집 나왔는데.

그럼 카페에서 시간 때우고 있을게.

알았어.

'만남의 장소' 하면 忠犬ハチ公(충견 하치코)

일본에서 유명한 만남의 장소 중에는 시부야에 있는 충견 하치코(忠犬ハチ公) 동상 부근이 있습니다. 시부야역 앞에서 약 10년 동안 죽은 주인이 돌아오기를 기다린 강아지 하치를 기려 만든 동상인데, 만남의 장소로 이용하는 사람들과 하치 이야기에 감동받은 관광객들로 늘 인산인해를 이루고 있습니다. 너무 유명한 나머지 오히려 사람을 찾는 데 시간이 걸리기도 해서 하치코의 꼬리 등 구체적으로 장소를 지정하는 사람도 있습니다.

금연 카페에서

019.mp3

このカフェ、タバコ吸(す)えたっけ?*

いや。全席(ぜんせき)禁煙(きんえん)だったと思(おも)う。

吸(す)えるカフェなかったっけ?*

駅前(えきまえ)に一(ひと)つあった気(き)がするけど。*

단어

タバコ 담배　吸(す)う 피우다, 들이마시다　全席(ぜんせき) 모든 자리　禁煙(きんえん) 금연
駅前(えきまえ) 역 앞　気(き)がする 생각이 들다, 느낌이 들다

표현 TIP

* ～っけ 어렴풋한 기억을 확인할 때 쓰는 표현으로 何歳(なんさい)だっけ?(몇 살이었지?), 好(す)きだったっけ?(좋아했었나?)와 같이 사용합니다.
* 気(き)がする '~인 것 같다'라는 뜻으로 확신은 없지만 그럴 것 같다고 느끼는 것을 의미합니다.

금연 카페에서

training 019.mp3

이 카페 담배 피울 수 있었던가?

아니. 다 금연석이었을걸.

피울 수 있는 카페 없었나?

역 앞에 하나 있었던 것 같긴 한데.

사요 꿀팁*

일본 카페에서는 담배를 피울 수 있다?

일본에는 아직 실내 흡연이 가능한 카페나 음식점이 있는데요. 장소는 가게마다 조금씩 다릅니다. 예를 들어 금연석(禁煙席), 흡연석(喫煙席)을 1층과 2층으로 나누거나, 점심시간에는 못 피우지만 저녁시간에는 피울 수 있는 가게가 있습니다. 이처럼 흡연하는 장소나 시간을 제한하여 비흡연자가 담배 연기를 마시지 않게 하는 것을 分煙(분연)이라고 합니다.

020 특별한 날에 대해 물을 때

020.mp3

今日(きょう)、何(なん)の日(ひ)か知(し)ってる？

今日(きょう)？何(なん)の日(ひ)だろう。

コーヒーの日(ひ)なんだって！*

何(なに)それ、誰(だれ)が決(き)めたの？*

단어

今日(きょう) 오늘　何(なん)の日(ひ) 무슨 날　知(し)る 알다　誰(だれ) 누구　決(き)める 정하다

표현 TIP

* **～だって** 본문에서는 '~(이)래'라는 뜻으로 쓰였지만 '~(이)라도, 그렇지만, 하지만' 등의 뜻으로 쓰기도 해요.
* **何(なに)それ** 해석하면 '뭐야 그게, 그게 뭐야'라는 뜻이지만 믿기 힘든 이야기를 들었거나 봤을 때 '진짜?, 정말이야?' 처럼 과장해서 되묻는 표현입니다.

020 특별한 날에 대해 물을 때

training 020.mp3

아야

오늘 무슨 날인지 알아?

유리

오늘? 무슨 날이지?

아야

커피의 날이래!

유리

그게 뭐야, 누가 정했어?

사요 꿀팁*

'오늘은 무슨 날?' 일본에만 있는 기념일

일본에는 다른 나라에는 없는 특별한 기념일이 있습니다. 먼저 2월 3일은 세쓰분(節分(せつぶん))으로, 이날에는 鬼(おに)は外(そと)、福(ふく)は内(うち)(귀신은 밖으로, 복은 안으로)라고 말하면서 콩을 던지거나 나이만큼 콩을 먹고, 또 김밥처럼 생긴 에호마키(恵(え)方巻(ほうまき))를 먹기도 합니다. 그리고 3월 3일은 여자아이의 건강과 행복을 비는 히나마쓰리(ひな祭(まつり))인데, 히나인형(ひな人形(にんぎょう))을 장식하고 ひなあられ(히나마쓰리 때만 먹는 과자)나 ひし餅(もち)(히나마쓰리 때만 먹는 떡)를 먹어요. 또 11월 15일은 3·5·7세 아이의 성장을 축하하는 시치고산(七五三(しちごさん))으로 기모노나 하카마를 입고 참배를 하고 기념사진을 찍습니다.

망각방지 장치 1

하루만 지나도 학습한 내용의 50%는 잊어버립니다. 여러분은 몇 퍼센트나 잊어버렸을까요? 5분 안에 20개를 말해 보세요.

			O	X	복습
01	좀 별로다. 한 번 더 찍어줘.	ちょっと ____。もう一回(いっかい)撮(と)って。	☐	☐	011
02	몇 번을 찍을 생각이야?	何回(なんかい) ____？	☐	☐	011
03	해먹 카페라고 알아?	ハンモックカフェって ____？	☐	☐	012
04	코 골면서 자는 사람 있을 것 같아.	いびきかいて ____ いそう。	☐	☐	012
05	지금 어디야?	____？	☐	☐	013
06	메이드 카페에서 차 마시고 있어.	メイドカフェで ____。	☐	☐	013
07	그래? 나는 별로.	そう？私(わたし)は ____。	☐	☐	014
08	가격에 비해서는 맛있잖아.	____ おいしいじゃん。	☐	☐	014
09	아까도 마셨는데 또 마시고 싶어.	さっきも飲(の)んだけど ____。	☐	☐	015
10	카페인 중독 아니야?	____ じゃないの？	☐	☐	015

정답 01 微妙(びみょう) 02 撮(と)る気(き) 03 知(し)ってる 04 寝(ね)てる人(ひと) 05 今(いま)どこ 06 お茶(ちゃ)してる 07 あんまり 08 値段(ねだん)のわりには 09 また飲(の)みたい 10 カフェイン中毒(ちゅうどく)

			O	X	복습
11	무슨 일 있어? 눈이 빨개.	どうしたの？ ＿＿＿＿よ。	☐	☐	016
12	잠이 좀 부족해서.	ちょっと ＿＿＿＿。	☐	☐	016
13	여기 내 단골 카페야.	ここ俺(おれ)の ＿＿＿＿。	☐	☐	017
14	여기 원두부터 갈아주니까 맛있어.	ここ ＿＿＿＿、おいしいんだよ。	☐	☐	017
15	지금 막 집 나왔는데.	今(いま)、＿＿＿＿ なんだけど。	☐	☐	018
16	그럼 카페에서 시간 때우고 있을게.	じゃあ、カフェで ＿＿＿＿ よ。	☐	☐	018
17	이 카페 담배 피울 수 있었던가?	このカフェ、タバコ ＿＿＿＿？	☐	☐	019
18	다 금연석이었을걸.	＿＿＿＿ だったと思(おも)う。	☐	☐	019
19	오늘 무슨 날인지 알아?	今日(きょう)、＿＿＿＿？	☐	☐	020
20	그게 뭐야, 누가 정했어?	何(なに)それ、誰(だれ)が ＿＿＿＿ の？	☐	☐	020

정답 11 目赤(めあか)い　12 寝不足(ねぶそく)で　13 行(い)きつけのカフェ　14 豆(まめ)からひいてて
15 家出(いえで)たとこ　16 時間潰(じかんつぶ)してる　17 吸(す)えたっけ　18 全席禁煙(ぜんせききんえん)
19 何(なん)の日(ひ)か知(し)ってる　20 決(き)めた

망각방지 장치 2

일주일이 지나면 학습한 내용의 70%를 잊어버립니다. 여러분은 몇 퍼센트나 기억하고 있을까요? 대화문으로 확인해 보세요.

001 단골 카페가 만석일 때

try 001.mp3

A 여기 내 단골 카페야. 017

B へ～、おしゃれ。入(はい)ってみよう。

A あ、でも 만석이네. 003

B ほんとだ。残念(ざんねん)。

A 週末(しゅうまつ)だからかな。

- おしゃれ 멋을 냄, 멋쟁이 入(はい)る 들어가다 残念(ざんねん) 유감스러움

002 수면 부족으로 정신이 멍할 때

try 002.mp3

A 왜 멍때리고 있어? 007

B 잠이 좀 부족해서. 016

A コーヒーでも飲(の)んだら？

B そうだね。ちょっとコーヒー買(か)ってくる。

A 行(い)ってらっしゃい。

- 行(い)ってらっしゃい 다녀와

001

A　ここ俺(おれ)の行(い)きつけのカフェ。017

B　허, 멋지다. 들어가보자.

A　아, 근데 満席(まんせき)だね。003

B　진짜. 아쉽다.

A　주말이라서 그런가?

002

A　何(なに)ボーっとしてるの？007

B　ちょっと寝不足(ねぶそく)で。016

A　커피라도 마셔봐.

B　그래야겠다. 커피 좀 사 올게.

A　다녀와.

003 카페에서 이상형을 발견했을 때 — try 003.mp3

A　혹시 저 알바생한테 반했어? 009

B　うん。告白(こくはく)したら付(つ)き合(あ)ってくれるかな。

A　그렇게 쉽지 않을걸. 003

B　そうだよな～。どうやったら仲良(なかよ)くなれるかな。

A　まずは名前(なまえ)聞(き)いてみたらどう？

• 告白(こくはく)する 고백하다　付(つ)き合(あ)う 사귀다　仲良(なかよ)くなる 사이좋아지다　まずは 우선

004 친구 눈이 충혈돼 있을 때 — try 004.mp3

A　무슨 일 있어? 눈이 빨개. 016 밤샜어? 007

B　久(ひさ)しぶりにコーヒー飲(の)んだら眠(ねむ)れなくてさ。

A　そういう時(とき)あるよね。

B　で、久(ひさ)しぶりに小説(しょうせつ)読(よ)んだら、これがまた面白(おもしろ)くて。

• 久(ひさ)しぶりに 오랜만에　眠(ねむ)れない 잠이 안 오다　小説(しょうせつ) 소설

003

A　もしかして、あのバイトの子に惚れちゃった？ 009

B　응. 고백하면 사귀어줄까?

A　そんなに甘くないと思うよ。 003

B　그렇겠지. 어떻게 하면 친해질 수 있을까?

A　먼저 이름 물어보면 어때?

004

A　どうしたの？目赤いよ。 016　徹夜でもしたの？ 007

B　오랜만에 커피 마셨더니 잠이 안 와서.

A　그럴 때 있지.

B　그래서 오랜만에 소설을 읽었더니 이게 또 재미있는 거야.

005 약속 장소에 일찍 왔을 때 try 005.mp3

A 지금 어디야? 013

B 지금 막 집 나왔어. 018

A 私もう着いちゃったよ。

B 早いな。急いで向かうね。

A ゆっくりおいでよ。カフェでコーヒーでも飲んでるから。

- 着く 도착하다 急ぐ 서두르다 向かう (향해) 가다 ゆっくり 천천히 おいで 와(라)

006 공부 중에 잠깐 쉴 때 try 006.mp3

A なんか今日、勉強はかどらないな。

B 俺も。카페에서 잠깐 쉬었다 갈래? 001

A いいね。近くのドトールに行く？

B ドトールって 담배 피울 수 있었던가? 019

A 吸えたはず。

- はかどる 일이 순조롭게 되어 가다 近く 근처 吸う 들이마시다, 빨아들이다 ～はず 당연히 ~할 것

005

A　今(いま)どこ？ 013

B　今(いま)、家(いえ)出(で)たとこ。018

A　나 벌써 도착했어.

B　빠르네. 금방 갈게.

A　천천히 와. 카페에서 커피 마시고 있을게.

006

A　왠지 오늘 공부 안 되네.

B　나도. カフェで一休(ひとやす)みする？ 001

A　좋아. 근처에 있는 도토루에 갈까?

B　도토루는 タバコ吸(す)えたっけ？ 019

A　피울 수 있었을걸.

007 카페를 고를 때

try 007.mp3

A　사람 많네. 002

B　どうする？駅前(えきまえ)のカフェ行(い)く？

A　あそこのカフェ 좀 별로인데. 011

B　そうなんだよね。

A　それかマック行(い)く？

- 駅前(えきまえ) 역 앞　それか 아니면　マック 맥도날드

008 보답으로 커피를 대접할 때

try 008.mp3

A　眠(ねむ)い。커피 마시고 싶다. 015

B　커피 사줄까? 016

A　いいの？

B　うん。この前(まえ)、仕事手伝(しごとてつだ)ってくれたからそのお礼(れい)。

- 眠(ねむ)い 졸리다　この前(まえ) 요전번, 지난번　手伝(てつだ)う 도와주다　お礼(れい) 답례, 보답

007

A　混(こ)んでるね。 002

B　어떻게 할까? 역 앞에 있는 카페 갈래?

A　그 카페 ちょっと微妙(びみょう)なんだよな。 011

B　그렇지.

A　아니면 맥도날드 갈까?

008

A　졸려. コーヒー飲(の)みたい。 015

B　コーヒーおごってあげよっか。 016

A　진짜?

B　응. 요전에 일 도와줬으니까 그 보답이야.

009 커피 심부름을 부탁할 때

try 009.mp3

A　どこ行(い)くの？

B　コンビニに弁当(べんとう)買(か)いに行(い)くところ。

A　じゃあ、ついでにコーヒー買(か)ってきてくれる？

B　알았어. 018 あれ? でも、아까 마시지 않았어? 015

- 弁当(べんとう) 도시락　~に行(い)くところ ~하러 가려는 참　ついでに (~하는) 김에

010 카페에서 음료를 고를 때

try 010.mp3

A　このカフェ、メニュー多(おお)いね。

B　ほんとだ。뭐 마실지 고민되네. 004

A　どうする？ 뭐 주문할래? 005

B　う~ん。迷(まよ)うな。

- メニュー 메뉴　多(おお)い 많다　迷(まよ)う 망설이다, 헤매다

009

A　어디 가?

B　편의점에 도시락 사러 가려고.

A　그럼 가는 김에 커피 좀 사다 줄래?

B　了解(りょうかい)。 018 어? 그런데 さっき飲(の)んでなかった? 015

010

A　이 카페 메뉴 많네.

B　진짜. 何(なに)飲(の)むか迷(まよ)っちゃう。 004

A　어떻게 할래? 何(なに)頼(たの)む? 005

B　음~. 고민스럽다.

Part 02

네이티브가 매일 주고받는

음식&술 대화 20

Part 02 전체 듣기

바야흐로 먹방&맛집 전성시대. TV를 틀어도 친구를 만나도 늘 빠지지 않는 얘깃거리 '맛집'!
'배고파, 뭐 먹고 싶어?, 한입만 줘, 무한리필이야, 오늘은 내가 쏠게,
2차 어디 갈래?, 과음했어, 필름 끊겼어' 등등
맛있는 음식과 술 앞에서 주고받는 다양한 대화를 익혀 보세요.

021 배가 고플 때 친구와 이야기하며

021.mp3

腹減(はらへ)った。

俺(おれ)も。何(なに)食(た)べる？

肉(にく)食(た)べたいな。

じゃあ、焼肉(やきにく)の食(た)べ放題(ほうだい)でも行(い)く？*

단어

腹減(はらへ)る 배고프다　食(た)べる 먹다　肉(にく) 고기　焼肉(やきにく) 야키니쿠
食(た)べ放題(ほうだい) 무한리필　行(い)く 가다

표현 TIP

* じゃあ　では의 격의 없는 표현으로 '그럼'이라는 뜻이에요.
* 食(た)べ放題(ほうだい)　'먹다'라는 뜻의 食(た)べる와 '마음껏 ~하다'라는 放題(ほうだい)가 합쳐져 '무한리필, 뷔페'라는 의미를 가집니다. 일본의 食(た)べ放題(ほうだい)는 시간 제한이 붙는 경우가 많아요.

021 배가 고플 때 친구와 이야기하며

training 021.mp3

배고파.

나도. 뭐 먹을래?

고기 먹고 싶다.

그럼 고기뷔페나 갈까?

사요 꿀팁*

배고플 때 쓸 수 있는 다양한 표현들

배가 고플 때는 お腹減(なかへ)った라고 합니다. '배'는 お腹(なか) 혹은 腹(はら)라고 하는데, 腹(はら)는 주로 남자들이 쓰는 표현이에요. 또 배가 고프면 배가 쏙 들어가기 때문에 물건이 움푹 패이거나 비뚤어지는 소리 등을 나타내는 ペコペコ라는 말을 써서 お腹(なか)ペコペコ 혹은 腹(はら)ペコ라고도 합니다. 이외에도 배가 비어 있다는 뜻의 お腹空(なかす)いた, お腹(なか)と背中(せなか)がくっつきそう(배랑 등이 붙을 것 같아)라는 표현도 있어요.

친구와 식사 메뉴를 정할 때

022.mp3

何(なに)食(た)べたい？

何(なん)でもいいよ。

じゃあ、ラーメン食(た)べる？

ラーメンは嫌(いや)。*

단어

何(なん)でも 무엇이든　いい 좋다　ラーメン 라면　嫌(いや) 싫음

표현 TIP

* **~は嫌(いや)だ** 한자 嫌은 嫌(いや)だ, 嫌(きら)いだ의 형태로 쓰여 각각 いや, きら로 읽히는데 둘 다 '싫다'는 뜻입니다. 다만 嫌(いや)だ는 화자 자신의 의지로 어떤 조건이나 상황을 거부할 때 쓰며 반대말은 いい(좋다)입니다. 그리고 嫌(きら)いだ는 평소에 비호감인 대상에 대해서 싫다고 할 때 쓰며 반대말은 好(す)きだ(좋아하다)입니다.

022 친구와 식사 메뉴를 정할 때

training 022.mp3

뭐 먹고 싶어?

뭐든 괜찮아.

그럼, 라면 먹을래?

라면은 싫어.

사요 꿀팁*

何でもいい(뭐든 괜찮아)의 속사정

何でもいいよ(뭐든 괜찮아)라는 대답에는 あなたの好みにあわせる(당신 취향에 맞추겠다), 何がいいか思いつかない(뭐가 좋을지 생각이 안 난다) 등의 뜻이 내포돼 있습니다. 즉 말 그대로 뭐든 다 좋다는 것은 아니라는 말씀. 사정이 이러하니 何食べる？(뭐 먹을래?)라고 묻기보다는 AとB、どっちがいい？(A 와 B 중에 어느 쪽이 좋아?)라는 식으로 선택권을 주든지, 아니면 무엇을 좋아하는지 물어본 후에 그에 맞는 가게로 안내하는 게 좋습니다.

023 술집에서 마실 것을 선택할 때

023.mp3

何(なに)飲(の)む？

とりあえず生(なま)で！さとみは？

私(わたし)、カシスオレンジ。

じゃ、注文(ちゅうもん)するよ。*

단어

飲(の)む 마시다　とりあえず 일단　生(なま) 가공하지 않음, 생맥주(生ビール)의 줄임말

カシスオレンジ 카시스오렌지　注文(ちゅうもん)する 주문하다

표현 TIP

* じゃ、～するよ '그럼 ~한다, ~할게'라는 뜻입니다.

023 술집에서 마실 것을 선택할 때

training 023.mp3

뭐 마실래?

일단 생맥주로! 사토미는?

나는 카시스오렌지.

그럼 주문할게.

사요 꿀팁*

술집에 가면 이 말부터! とりあえず生で

맥주는 대부분의 술집이나 이자카야에서 판매하고, 주문하면 바로 나오기 때문에 빨리 모임(회식)을 시작하고 싶을 때나 뭘 마실지 결정을 못했을 때 とりあえず生ビールで라는 표현을 사용합니다. 특히 회사원이나 남자들이 많이 쓰며, 生ビール를 줄여서 生라고 말하기도 합니다. 여자들은 주로 카시스오렌지 같은 カクテル(칵테일)를 주문하는 경우가 많습니다.

024 상대의 호의를 받아들일 때

024.mp3

今日は俺のおごり。*

え？いいの？

いいって。

じゃあ、お言葉に甘えて。*

단어

今日(きょう) 오늘　俺(おれ) 나(남자가 쓰는 말)　おごり 한턱냄　いい 좋다　言葉(ことば) 말, 언어
甘(あま)える 응석 부리다, 호의·친절을 스스럼없이 받아들이다

표현 TIP

* 俺のおごり　おごり는 おごる(한턱내다)의 명사형으로 자신의 돈으로 남에게 음식이나 물건을 대접하는 것을 말합니다. 본문처럼 1인칭 대명사 俺/私/ぼく 등과 함께 쓰이며 ～のおごり의 형태가 됩니다.

024 상대의 호의를 받아들일 때

training 024.mp3

오늘은 내가 쏠게.

진짜? 괜찮아?

괜찮다니까.

그럼 사양하지 않을게.

사요 꿀팁*

'내가 살게!'라는 말을 들었을 때 쓸 수 있는 감사 표현

일본에서는 더치페이가 기본이고 이것은 대상에 예외가 없습니다. 그래서 누군가 한턱 쏜다고 할 때는 제대로 감사 인사를 하는 것이 중요한데요. 이럴 때 쓸 수 있는 표현에는 본문 대화에서도 나온 ではお言葉に甘えて(그럼 사양하지 않을게요)를 비롯해 ご厚意に甘えて(후의에 응석 부릴게요), ごちそうさまです(잘 먹었습니다), おいしかったです(맛있었습니다) 등이 있습니다.

025 회식에서 2차 장소를 정할 때

025.mp3

2次会どこ行く？

カラオケ行きたい。

いいね！ 行こっか。*

私、割引クーポン持ってるよ。

단어

2次会(にじかい) 2차　行(い)く 가다　カラオケ 노래방　割引(わりびき) 할인　クーポン 쿠폰
持(も)つ 가지다, 들다

표현 TIP

* 行こっか '갈까?'라는 뜻의 行こうか의 회화체입니다.

025 회식에서 2차 장소를 정할 때

training 025.mp3 

2차 어디로 가지?

노래방 가고 싶어.

좋아! 갈까?

나 할인 쿠폰 있어.

사요 꿀팁*

'회식 2차'는 2次会라고 해요

일본에서는 보통 회식 등의 2차 모임을 2次会라고 합니다. 한국과 비슷한 상황에서 사용된다고 보면 되는데요. 장소를 바꿔서 술을 마시러 간다는 뜻의 はしご酒(술집 순례), 혹은 酒를 생략하고 はしごする라는 표현도 씁니다. 그런데 2次会에는 조금 특별한 뜻도 있습니다. 바로 결혼식 피로연의 2차라는 뜻인데요. 일본에서는 결혼식 피로연 2차라고 하면 신랑 신부와 그 친구들이 남아서 하는 파티를 말합니다.

026 과음했을 때

026.mp3

お腹(なか)いっぱい。*

ね！飲(の)みすぎたわ。

このビール腹(ばら)見(み)てよ。

ほんとだ。ウケる。*

단어

お腹(なか) 배　いっぱい 가득　飲(の)みすぎる 과음하다　ビール腹(ばら) 술배　見(み)る 보다

ほんと 정말, 진짜　ウケる 웃기다, 재미있다

표현 TIP

* **お腹(なか)いっぱい** 음식에 의해서 お腹(なか)(배)가 가득찼다(いっぱい)라는 의미로 '배부르다'는 뜻입니다.
* **ウケる** 보통 受(う)ける라고 하면 '받다'라는 뜻이지만 회화에서 사용할 때는 '웃기다, 재미있다'는 뜻으로 많이 써요. 또 표기할 때는 ウケ는 가타카나로, る는 히라가나로 표기합니다.

026 과음했을 때

training 026.mp3

배불러.

그치, 너무 많이 마셨어.

이 술배 봐.

진짜네. 웃긴다.

사요 꿀팁*

'술배'는 ビール腹(ばら)라고 해요

술을 많이 마셔서 나온 뱃살인 '술배'를 일본에서는 '맥주'라는 뜻의 ビール와 '배'라는 뜻의 腹(はら)를 합쳐서 ビール腹(ばら)라고 해요. ビール腹라고 쓰고 ビールばら 혹은 ビールっぱら라고 읽는데 회화에서는 ビールっぱら를 더 많이 쓰는 경향이 있습니다. 비슷한 표현으로는 북의 몸통 부분이 둥글게 부풀어 있는 데서 유래된 太鼓腹(たいこばら), 그리고 주변보다 솟아오른 모양을 나타내는 ポッコリ를 적용한 ポッコリお腹(なか)라는 표현도 있어요.

027 술을 좋아하는지 물을 때

027.mp3

たける

さとみってお酒好き？

さとみ

好きだけど弱いんだよね。

たける

俺も。一杯飲んだだけですぐ赤くなる。

さとみ

へ～、飲めそうに見えるのに。*

단어

酒(さけ) 술　好(す)き 좋아함　弱(よわ)い 약하다　一杯(いっぱい) 한 잔　すぐ 금방, 바로
赤(あか)い 빨갛다　見(み)える 보이다

표현 TIP

* 飲めそう　～そう는 '～것 같다, ～해 보인다'라는 뜻으로 화자가 직접 보거나 들은 것을 근거로 내린 판단을 나타내는데 여기서는 飲む가 붙어 술을 잘 마실 것 같다라는 뜻이 됩니다.
* ～に見える　見える(보이다)에 に가 붙으면 '～처럼 보인다, ～처럼 느껴진다'라는 뜻이 됩니다.

027 술을 좋아하는지 물을 때

training 027.mp3 

사토미는 술 좋아해?

좋아하는데 잘 못 마셔.

나도. 한 잔만 마셔도 금방 빨개져.

그래? 잘 마실 것 같은데.

사요 꿀팁*

'술이 센 사람'을 부르는 재미난 표현들

'술이 세다, 술이 약하다'고 할 때는 お酒(さけ)に強(つよ)い, お酒(さけ)に弱(よわ)い라고 합니다. 일본어에는 특히 술을 잘 마시는 사람에 관한 재미있는 표현이 많은데, 술을 좋아하고 자주 마시는 술꾼을 가리켜 のんべえ 혹은 のみすけ라고 이름으로 부릅니다. 또 '대주가'를 酒豪(しゅごう)라고 하는데, 술을 아무리 마셔도 취하지 않아 물을 아무리 부어도 빠져나가는 소쿠리(ザル)에 빗대 ザル라고도 합니다.

028 친구의 술버릇에 대해 얘기할 때

028.mp3

明日(あした)たかしと飲(の)みに行(い)くんだ。

え！ たかしと行(い)かない方(ほう)がいいよ。*

何(なん)で？酒癖(さけぐせ)悪(わる)いとか？

うん。酒癖(さけぐせ)ハンパないよ！*

단어

明日(あした) 내일 何(なん)で 왜, 어째서 酒癖(さけぐせ) 술버릇 悪(わる)い 나쁘다
ハンパない 장난 아니다

표현 TIP

* ～ない方(ほう)がいい ～方(ほう)がいい(～편이 좋다)가 동사의 ない형에 붙으면 '～하지 않는 게 좋다'라는 뜻이 되는데, 반대로 '～하는 게 좋겠다'라고 할 때는 동사의 과거형(た형)에 붙어 ～た方(ほう)がいい가 돼요.
* ハンパない 半端(はんぱ)ではない의 줄임말로 주로 정도가 심한 모양을 강조할 때 '대단하다, 엄청나다, 장난 아니다'라는 뜻으로 사용합니다.

028 친구의 술버릇에 대해 얘기할 때

training 028.mp3

내일 다카시랑 술 마시러 갈 거야.

뭐! 다카시랑 안 가는 게 좋을걸.

왜? 주사 심해?

응. 술버릇 장난 아니야.

사요 꿀팁

술만큼 종류도 많은 酒癖(술버릇)

酒癖는 '술버릇, 주사'를 말합니다. 대표적인 酒癖에는 '술을 마시고 난동을 부리는 것'을 뜻하는 酒乱(주란)과 '술을 마시면 우는 사람'을 가리키는 泣き上戸가 있습니다. 반대로 '술을 마시면 잘 웃는 사람'은 笑い上戸라고 하고, '술을 마시면 설교를 하거나 트집을 잡는 것'을 絡み酒라고 합니다.

029 술에 취한 친구에게

029.mp3

顔真っ赤！*

酔いが回ってきた。

もう酔っぱらったの？

そうかも。*

단어

顔(かお) 얼굴　真(ま)っ赤(か) 새빨감　酔(よ)い 취기　回(まわ)る 돌다　もう 벌써, 이제
酔(よ)っぱらう 몹시 취하다

표현 TIP

* **真っ赤(まっか)** 명사나 형용사 등에 붙어 어세를 강하게 하는 真(ま)っ과 赤(あか)(빨강)가 합쳐진 것으로 '새빨감'이라는 뜻입니다. 真(ま)っ과 명사가 합쳐진 단어로는 이외에도 真(ま)っ白(しろ)(새하얌), 真(ま)っ青(さお)(새파람) 등이 있습니다.
* **そうかも** そうかも知(し)れない(그럴지도 모르겠다)의 줄임말로 단정할 수는 없지만 그럴 가능성도 배제할 수 없음을 나타내는 애매한 표현입니다.

029 술에 취한 친구에게

training 029.mp3 

하루토

얼굴 완전 빨개.

나나

취기가 오르기 시작했어.

하루토

벌써 취했어?

나나

그런가 봐.

사요 꿀팁*

酔う(술에 취하다)가 들어가는 다양한 표현들

'술에 취하다'는 일본어로 酔う라고 하는데 취한 상태에 따라 다양한 표현이 있습니다. 우선 '술을 마셔서 취할 것 같은 상태'는 酔いそう라고 하고, '술에 취했다'고 할 때는 酔った 혹은 酔っぱらった라고 합니다. 그리고 '술에 취한 사람'은 酔っぱらい라고 부르고 '술에 취해 주정을 부리는 것'은 悪酔い, '숙취'는 二日酔い라고 합니다.

030 술 마시고 기억이 나지 않을 때

030.mp3

昨日(きのう)、途中(とちゅう)から記憶(きおく)が飛(と)んだっぽいんだけど。*

確(たし)かに結構(けっこう)飲(の)んでた。

何(なに)か変(へん)なことしてないよね?

ずっと寝(ね)てただけだよ。

단어

昨日(きのう) 어제　途中(とちゅう) 도중　記憶(きおく) 기억　飛(と)ぶ 날다, 날아가다
確(たし)かに 확실히　結構(けっこう) 꽤, 많이　飲(の)む 마시다　変(へん)な 이상한
ずっと 계속, 내내　寝(ね)る 자다

표현 TIP

* 記憶(きおく)が飛(と)ぶ 직역하면 '기억이 날아가다'라는 뜻이지만 그보다는 '필름이 끊기다'라고 해석하며 술을 많이 마셔 기억이 없어졌을 때, 즉 필름이 끊겼을 때를 말합니다.
* ～っぽい 명사나 동사에 붙어 '그런 느낌이 든다, 그런 것 같다, 그런 경향이 있다'는 의미를 만듭니다. 子供(こども)っぽい(어린애 같다), 忘(わす)れっぽい(잘 잊어버린다)와 같이 써요.

030 술 마시고 기억이 나지 않을 때

training 030.mp3

어제 중간부터 필름이 끊긴 거 같은데.

하긴 많이 마시더라.

나 무슨 이상한 짓 안 했지?

그냥 계속 자기만 했어.

사요 꿀팁*

긍정의 의미와 부정의 의미를 둘 다 가지는 結構(けっこう)의 쓰임

結構(けっこう)는 일본인이 자주 사용하는 말 중 하나로 문맥에 따라 긍정의 의미로도 부정의 의미로도 쓰입니다. 가령, 재미있는 영화를 봤을 때는 結構(けっこう)おもしろかったね(제법 재미있었네)라고 말하고, 권유를 받았지만 필요없다고 거절할 때는 結構(けっこう)です(됐습니다)라고 말합니다. 이처럼 結構(けっこう)는 의미가 긍정인지 부정인지 알기 어려운 애매한 표현으로 일본인도 헷갈려하는 말입니다.

망각방지 장치 1

하루만 지나도 학습한 내용의 50%는 잊어버립니다. 여러분은 몇 퍼센트나 잊어버렸을까요? 5분 안에 20개를 말해 보세요.

			O	X	복습
01	배고파.	腹(はら)＿＿＿＿。	☐	☐	021
02	그럼 고기뷔페나 갈까?	じゃあ、焼肉(やきにく)の＿＿＿でも行(い)く？	☐	☐	021
03	뭐든 괜찮아.	＿＿＿＿いいよ。	☐	☐	022
04	라면은 싫어.	ラーメンは＿＿＿＿。	☐	☐	022
05	뭐 마실래?	＿＿＿＿？	☐	☐	023
06	일단 생맥주로!	＿＿＿＿生(なま)で！	☐	☐	023
07	오늘은 내가 쏠게.	今日(きょう)は俺(おれ)の＿＿＿＿。	☐	☐	024
08	그럼 사양하지 않을게.	じゃあ、＿＿＿＿。	☐	☐	024
09	2차 어디로 가지?	＿＿＿＿どこ行(い)く？	☐	☐	025
10	나 할인 쿠폰 있어.	私(わたし)、＿＿＿＿持(も)ってるよ。	☐	☐	025

정답 01 減(へ)った 02 食(た)べ放題(ほうだい) 03 何(なん)でも 04 嫌(いや) 05 何(なに)飲(の)む 06 とりあえず 07 おごり 08 お言葉(ことば)に甘(あま)えて 09 2次会(にじかい) 10 割引(わりびき)クーポン

			O	X	복습
11	배불러.	お腹（なか）＿＿＿＿。	☐	☐	026
12	이 술배 봐.	この＿＿＿＿見（み）てよ。	☐	☐	026
13	좋아하는데 잘 못 마셔.	好きだけど＿＿＿＿んだよね。	☐	☐	027
14	한 잔만 마셔도 금방 빨개져.	一杯（いっぱい）＿＿＿＿すぐ赤（あか）くなる。	☐	☐	027
15	내일 다카시랑 술 마시러 갈 거야.	明日（あした）たかしと＿＿＿＿んだ。	☐	☐	028
16	응. 술버릇 장난 아니야.	うん。＿＿＿＿よ！	☐	☐	028
17	취기가 오르기 시작했어.	酔（よ）いが＿＿＿＿。	☐	☐	029
18	벌써 취했어?	もう＿＿＿＿の？	☐	☐	029
19	중간부터 필름이 끊긴 거 같은데.	途中（とちゅう）から＿＿＿＿っぽいんだけど。	☐	☐	030
20	하긴 많이 마시더라.	確（たし）かに＿＿＿＿。	☐	☐	030

정답 11 いっぱい　12 ビール腹（ばら）　13 弱（よわ）い　14 飲（の）んだだけで
15 飲（の）みに行（い）く　16 酒癖（さけぐせ）ハンパない　17 回（まわ）ってきた　18 酔（よ）っぱらった
19 記憶（きおく）が飛（と）んだ　20 結構飲（けっこうの）んでた

031 오랜만에 만난 친구에게

031.mp3

久しぶり。元気だった？*

久しぶり。元気だよ。

今度ご飯でも食べに行こうよ。

そうだね。

단어

久(ひさ)しぶり 오랜만　元気(げんき) 기력, 건강한 모양　今度(こんど) 다음, 이번　ご飯(はん) 식사, 밥

표현 TIP

* 元気だった？ '잘 지냈어?'라는 안부를 묻는 표현이에요.

031 오랜만에 만난 친구에게

training 031.mp3 

오랜만이야. 잘 지냈어?

오랜만이네. 잘 지냈지.

다음에 밥이라도 먹으러 가자.

그래.

사요 꿀팁*

今度ご飯でも食べに行こう에 담긴 속뜻

今度ご飯でも食べに行こう를 말 그대로 하면 '다음에 밥이라도 먹으러 가자'는 뜻입니다. 하지만 이 말은 말하는 사람과 상황에 따라서 뜻이 달라질 수 있는데요. 첫 번째로 이성에게 말을 하는 경우에는 상대방에게 호감이 있다는 뉘앙스를 풍기게 됩니다. 두 번째로 여자끼리 말을 하는 경우에는 다음에 밥을 먹으면서 이야기를 하자는 의미가 되고, 세 번째로는 식사를 할 마음은 없지만 헤어질 때 인사 대신으로 사용하는 경우가 있습니다.

032 점심 먹으러 가자고 제안할 때

032.mp3

お昼ピザ食べに行かない?*

ピザより寿司はどう?

寿司の天ぷらとかあるかな。

どんだけ脂っこいもの食べたいの!*

단어

お昼(ひる) 점심밥　ピザ 피자　~より ~보다　寿司(すし) 초밥　天(てん)ぷら 튀김
どんだけ 얼마나, 어느 정도　脂(あぶら)っこい 기름기가 많고 느끼하다

표현 TIP

* **~に行かない?** '~하러 안 갈래?'라는 뜻으로 상대방에게 어떤 행동을 권하거나 같이 하자고 제안하는 표현입니다.
* **どんだけ** どれだけ의 속어로 '너무 많이 ~한다'라는 뜻을 가지며 상대방을 가벼우면서 장난스럽게 부정할 때 사용되곤 합니다.
* **脂っこい** '기름기가 많고 느끼하다'라는 뜻이며 油っこい라고도 씁니다.

032 점심 먹으러 가자고 제안할 때

training 032.mp3

점심 피자 먹으러 안 갈래?

피자보다 초밥은 어때?

초밥 튀김 같은 것도 있으려나?

얼마나 느끼한 걸 먹고 싶은 거야!

사요 꿀팁*

일본어인 듯 일본어 아닌 외래어 단어들

일본에서는 보통 외래어를 가타카나로 표기하는데요. 아주 옛날에 들어온 단어는 한자까지 만들어져 외래어라고 생각하지 못하는 것들도 있습니다. 대표적인 것이 天ぷら(튀김)인데, 이것은 포르투갈어로 조미료를 뜻하는【tempero/temperar】에서 왔다고 해요. 그 밖에도 金平糖(별사탕), かるた(가루타), たばこ(담배)도 모두 포르투갈어에서 온 외래어입니다.

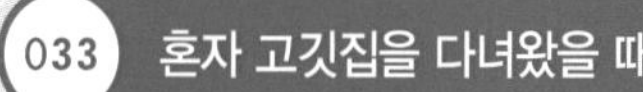

033 혼자 고깃집을 다녀왔을 때

033.mp3

焼肉(やきにく)食(た)べてきた。

誰(だれ)と？

私(わたし)一人(ひとり)で。*

一人(ひとり)焼肉(やきにく)してきたの？

단어

焼肉(やきにく) 야키니쿠　誰(だれ) 누구　一人(ひとり) 혼자, 한 사람

표현 TIP

* 一人(ひとり)で　で는 문법적으로 장소나 수단, 원인, 이유 등 여러 가지 뜻을 가지고 있지만 여기에서는 一人(ひとり)와 합쳐져서 '혼자서'라는 의미를 가집니다.

033 혼자 고깃집을 다녀왔을 때

training 033.mp3

불고기 먹고 왔어.

누구랑?

나 혼자서.

혼자서 고기 먹고 왔다고?

사요 꿀팁*

요즘은 一人(ひとり)○○ 시대

요즘은 혼밥, 혼술, 혼영(혼자 영화 보기), 혼고(혼자 고기 먹기) 등 혼자서 무언가를 즐기는 일이 흔해졌는데요. 이를 일본어로 하면 一人(ひとり)○○이 됩니다. '혼자'라는 뜻의 一人(ひとり) 뒤에 활동이나 장소명을 붙이면 되는데, 예를 들어 '혼자서 노래방'에 가는 것은 一人(ひとり)カラオケ, '혼자서 가는 여행'은 一人旅(ひとりたび), '혼자서 디즈니랜드'에 가면 一人(ひとり)ディズニー, '혼자서 치는 볼링'은 一人(ひとり)ボーリング라고 합니다.

034 단 음식이 먹고 싶을 때

034.mp3

さとみ

甘(あま)い物(もの)食(た)べたい。

えりか

何(なん)でまた急(きゅう)に?*

さとみ

生理(せいり)前(まえ)だからかも。

えりか

じゃあ、ケーキ食(た)べに行(い)く?

단어

甘(あま)い 달다　物(もの) 것, 물건　急(きゅう)に 갑자기　生理(せいり) 생리　前(まえ) ~전
ケーキ 케이크

표현 TIP

* 何(なん)で '왜, 어째서'라는 뜻으로 이유나 원인을 물을 때 쓰는 회화체 표현입니다.

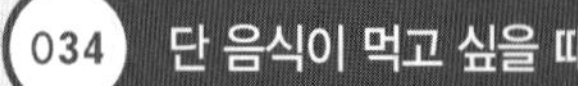

034 단 음식이 먹고 싶을 때

training 034.mp3

단것 당긴다.

갑자기 왜 또?

생리 전이라 그런가?

그럼 케이크 먹으러 갈래?

사요 꿀팁*

'새콤달콤'은 뭐라고 할까? 맛에 관한 다양한 표현들

'달다'는 甘(あま)い라고 하고, '단맛'은 甘味(あまみ)/甘味(かんみ), '단것'은 甘(あま)い物(もの)라고 합니다. 그리고 '맵다'는 辛(から)い, '시다'는 酸(す)っぱい, '짜다'는 しょっぱい, '쓰다'는 苦(にが)い라고 하고, 이 표현들을 합쳐서 '매콤달콤'한 것은 甘辛(あまから)い, '새콤달콤'한 것은 甘酸(あまず)っぱい라고 합니다. 또한 '싱거운 맛'을 薄味(うすあじ) 혹은 味(あじ)が薄(うす)い라고 하며 '진한 맛'은 濃(こ)い味(あじ) 혹은 味(あじ)が濃(こ)い라고 합니다.

035 친구에게 디저트 먹자고 제안할 때

035.mp3

お腹(なか)いっぱい。

デザートにパフェ食(た)べない？

あんなに食(た)べたのにまた食(た)べるの？*

デザートは別腹(べつばら)だよ。

단어

お腹(なか) 배　いっぱい 가득, 잔뜩　デザート 디저트　パフェ 파르페　あんなに 그렇게
別腹(べつばら) 다른 배

표현 TIP

* あんなに '그렇게'라는 뜻으로 어떠한 상태가 보통보다는 조금 더 지나친 것을 설명할 때 씁니다.
* ～のに '～한데, ～인데도'라는 뜻으로 주로 비교나 예상 외의 결과, 불만 등을 나타냅니다.

035 친구에게 디저트 먹자고 제안할 때

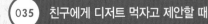

training 035.mp3

배불러.

디저트로 파르페 안 먹을래?

그렇게 먹었는데 또 먹어?

디저트 배는 따로잖아.

사요 꿀팁*

別腹(べつばら)는 다른 배? 腹(はら)가 들어가는 다양한 표현들

흔히 '디저트 배는 따로 있다'고 하죠? 많이 먹기 위한 변명으로 쓰이는 이 말을 일본어로는 別腹(べつばら)라고 해요. 이 밖에 배와 관련된 표현으로는 아무것도 먹지 않은 상태인 '공복'은 空腹(くうふく) 혹은 空(す)きっ腹(ぱら)라고 하고, 반대로 배가 부른 상태는 満腹(まんぷく)라고 합니다. 또한 양보다 적게 먹어야 건강하다고 하는데 이처럼 양이 덜 차게 먹는 것을 腹八分目(はらはちぶんめ)라고 합니다. 腹八分目(はらはちぶんめ)に医者(いしゃ)要(い)らず(덜 먹으면 의사가 필요 없다)라는 일본 속담도 있어요.

036 친구에게 한입만 달라고 할 때

036.mp3

そのから揚(あ)げ一口(ひとくち)ちょうだい。*

嫌(いや)だよ。全部(ぜんぶ)俺(おれ)が食(く)うの。*

え～、ケチ！

だからさっき頼(たの)めって言(い)ったのに。

단어

から揚(あ)げ 가라아게, 닭튀김　一口(ひとくち) 한입　嫌(いや)だ 싫다　全部(ぜんぶ) 전부
食(く)う 먹다　ケチ 구두쇠　さっき 아까　頼(たの)む 주문하다, 부탁하다　言(い)う 말하다

표현 TIP

* ちょうだい 상대방에게 뭔가를 달라거나 사달라는 명령의 뜻을 애정을 담아 재촉하듯 하는 말이에요. 주로 여성이나 아이들이 씁니다.
* 食(く)う 食(た)べる와 같이 '먹다'라는 뜻인데 주로 남자들이 사용하고 거친 느낌이 있습니다.

036 친구에게 한입만 달라고 할 때

training 036.mp3

그 닭튀김 한입만.

싫어. 내가 다 먹을 거야.

에이 치사해!

그러니까 아까 시키라고 했잖아.

사요 꿀팁*

반찬도 각자 덜어서! 한국과 다른 일본의 식사 매너

한국과 일본은 식사 습관이나 매너가 다릅니다. 예를 들어 수저의 경우, 한국에서는 세로로 놓지만 일본에서는 가로로 놓습니다. 그리고 음식을 먹을 때도 일본인들은 보통 젓가락만을 사용하고 밥도 손에 들고 먹는 것이 올바른 식사 예절이에요. 국을 먹을 때도 숟가락으로 떠먹는 게 아니라 손에 들고 국물을 마십니다. 또한 밥이나 국뿐만 아니라 반찬도 1인분씩 자기 그릇에 담아서 먹는 집도 있기 때문에 접시 하나에 반찬을 두고 여러 사람이 나눠 먹거나 한입만 달라고 하면 싫어하는 사람도 있어요.

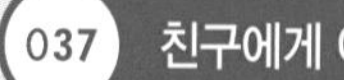

037 친구에게 야식 먹자고 할 때

037.mp3

お腹(なか)減(へ)った。

夜食(やしょく)でも食(た)べる？

そうだな。*

ラーメンとかどう？*

단어

お腹(なか) 배　減(へ)る 줄다, 허기지다　夜食(やしょく) 야식　ラーメン 라면

표현 TIP

* **そうだな** 상대방 의견에 동의한다는 뜻으로 주로 남성이 쓰는 표현입니다. 이외에도 '그러자'라는 뜻으로 동의하는 표현에는 そうだね, そうしよう 등이 있어요.
* **～とか** '~(라)든지'라는 뜻으로 사람이나 사물 등을 예로 들 때 씁니다.

037 친구에게 야식 먹자고 할 때

training 037.mp3

배고파.

야식이라도 먹을래?

그러자.

라면은 어때?

사요 꿀팁*

일본 야식의 대표주자 ラーメン(라면)

야식 하면 한국에서는 대표적으로 치킨을 들듯 일본에서는 라면을 들 수 있습니다. 일본인은 라면을 정말 좋아해서 라면 전문점이 많이 있어요. 일본인이 라면을 좋아하는 것은 언어 표현에서도 알 수 있는데, 술을 마시고 라면으로 마무리하는 것을 シメのラーメン이라고 합니다. 또한 밤늦게 라면을 먹는 사람이 많아서인지 새벽 두세 시나 24시간 영업을 하는 라면집도 꽤 있습니다.

038 배달 음식을 주문할 때

038.mp3

夜(よる)ごはん作(つく)るの面倒(めんどう)くさいな。*

じゃあ、出前(でまえ)頼(たの)む？

いいね。

何(なに)頼(たの)む？

단어

夜(よる) 밤　ごはん 밥, 식사　作(つく)る 만들다　面倒(めんどう)くさい 귀찮다　出前(でまえ) 요리 배달　頼(たの)む 주문하다

표현 TIP

* 夜(よる)ごはん '저녁밥'이라는 의미로 옛날부터 쓰인 표현은 晩(ばん)ごはん이었는데 요즘은 옛날에 비해서 밤늦게 저녁을 먹는 사람이 많아져서 夜(よる)ごはん이라는 말을 많이 씁니다.
* 面倒(めんどう)くさい 정확히 말하면 めんどうくさい이지만 회화체에서는 일반적으로 う를 빼고 めんどくさい라고 말합니다. 또 남자들은 이를 다시 줄여서 めんどくせー라고도 해요.

038 배달 음식을 주문할 때

training 038.mp3 

저녁밥 하는 거 귀찮네.

그럼 배달시킬까?

좋아.

뭐 시킬까?

사요 꿀팁

'배달'은 일본어로 뭐라고 할까요?

배달을 뜻하는 일본어로는 配達(はいたつ), 宅配(たくはい), 出前(でまえ), デリバリー 이렇게 크게 4가지 표현이 있어요. 配達(はいたつ)는 신문배달이나 우유배달을 할 때 쓰이는 표현이고 新聞配達(しんぶんはいたつ)(신문배달), 牛乳配達(ぎゅうにゅうはいたつ)(우유배달)처럼 사용합니다. 宅配(たくはい)는 한국어로는 택배라고 하죠. 물건이 들어있는 박스를 옮기는 경우에 宅配(たくはい)라고 하고 예를 들어 宅配(たくはい)サービス(택배 서비스)처럼 사용합니다. 그리고 요리 배달은 出前(でまえ) 혹은 デリバリー라고 합니다. 그래서 대화문에서 '배달시킬까?'를 '出前頼(でまえたの)む?'라고 하였습니다. すし나 そば 같은 음식을 배달할 때는 出前쪽을 더 많이 쓰고, 피자 같은 것을 배달할 때는 デリバリー라는 표현을 더 많이 쓰는 것 같은데 이건 사람마다 달라요. 그래서 혹시 일본 드라마나 애니메이션을 보실 때 배달이라는 단어가 나오면, 어떤 표현을 사용하는지 주의해서 한번 들어 보세요!

039 낫토를 처음 봤을 때

039.mp3

何(なに)これ、臭(くさ)い。

それ納豆(なっとう)だよ。

ネバネバしてて気持(きも)ち悪(わる)い。*

発酵食品(はっこうしょくひん)で体(からだ)に良(い)いのに。*

단어

臭(くさ)い 냄새 나다　納豆(なっとう) 낫토　ネバネバ 끈적끈적한 모양, 끈기　気持(きも)ち 기분
悪(わる)い 나쁘다　発酵(はっこう) 발효　食品(しょくひん) 식품　体(からだ) 몸　良(い)い 좋다

표현 TIP

* **気持(きも)ち悪(わる)い** 気持(きも)ち悪(わる)い라는 표현은 말 그대로 '기분이 안 좋다'라는 뜻과 '징그럽다'라는 두 가지의 뜻을 가지고 있습니다.
* **〜に良(い)い** '〜에 좋다(좋은)'라는 뜻으로 健康(けんこう)に良(い)い(건강에 좋다), 頭(あたま)に良(い)い(머리에 좋다)처럼 씁니다. 良い는 よい라고도 합니다.

039 낫토를 처음 봤을 때

training 039.mp3

뭐야 이거, 냄새 나.

그거 낫토야.

끈적끈적해서 좀 거북해.

발효 식품이라 몸에 좋은데.

사요 꿀팁*

일본 사람들은 낫토를 좋아해요

일본에서는 끈적끈적한 음식(ネバネバ食品)이 몸에 좋다는 인식이 있어서 자주 먹는데 그중 대표적인 것이 낫토(納豆)입니다. 낫토(納豆)는 대두(大豆)를 발효시킨 식품으로 주로 아침에 많이 먹어요. 먹는 방법은 낫토(納豆)에 포함되어 있는 간장(しょうゆ)을 넣어서 섞어 먹거나, 파(ねぎ)나 날달걀(なまたまご), 김치(キムチ) 등을 토핑으로 얹어 먹기도 합니다.

040 가성비 좋은 식당을 추천하며

040.mp3

ここのランチオススメだよ。

ピザとサラダが食(た)べ放題(ほうだい)なんだ。

なのに千円(せんえん)!*

コスパ最高(さいこう)だね!*

단어

ここ 이곳, 여기　ランチ 런치, 점심　オススメ 추천　ピザ 피자　サラダ 샐러드

食(た)べ放題(ほうだい) 뷔페, 무한리필　コスパ 가성비　最高(さいこう) 최고

표현 TIP

* なのに　それなのに의 줄임말로 '그런데, 그런데도'라는 뜻입니다.
* 最高(さいこう)　最高(さいこう)는 '가장 좋고 으뜸'이라는 뜻과 가장 높다라는 뜻의 '최고'라는 두 가지 의미로 주로 쓰입니다.

040 가성비 좋은 식당을 추천하며

training 040.mp3

여기 런치 추천이야.

피자랑 샐러드가 무한리필이구나.

그런데도 천 엔!

가성비 최고다!

사요 꿀팁*

'가성비'는 コスパ라고 해요

'가격 대비 성능'을 줄여서 '가성비'라고 하죠. 이것을 일본어로는 コスパ라고 하는데 영어 cost performance를 줄인 말입니다. 가성비가 좋은 것을 コスパが高い(たかい), 혹은 '최고'라는 의미의 最高(さいこう)를 사용하여 コスパ最高(さいこう)라고 표현합니다. 반대로 가성비가 좋지 않으면 コスパが低い(ひくい)라고 해요.

망각방지 장치 1

하루만 지나도 학습한 내용의 50%는 잊어버립니다. 여러분은 몇 퍼센트나 잊어버렸을까요? 5분 안에 20개를 말해 보세요.

			○	×	복습
01	오랜만이야. 잘 지냈어?	久(ひさ)しぶり。＿＿＿＿？	□	□	031
02	다음에 밥이라도 먹으러 가자.	今度(こんど)ご飯(はん)でも＿＿＿＿よ。	□	□	031
03	점심 피자 먹으러 안 갈래?	お昼(ひる)ピザ＿＿＿＿？	□	□	032
04	얼마나 느끼한 걸 먹고 싶은 거야!	どんだけ＿＿＿＿食(た)べたいの！	□	□	032
05	불고기 먹고 왔어.	焼肉(やきにく)＿＿＿＿。	□	□	033
06	혼자서 고기 먹고 왔다고?	＿＿＿＿してきたの？	□	□	033
07	단것 당긴다.	＿＿＿＿食(た)べたい。	□	□	034
08	갑자기 왜 또?	＿＿＿＿急(きゅう)に？	□	□	034
09	그렇게 먹었는데 또 먹어?	あんなに食(た)べたのに＿＿＿＿の？	□	□	035
10	디저트 배는 따로잖아.	デザートは＿＿＿＿だよ。	□	□	035

정답 01 元気(げんき)だった　02 食(た)べに行(い)こう　03 食(た)べに行(い)かない　04 脂(あぶら)っこいもの
05 食(た)べてきた　06 一人焼肉(ひとりやきにく)　07 甘(あま)い物(もの)　08 何(なん)でまた
09 また食(た)べる　10 別腹(べつばら)

			O	X	복습
11	그 닭튀김 한입만.	そのから揚げ　　　。	☐	☐	036
12	에이 치사해!	え～、　　　！	☐	☐	036
13	야식이라도 먹을래?	食べる？	☐	☐	037
14	라면은 어때?	どう？	☐	☐	037
15	저녁밥 하는 거 귀찮네.	の面倒くさいな。	☐	☐	038
16	그럼 배달시킬까?	じゃあ、　　　？	☐	☐	038
17	끈적끈적해서 좀 거북해.	気持ち悪い。	☐	☐	039
18	발효 식품이라 몸에 좋은데.	発酵食品で　　　のに。	☐	☐	039
19	여기 런치 추천이야.	ここのランチ　　　だよ。	☐	☐	040
20	가성비 최고다!	だね！	☐	☐	040

정답 11 一口ちょうだい 12 ケチ 13 夜食でも 14 ラーメンとか
15 夜ごはん作る 16 出前頼む 17 ネバネバしてて 18 体に良い
19 オススメ 20 コスパ最高

망각방지 장치 2

일주일이 지나면 학습한 내용의 70%를 잊어버립니다. 여러분은 몇 퍼센트나 기억하고 있을까요? 대화문으로 확인해 보세요.

011 배고플 때

try 011.mp3

A　배고파. 037

B　私(わたし)も。何(なに)か食(た)べに行(い)く？

A　そうだね。뭐 먹을래? 021

B　暑(あつ)いから冷(ひ)やし中華(ちゅうか)とかどう？

- ～に行(い)く？ ～하러 갈래?　暑(あつ)い 덥다　冷(ひ)やし中華(ちゅうか) 히야시추카(일본식 냉라면)

012 한턱낼 때

try 012.mp3

A　오늘은 내가 쏠 테니까 024 じゃんじゃん頼(たの)んで！

B　ほんと？やった～！

A　뭐 마실래? 023

B　とりあえず生(なま)で！

- じゃんじゃん 마구, 쉴 새 없이　頼(たの)む 주문하다　とりあえず生(なま)で 일단 생맥주로

011

A　お腹(なか)減(へ)った。037

B　나도. 뭐 먹으러 갈까?

A　그러자. 何(なに)食(た)べる? 021

B　더우니까 히야시추카는 어때?

012

A　今日(きょう)は俺(おれ)のおごりだから 024 마구 시켜!

B　진짜? 아싸~!

A　何(なに)飲(の)む? 023

B　일단 생맥주로!

013 술을 잘 못 마실 때

try 013.mp3

A　さとみってお酒好き？

B　좋아하는데 잘 못 마셔. 027

A　へ～、飲めそうに見えるのに。

B　一杯飲んだだけで 얼굴이 완전 빨개져. 029

• お酒 술　～そうに見える ~것처럼 보인다　一杯 한 잔, 가득　～だけで ~것만으로

014 외식 메뉴를 정할 때

try 014.mp3

A　저녁밥 하는 거 귀찮네. 038

B　じゃあ、久しぶりに外食する？

A　いいね。何食べる？

B　라면은 어때? 037

• 久しぶりに 오랜만에　外食する 외식하다

013

A 사토미는 술 좋아해?

B 好き(す)だけど弱(よわ)いんだよね。027

A 그래? 잘 마실 것 같은데.

B 한 잔만 마셔도 顔真(かおま)っ赤(か)になるんだよね。029

014

A 夜(よる)ごはん作(つく)るの面倒(めんどう)くさいな。038

B 그럼 오랜만에 외식할래?

A 좋아. 뭐 먹을까?

B ラーメンとかどう?037

015 피자 먹으러 가자고 할 때 try 015.mp3

A 점심 피자 먹으러 안 갈래? 032

B もしかして駅前(えきまえ)に新(あたら)しくオープンしたピザ屋(や)？

A そうそう。

B 私(わたし)、そこの店(みせ)の 할인 쿠폰 있어. 025

- もしかして 혹시 駅前(えきまえ) 역 앞 オープンする 개점하다 ピザ屋(や) 피자 가게

016 단 음식이 먹고 싶을 때 try 016.mp3

A 단것 당긴다. 034

B 私(わたし)も。

A クレープでも食(た)べに行(い)かない？

B 좋아! 갈까? 025

- クレープ 크레이프 ～でも ～라도 ～に行(い)かない？ ～하러 안 갈래?

015

A　お昼ピザ食べに行かない? 032

B　혹시 역 앞에 새로 생긴 피자집?

A　맞아 맞아.

B　나 그 집 割引クーポン持ってるよ。025

016

A　甘い物食べたい。034

B　나도.

A　크레이프라도 먹으러 안 갈래?

B　いいね! 行こっか。025

017 친구의 술버릇에 대해 얘기할 때

try 017.mp3

A　たかしと飲(の)んだことある？

B　一回(いっかい)だけあるけど何(なん)で？

A　술버릇 안 좋다고 028 聞(き)いたんだけど、ほんとかなと思(おも)って。

B　많이 마시긴 하는데 030 そこまでひどくはなかったよ。

- ～たことある ~한 적이 있다　一回(いっかい) 한 번　だけ ~만, ~뿐　ほんと 사실, 정말　ひどい 심하다

018 가성비 좋은 초밥집을 발견했을 때

try 018.mp3

A　ここ、私(わたし)の行(い)きつけのお店(みせ)。

B　こんなところに寿司屋(すしや)があったんだ。

A　여기 런치 추천이야. 040

B　千円(せんえん)？ 가성비 최고다! 040

- 行(い)きつけ 단골　お店(みせ) 가게　寿司屋(すしや) 초밥집

017

A　다카시랑 술 마셔본 적 있어?

B　딱 한 번 있는데 왜?

A　酒癖(さけぐせ)悪(わる)いって 028 들었는데 진짜인가 싶어서.

B　確(たし)かに結構(けっこう)飲(の)んでたけど、030 그렇게 심하지는 않았어.

018

A　여기 내 단골집.

B　이런 곳에 초밥집이 있었구나.

A　ここのランチオススメだよ。040

B　천 엔? コスパ最高(さいこう)だね！ 040

019 디저트 먹으러 가자고 할 때

try 019.mp3

A 배불러. [026]

B デザートにパフェ食(た)べない？

A このビール腹(ばら)見(み)てよ。

B 디저트 배는 따로잖아. [035]

• デザート 디저트　パフェ 파르페　ビール腹(ばら) 술배　見(み)る 보다

020 식사 메뉴를 정할 때

try 020.mp3

A 뭐 먹고 싶어? [022]

B 고기 먹고 싶다. [021]

A じゃあ、ステーキとかどう？

B いいね。でも近(ちか)くにステーキ屋(や)あったっけ？

A 7分(ななふん)くらい歩(ある)くけど、俺(おれ)いい店(みせ)知(し)ってる。

• ～とかどう？ ~같은 거 어때?　近(ちか)く 근처　ステーキ屋(や) 스테이크 가게　歩(ある)く 걷다

019

A　お腹(なか)いっぱい。026

B　디저트로 파르페 안 먹을래?

A　이 술배 좀 봐.

B　デザートは別腹(べつばら)だよ。035

020

A　何(なに)食(た)べたい? 022

B　肉(にく)食(た)べたいな。021

A　그럼 스테이크는 어때?

B　좋아. 근데 근처에 스테이크집 있었나?

A　7분 정도 걷긴 하는데 나 좋은 가게 알아.

Part 03

네이티브가 매일 주고받는

쇼핑&패션&뷰티 대화 20

Part 03 전체 듣기

외모도 경쟁력인 시대!
'사면 이득이네, 어디서 샀어?, 꽃무늬가 유행이래, 살쪄 보이지 않아?, 보너스 나와서 샀어, 완전 싸, 둘 다 사, 화장이 잘 안 먹어, 생얼이야?, 딴사람 같아, 동안이네' 등등
쇼핑&패션&뷰티와 관련해 주고받는 다양한 대화를 익혀 보세요

041 아주 싼 물건을 발견했을 때

041.mp3

見(み)て! Tシャツ半額(はんがく)。

500円(ごひゃくえん)の半額(はんがく)だから250円(にひゃくごじゅうえん)!?

お買(か)い得(どく)!*

買(か)っちゃおうかな。

단어

Tシャツ 티셔츠 半額(はんがく) 반액, 반값 お買(か)い得(どく) 알뜰구매 買(か)う 사다

표현 TIP

* お買(か)い得(どく) 상품의 질이나 양에 비해 값이 싸서 사면 이득이라는 뜻이에요. お得(とく), おトク, お値打(ねう)ち라고도 합니다.

041 아주 싼 물건을 발견했을 때

training 041.mp3

봐봐! 티셔츠 반값이야.

500엔의 반값이니까 250엔!?

사면 이득이네.

살까?

사요 꿀팁*

싸다! '50% 할인'에 대한 다양한 일본어 표현들

'50% 할인'이라는 말에도 여러 표현이 있습니다. 본문에 쓰인 半額(반값, 반액) 이외에도 50%オフ, 50%引き, 5割引き 등 다양하게 쓰입니다. 원래 가격에 비해 세일을 많이 하는 상품의 경우에는 お得, お買い得(사면 이득)라는 표현을 붙여놓은 경우가 많아요.

친구에게 구입처를 물어볼 때

042.mp3

その帽子(ぼうし)、可愛(かわい)いね。*

ありがとう。

どこで買(か)ったの？

渋谷(しぶや)の109(いちまるきゅう)だよ。

단어

帽子(ぼうし) 모자 **可愛(かわい)い** 귀엽다, 예쁘다 **どこ** 어디 **買う** 사다 **渋谷(しぶや)** 시부야(지명)
109(いちまるきゅう) 이치마루큐(쇼핑센터 이름)

표현 TIP

* **可愛(かわい)い** 한국에서는 물건이나 사람을 평가할 때 '예쁘다'라는 표현을 주로 쓰지만, 일본에서는 '예쁘다'라는 뜻의 きれい보다 可愛(かわい)い(귀엽다)를 주로 씁니다. 특히 여성들이 정말 자주 씁니다.

042 친구에게 구입처를 물어볼 때

training 042.mp3 

그 모자 귀엽다.

고마워.

어디서 샀어?

시부야 109에서 샀어.

사요 꿀팁*

시부야의 상징 109(이치마루큐)

하치코 동상과 함께 시부야의 상징이라고 불리는 것이 패션빌딩 109(イチマルキュー)입니다. 10~20대를 대상으로 한 귀엽고 유니크한 옷과 구두, 액세서리, 가방 등을 판매하고 있는데요. 1990년대 ギャル(독특한 패션 · 생활 방식 등을 동시대 문화로 공유하는 젊은 여성들)가 많았던 시절에는 ギャル의 성지로도 불렸지만 ギャル가 많이 없어지고 최근 40주년이 되면서 로고를 바꾸는 등 이미지가 새롭게 바뀌었습니다.

최신 트렌드에 대해 말할 때

043.mp3

今年(ことし)は花柄(はながら)が流行(はや)りらしいよ。

だから花柄(はながら)だらけなんだ。*

この花柄(はながら)のワンピース可愛(かわい)い!

試着(しちゃく)してみたら?*

단어

今年(ことし) 올해　**花柄(はながら)** 꽃무늬　**流行(はや)る** 유행하다　**だから** 그래서, 그러니까
だらけ ~투성이　**ワンピース** 원피스　**試着(しちゃく)** 시착, 입어봄

표현 TIP

* **~だらけ** '~투성이, ~천지'라는 뜻으로 어떤 것이 많이 있거나 그것으로만 가득 차 있는 모양을 나타냅니다. 긍정의 의미인 いっぱい(가득)와는 달리 부정적인 평가에도 쓸 수 있어요.
* **~てみたら?** 해석하면 '~해보면?'이라는 뜻인데 '~해보는 게 어때?'라고 조언 · 제안하는 표현이에요. 뒤에 どう(ですか)?를 붙여서 말해도 됩니다.

043 최신 트렌드에 대해 말할 때

training 043.mp3 

올해는 꽃무늬가 유행이래.

그래서 온통 꽃무늬구나.

이 꽃무늬 원피스 예쁘다!

입어봐!

사용 꿀팁*

'유행'은 流行(りゅうこう) 하나가 아니다! '유행'을 뜻하는 다양한 표현들

일본어로 '유행'은 보통 流行(りゅうこう) 또는 流行(はや)り라고 하는데 영어를 일본식 발음으로 ブーム(boom) 또는 トレンド(trend)라고도 많이 합니다. 예를 들어 ブーム은 サッカーブーム(축구 붐)이나 ポケモンGOブーム(포켓몬 GO 붐)이라는 식으로 사용하고, トレンド는 トレンドニュース(트렌드 뉴스)나 今年(ことし)のトレンドカラーは黒(くろ)(올해의 트렌드 컬러는 블랙)라는 식으로 사용합니다.

044 친구에게 의견을 물을 때

044.mp3

この服(ふく)、太(ふと)って見(み)えない？

そんなことないよ。*

じゃあ、この服(ふく)は？

大丈夫(だいじょうぶ)。よく似合(にあ)ってるよ。

단어

服(ふく) 옷　太(ふと)る 살찌다　見(み)える 보이다　大丈夫(だいじょうぶ) 괜찮음　よく 잘
似合(にあ)う 어울리다, 잘 맞다

표현 TIP

* そんなことない '그렇지 않아'라는 뜻으로 상대가 말한 평가나 예측 등을 부정하거나 정정할 때 사용해요.

044 친구에게 의견을 물을 때

training 044.mp3

이 옷 살쪄 보이지 않아?

안 그러는데.

그럼 이 옷은?

괜찮아. 잘 어울려.

사요 꿀팁*

살쪄 보이는 옷과 말라 보이는 옷이 있다?

옷에 따라 사람의 인상이 꽤 달라지는데요. 옷을 입어서 '살쪄 보이는 것'을 着太り(きぶとり) 혹은 着ぶくれ(き)라고 하고 반대로 옷을 입고 실제보다 '말라 보이는 것'을 着痩せ(きや)라고 합니다. 일반적으로 팽창색으로 불리는 흰색이나 노란색 등은 살쪄 보이기 쉽고 수축색인 검정이나 남색은 말라 보인다고 해요.

045 새 가방을 샀을 때

045.mp3

これ新(あたら)しいバッグ?

うん。ボーナス出(で)たから買(か)っちゃった。

うわ～、シャネルのバッグだ。

いくらか当(あ)ててみて。*

단어

新(あたら)しい 새롭다　バッグ 가방　ボーナス 보너스　出(で)る 나오다　いくら 얼마
当(あ)てる 맞히다

표현 TIP

* 当(あ)ててみて　当(あ)てる는 '던져서 맞히다, 명중시키다'라는 뜻 외에 '당첨하다, 상을 타다', 또 '정확히 추측하다, 알아맞히다'라는 뜻이 있어요. 여기서는 '정확히 추측하다, 알아맞히다'의 뜻으로 쓰였으며, 뒤에 ～てみて(~해봐)가 붙어서 '알아맞혀봐'라는 가벼운 명령을 나타냅니다.

새 가방을 샀을 때

training 045.mp3

이거 새로 산 가방이야?

응. 보너스 나왔길래 질렀어.

와, 샤넬 백이네.

얼마짜린지 알아맞혀봐.

사요 꿀팁*

종류도 다양한 가방의 세계

'가방'은 일본어로 かばん이라고 하는데 종류에 따라 '백팩'은 リュックサック 혹은 リュック라고 하고 '숄더백'은 ショルダーバッグ 혹은 斜(なな)め掛(が)けバッグ라고 합니다. 또한 '비즈니스용 가방'은 ビジネスバッグ라고 하며, 장을 볼 때 사용하는 '장바구니'는 マイバッグ 또는 エコバッグ라고 합니다. 참고로 일본의 초등학생이 매는 가죽으로 된 사각형 백팩은 ランドセル라고 해요.

046 싸고 귀여운 옷을 발견했을 때

046.mp3

このパーカー、可愛(かわい)い。

ほんとだ。いくらだろう。

え!?これ500円(ごひゃくえん)だよ!

ヤバ! 超(ちょう)プチプラじゃん!*

단어

パーカー 후드티　ヤバ 대박　超(ちょう) 아주, 완전　プチプラ 싼 가격

표현 TIP

* **ヤバ**　やばい의 줄임말로 원래는 '위험하다, 위태롭다'라는 뜻인데 요즘은 주로 젊은이들이 '대단하다, 좋다, 좋지 않다, 최고이다' 등의 긍정과 부정을 강조하는 말로 많이 씁니다.
* **超(ちょう)~** 젊은 사람들이 정도가 심한 모양을 강조할 때 동사 · 형용사 등에 붙여 사용하는 표현으로 '대단히, 매우'란 뜻입니다.

046 싸고 귀여운 옷을 발견했을 때

training 046.mp3

사토미: 이 후드티 귀엽네.

에리카: 진짜. 얼마지?

사토미: 어? 이거 500엔이야!

에리카: 대박! 완전 싸잖아!

사요 꿀팁*

이건 무슨 뜻? プチプラ(싼값)

プチ는 '작은, 저렴한', プラ는 プライス(가격)의 줄임말로 젊은 사람들을 중심으로 '싼 가격'이라는 뜻으로 사용되고 있습니다. 주로 여성용 패션 아이템이나 화장품, 잡화 등에 사용되는데 '싸다'는 의미뿐만 아니라 '귀엽다', '가성비가 좋다'라는 뜻도 포함되어 있습니다. プチプラ의 대표적인 의류 브랜드로는 유니클로와 H&M을 들 수 있습니다.

047 둘 중 하나를 선택할 때

047.mp3

このスカート、青(あお)とピンク、どっちがいい？*

どっちかって言(い)ったら青(あお)かな。

でもピンクも可愛(かわい)くない？

じゃあ、両方(りょうほう)買(か)っちゃったら？*

단어

スカート 치마　青(あお) 파란색　ピンク 핑크, 분홍색　どっち 어느 쪽　言(い)う 말하다
両方(りょうほう) 둘 다, 양쪽

표현 TIP

* どっちがいい？　どっち는 どちら(어느 쪽)의 격의 없는 표현으로 선택지가 두 개인 상황에서 하나를 선택하라는 표현입니다. 셋 이상일 때는 どれがいい?(어느 것이 좋아?)라고 합니다.
* 両方(りょうほう) '두 개 중에 두 개 다'라는 뜻이에요.

047 둘 중 하나를 선택할 때

training 047.mp3 

이 치마, 파랑이랑 핑크 중에 어느 쪽이 나아?

어느 쪽이냐고 하면 파랑.

근데 핑크도 귀엽지 않아?

그럼 둘 다 사든지.

사요 꿀팁*

초록색을 青(あお)(파랑)로 표현하는 말들

일본에서는 신호등의 '초록불'을 青信号(あおしんごう)라고 합니다. 옛날에는 초록색을 표현하는 단어가 일본에 없었고 푸르스름한 것들을 통틀어 파랗다고 했기 때문인데요. 원래 청색은 寒色(かんしょく)(추운 느낌이 나는 색) 전체를 가리키고 초록은 새싹이나 싱싱하다는 의미의 말이었습니다. 그래서 일본에서는 지금도 '초록색 사과'를 青(あお)りんご라고 하거나 파(ネギ)를 青(あお)ネギ라고 하는 등 초록색의 사물을 파랑으로 표현하는 말이 많습니다.

048 새 화장품이 출시되었을 때

048.mp3

ファンデの新商品出てる。

ほんとだ。

これ化粧崩れしないんだって。*

私、これ買っちゃおうかな。

단어

ファンデ 파운데이션　新商品(しんしょうひん) 신상품　出(で)る 나오다　化粧(けしょう) 화장　崩(くず)れ 무너짐　買(か)う 사다

표현 TIP

* 化粧崩れ 시간이 지나면서 화장이 지워지는 것을 化粧崩れ라고 하고 지워진 화장을 다시 고치는 것은 化粧直し라고 해요.
* ～んだって ～んだ와 ～って가 결합된 형태로 다른 사람한테 들은 정보임을 나타내는 표현입니다. 남녀 구별 없이 격의 없는 회화문에서 써요.

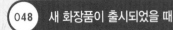

새 화장품이 출시되었을 때

training 048.mp3

파운데이션 신상 나왔어.

진짜!

이거 화장 잘 안 지워진대.

나 이거 살까?

사요 꿀팁*

화장품과 관련된 여러 가지 표현들

세안 후에는 차례대로 여러 가지 화장품을 얼굴에 바르는데요. '스킨'은 일반적으로 化粧水(けしょうすい)라고 하고 '로션'은 乳液(にゅうえき), '에센스'는 美容液(びようえき)라고 합니다. 그 밖에 '선크림'은 日焼(ひや)け止(ど)め, '폼클렌징'은 洗顔(せんがん)フォーム 또는 洗顔(せんがん)이라고 하고 '클렌징'은 メイク落(お)とし 또는 クレンジング라고 합니다.

049 친구의 분위기가 달라졌을 때

049.mp3

雰囲気(ふんいき)変わったよね？

イメチェンしてみた。*

アイメイク？

あたり！

단어

雰囲気(ふんいき) 분위기 変(かわ)る 바뀌다 イメチェン 이미지 변신 アイメイク 눈 화장
あたり 맞음, 적중

표현 TIP

* **イメチェン** 영어의 イメージ(image)와 チェンジ(change)를 합쳐서 만든 일본식 영어로, 머리 스타일이나 화장법을 바꿔서 자신의 인상이나 이미지를 바꾸는 것을 말합니다.

친구의 분위기가 달라졌을 때

training 049.mp3 

분위기 좀 달라졌지?

이미지 변신 좀 해봤어.

눈 화장?

정답!

사요 꿀팁*

화장(化粧(けしょう))하는 방(室(しつ))을 일본어로 하면?

화장(化粧) 이야기가 나왔으니 화장과 관련된 한자 이야기를 해볼까요? '화장실'을 일본어로 직역하면 화장을 하는 방이라는 뜻인 化粧室(けしょうしつ)가 됩니다. 여자들은 화장실에서 화장을 많이 하는데요. 일본에는 化粧室(けしょうしつ) 말고도 화장실을 의미하는 단어가 많습니다. 일상생활에서 자주 보거나 듣는 것은 トイレ, お手洗(てあら)い, WC 등이고 그 외에 便所(べんじょ) 등이 있습니다. トイレ나 便所(べんじょ)와 같은 직접적인 표현을 피하고 돌려서 말하기 위해 이렇게 표현이 많아졌다고 해요. 서비스업, 특히 음식점에서는 손님이 들었을 때 기분이 나빠지지 않도록 종업원들끼리는 トイレ라고 하지 않고 화장실을 ３番(さんばん)이라고 번호로 표현하기도 한답니다.

050 화장이 잘 안 먹을 때

050.mp3

今日(きょう)デートなのにどうしよう。

どうしたの?*

化粧(けしょう)ノリが悪(わる)いの。*

もしかして生理中(せいりちゅう)?

단어

今日(きょう) 오늘 デート 데이트 化粧(けしょう) 화장 ノリ 분 · 그림물감 · 페인트 따위가 먹는 정도
悪(わる)い 나쁘다 もしかして 혹시 生理(せいり) 생리

표현 TIP

* どうしたの? '왜 그래?, 무슨 일이야?'라는 뜻으로 누군가를 걱정할 때 쓰는 표현이에요. 공손하게 말할 때는 どうしたんですか라고 합니다.
* 化粧(けしょう)ノリが悪(わる)い '화장이 잘 안 먹는 것'을 뜻하고 반대로 '화장이 잘 먹는 것'은 化粧(けしょう)ノリがいい라고 합니다.

050 화장이 잘 안 먹을 때

training 050.mp3 

하루카

오늘 데이트인데 어떡해.

사토미

무슨 일 있어?

하루카

화장이 잘 안 먹어.

사토미

혹시 생리 중이야?

사요 꿀팁*

이건 무슨 뜻? ノリ

ノリ라는 말은 화장뿐만 아니라 어떤 사람의 언행이나 그 사람 자체에 대해서 말할 때도 자주 사용하는데, 예를 들어 ノリが合(あ)う라고 하면 '느낌이 통한다'는 뜻입니다. 그리고 단순히 ノリがいい라고 하면 '분위기를 잘 맞춘다'는 뜻으로, ノリがいい人(ひと)라고 하면 '분위기를 잘 맞추는 사람'을 의미합니다. 반대로 '분위기를 못 맞추는 것'은 ノリが悪(わる)い라고 하고, ノリが悪(わる)い人(ひと)라고 하면 '분위기를 못 맞추는 사람'을 의미합니다.

망각방지 장치 1

하루만 지나도 학습한 내용의 50%는 잊어버립니다. 여러분은 몇 퍼센트나 잊어버렸을까요? 5분 안에 20개를 말해 보세요.

			○	×	복습
01	봐봐! 티셔츠 반값이야.	見(み)て! Tシャツ ＿＿＿＿。	□	□	041
02	사면 이득이네.	＿＿＿＿!	□	□	041
03	그 모자 귀엽다.	その帽子(ぼうし) ＿＿＿＿ね。	□	□	042
04	어디서 샀어?	＿＿＿＿の?	□	□	042
05	올해는 꽃무늬가 유행이래.	今年(ことし)は花柄(はながら)が ＿＿＿＿よ。	□	□	043
06	입어봐!	＿＿＿＿?	□	□	043
07	이 옷 살쪄 보이지 않아?	この服(ふく)、＿＿＿＿?	□	□	044
08	괜찮아. 잘 어울려.	大丈夫(だいじょうぶ)。＿＿＿＿よ。	□	□	044
09	보너스 나왔길래 질렀어.	＿＿＿＿買(か)っちゃった。	□	□	045
10	얼마짜린지 알아맞혀봐.	いくらか ＿＿＿＿。	□	□	045

정답 01 半額(はんがく) 02 お買(か)い得(どく) 03 可愛(かわい)い 04 どこで買(か)った 05 流行(はや)りらしい 06 試着(しちゃく)してみたら 07 太(ふと)って見(み)えない 08 よく似合(にあ)ってる 09 ボーナス出(で)たから 10 当(あ)ててみて

			O	X	복습
11	진짜. 얼마지?	はんとた。＿＿＿＿。	☐	☐	046
12	대박! 완전 싸잖아!	ヤバ! ＿＿＿＿じゃん!	☐	☐	046
13	이 치마, 파랑이랑 핑크 중에 어느 쪽이 나아?	このスカート、青(あお)とピンク、＿＿＿＿？	☐	☐	047
14	그럼 둘 다 사든지.	じゃあ、＿＿＿＿買(か)っちゃったら？	☐	☐	047
15	파운데이션 신상 나왔어.	ファンデの＿＿＿＿。	☐	☐	048
16	이거 화장 잘 안 지워진대.	これ＿＿＿＿んだって。	☐	☐	048
17	분위기 좀 달라졌지?	＿＿＿＿よね？	☐	☐	049
18	이미지 변신 좀 해봤어.	＿＿＿＿してみた。	☐	☐	049
19	오늘 데이트인데 어떡해.	今日(きょう)＿＿＿＿どうしよう。	☐	☐	050
20	화장이 잘 안 먹어.	＿＿＿＿の。	☐	☐	050

정답 11 いくらだろう　12 超(ちょう)プチプラ　13 どっちがいい　14 両方(りょうほう)
15 新商品出(しんしょうひんで)てる　16 化粧崩(けしょうくず)れしない　17 雰囲気変(ふんいきか)わった　18 イメチェン
19 デートなのに　20 化粧(けしょう)ノリが悪(わる)い

051 친구의 생얼을 보고

051.mp3

今日(きょう)いつもと何(なん)か違(ちが)うね。*

寝坊(ねぼう)したから化粧(けしょう)する時間(じかん)なくて。

え？ すっぴんなの？

日焼(ひや)け止(ど)めだけは塗(ぬ)ったけどね。

단어

違(ちが)う 다르다　寝坊(ねぼう)する 늦잠 자다　時間(じかん) 시간　すっぴん 민낯, 생얼
日焼(ひや)け止(ど)め 선크림　塗(ぬ)る 바르다

표현 TIP

* 何(なん)か　何か는 なにか와 なんか 두 가지로 읽는데 뜻은 거의 같습니다. なにか가 정식 표현이고 なんか는 허물 없는 사이에서 편하게 쓰는 표현이에요. 다만 なんか는 문장 앞이나 형용사 등과 함께 쓰여 '왜 그런지, 어쩐지'의 의미로도 쓰입니다.

051 친구의 생얼을 보고

training 051.mp3

오늘 평소랑 뭔가 다르네.

늦잠 자서 화장할 시간이 없어서.

어? 생얼이야?

선크림만 발랐어.

사요 꿀팁*

'생얼'은 すっぴん이라고 해요

'민낯, 생얼'을 일본어로는 すっぴん이라고 하는데 すっぴん은 '화장을 하지 않아도 미인'이라는 의미로도 쓰여요. 같은 의미로 '화장을 하지 않은 상태'를 ノーメイク라고 하고, '화장을 한 듯 안 한 듯 자연스러운 화장'을 すっぴん風(ふう)メイク라고 합니다.

052 머리를 염색하고 싶을 때

052.mp3

髪染めに行こうかな。

何色にするの？

まだ決めてない。*

今流行りのアッシュグレイにしたら？*

단어

髪(かみ) 머리카락　染(そめ)る 염색하다　何色(なにいろ) 무슨 색　決(き)める 결정하다
流行(はや)り 유행　アッシュグレイ 애쉬 그레이

표현 TIP

* まだ～てない '아직 ~ 안 했어/못했어'라는 뜻으로 행위가 이루어지기 전임을 나타냅니다.
* ～にしたら？ ～にする는 '~로 하다'라는 뜻으로 결정을 나타내는 표현이에요. 여기에 가정 표현 たら(~하면)가 붙어 '애쉬 그레이로 하면(어때)?', 즉 '애쉬 그레이로 하라'고 조언하는 의미입니다.

052 머리를 염색하고 싶을 때

training 052.mp3

머리 염색하러 갈까?

무슨 색으로 하려고?

아직 못 정했어.

요새 유행하는 애쉬 그레이는 어때?

사요 꿀팁*

머리 염색과 관련된 다양한 표현들

염색과 관련된 일본어에는 髪染め(염색), 髪を染める(염색하다), カラー(컬러), ヘアカラー(헤어컬러), カラーリング(컬러링) 등이 있고 '염색하고 싶다'고 할 때는 髪染めたい라고 합니다. 또한 '머리를 잘라주세요'라고 할 때도 髪를 사용해서 髪を切ってください라고 하면 돼요. '머리'를 그대로 직역해서 頭라고 하지 않도록 주의하세요.

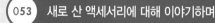

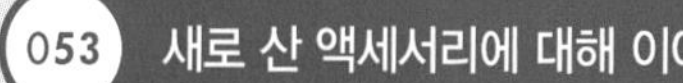

053 새로 산 액세서리에 대해 이야기하며

053.mp3

ピアスあけたの？*

違(ちが)うよ。これマグネットピアス。

へ～、ピアスみたい。

でしょ？ 衝動買(しょうどうが)いしちゃった。*

단어

ピアス 피어스, 귀걸이 あける (구멍을) 내다, 뚫다 違(ちが)う 다르다, 틀리다

マグネットピアス 귀찌, 자석 귀걸이 衝動買(しょうどうが)い 충동구매

표현 TIP

* ピアス(を)あける あける는 보통 '열다, 비우다' 등의 뜻으로 쓰이는데 ピアスをあける라고 할 때에는 '구멍을 뚫다'라는 뜻입니다.
* でしょ？ 말끝을 올려 말하면 '그렇지?'라고 상대방에게 확인하는 뜻이 됩니다. でしょう의 줄임말이에요.

053 새로 산 액세서리에 대해 이야기하며

training 053.mp3

귀 뚫었어?

아니. 이거 귀찌야.

그렇구나. 귀걸이 같아.

그렇지? 충동구매해버렸어.

사요 꿀팁*

피어싱과 관련된 다양한 표현들

피어싱을 하기 위해 '구멍을 뚫는 것'을 일본어로는 ピアスをあける라고 합니다. '귀에 하는 피어싱'은 耳(みみ)ピアス, '코에 하는 피어싱'은 鼻(はな)ピアス, '배꼽에 하는 피어싱'은 へそピアス, '입이나 입 주변에 하는 피어싱'은 口(くち)ピアス라고 합니다. 또한 일본에서 피어스 구멍을 뚫는 방법은 일반적으로는 시중에서 파는 ピアッサー나 ニードル라는 도구를 이용해 셀프로 뚫거나 친구에게 부탁하거나 또는 병원에 가서 뚫기도 합니다.

안 쓰던 안경을 쓰고 나타난 친구에게

054.mp3

あれ？目(め)悪(わる)かったっけ？

全然(ぜんぜん)。両目(りょうめ)とも1.5。*

じゃあ、何(なん)で眼鏡(めがね)してるの？

これ伊達(だて)メガネだよ。

단어

あれ 어, 어머(나) **目(め)** 눈 **全然(ぜんぜん)** 전혀 **両目(りょうめ)** 양쪽 눈, 두 눈 **とも** 모두, 다 같이 **眼鏡(めがね)** 안경 **伊達(だて)メガネ** 패션 안경

표현 TIP

* **全然(ぜんぜん)** 보통은 부정 표현과 함께 쓰여 '전혀'라는 부정의 뜻을 나타내는 경우가 많은데 요즘에는 부정적인 뜻뿐만 아니라 全然(ぜんぜん)オッケー(완전 OK), 全然平気(ぜんぜんへいき)(전혀 아무렇지 않아)와 같이 긍정적인 뜻으로도 쓰여요.

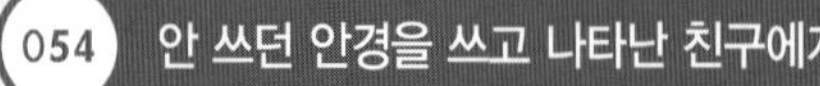

054 안 쓰던 안경을 쓰고 나타난 친구에게

training 054.mp3

어? 눈 나빴었나?

전혀. 양쪽 다 1.5야.

그런데 왜 안경 썼어?

이거 도수 없는 안경이야.

사요 꿀팁*

이건 무슨 뜻? 伊達(だて)メガネ(패션 안경)

도수가 안 들어가고 패션용으로 쓰는 안경을 伊達(だて)メガネ라고 하는데 이외에도 블루라이트를 차단하거나 꽃가루 알레르기를 예방하기 위해서 쓰기도 합니다. 안경뿐 아니라 마스크에도 伊達(だて)マスク라는 말이 있는데, 여성은 민낯으로 외출할 때, 남성은 면도하지 않은 얼굴을 가리기 위해 伊達(だて)マスク를 착용합니다. 또한 얼굴을 가림으로써 심리적인 안정감을 꾀하기 위한 이유도 있다고 하네요.

055 잡지에 소개됐던 고가의 옷을 발견하고

055.mp3

この服(ふく)、雑誌(ざっし)で紹介(しょうかい)されてた服(ふく)だ。

ほんとだ。かわいい。

かわいいけど、5,800円(ごせんはっぴゃくえん)もするんだ。*

オシャレはお金(かね)がかかるね。

단어

服(ふく) 옷　雑誌(ざっし) 잡지　紹介(しょうかい) 소개　オシャレ 멋을 냄, 멋쟁이　お金(かね) 돈

표현 TIP

* ～も 같은 종류의 사물을 열거할 때는 '～도'라는 뜻이고 본문처럼 강조의 뜻일 때는 '～(만큼)이나'라는 뜻이에요.

잡지에 소개됐던 고가의 옷을 발견하고

training 055.mp3

이 옷, 잡지에 소개됐던 옷이야.

진짜. 예쁘다.

예쁘긴 한데 5,800엔이나 해.

멋쟁이는 돈이 드는구나.

사요 꿀팁*

다양한 일본의 패션 잡지

일본에는 많은 패션 잡지가 있습니다. 10대를 대상으로 한 잡지 ニコラ부터, 고등학생을 대상으로 한 SEVEN TEEN, 그리고 20~30대를 대상으로 한 MORE, with, steady, non-no, an·an까지, 연령대에 맞춰 다양한 볼거리, 읽을거리를 제공합니다. 또한 부록으로 가방이나 지갑 등이 달려 있는 경우도 많아 부록이 갖고 싶어서 잡지를 사려는 사람도 많다고 해요. '부록'은 한자 그대로 付録(ふろく)라고 합니다.

056 발꿈치가 까졌을 때

056.mp3

痛(いた)いと思(おも)ったら靴擦(くつず)れしてた。*

血(ち)出(で)てるよ！

もしかして絆創膏(ばんそうこう)持(も)ってる？

持(も)ってるよ。

단어

痛(いた)い 아프다　靴擦(くつず)れ 구두에 쓸려서 까짐, 또 그 상처　血(ち) 피　出(で)る 나오다
もしかして 혹시　絆創膏(ばんそうこう) 반창고　持(も)つ 가지다

표현 TIP

* 靴擦(くつず)れしてる 구두가 발에 맞지 않아 스쳐서(擦(す)れて) 생기는 상처이기 때문에 '발꿈치가 까지는 것'을 靴擦(くつず)れ라고 표현합니다.

056 발꿈치가 까졌을 때

training 056.mp3 

아프다 했더니 발꿈치가 까졌어.

피 나!

혹시 밴드 있어?

있어.

사요 꿀팁*

'반창고'는 지역에 따라 명칭이 달라요

'반창고'는 일본어로 絆創膏(ばんそうこう)라고 합니다. 지역에서는 가장 인기 있는 상품명을 일반 명사처럼 쓰기도 해서 도쿄에서는 絆創膏(ばんそうこう)와 バンドエイド라고 하고, 홋카이도와 와카야마, 히로시마에서는 サビオ라고 합니다. 그 외에 동북지방이나 야마나시, 오카야마, 돗토리, 시마네, 야마구치, 에히메, 고치, 사가, 나가사키, 가고시마에서는 カットバン이라고 하고, 후쿠오카, 구마모토, 오이타, 미야자키, 오키나와, 나라에서는 リバテープ, 도야마에서는 キズバン이라고 합니다.

057 똑같은 옷을 입은 사람들을 보고

057.mp3

あの二人(ふたり)、双子(ふたご)コーデしてる。

可愛(かわい)い。

うちらもやってみる?*

うん! いいよ。

단어

二人(ふたり) 두 사람　双子(ふたご) 쌍둥이　コーデ 코디　うちら 우리들　やる 하다

표현 TIP

* うちら 私(わたし)たち(우리들)의 격의 없는 표현으로 주로 젊은 여성들이 친구들끼리 이야기할 때 사용하는 표현이에요. 남성의 경우 俺(おれ)ら 혹은 僕(ぼく)ら라고 합니다.

057 똑같은 옷을 입은 사람들을 보고

training 057.mp3 

저 두 사람 쌍둥이처럼 입었어.

예쁘다.

우리도 해볼래?

응! 좋아.

사요 꿀팁*

코디 스타일링과 관련된 다양한 표현들

コーデ는 コーディネイト(coordinate)의 줄임말로 주로 복장의 색배합이나 소재, 디자인 등이 어울리도록 조합하는 것을 말합니다. '시밀러룩'을 뜻하는 リンクコーデ나 쌍둥이는 아니지만 쌍둥이처럼 보이게 같은 머리 스타일을 하고 옷도 비슷하게 입는 双子(ふたご)コーデ, 엄마, 아빠, 아이가 맞춰 입는 코디인 親子(おやこ)コーデ 등이 있어요.

058 오래만에 만난 친구에게

058.mp3

久(ひさ)しぶり。

ゆか、キレイになったね。*

まきこそ痩(や)せたよね?

そんなことないよ。

단어

久(ひさ)しぶり 오랜만임 きれいだ 예쁘다 こそ ~야말로 痩(や)せる 살 빠지다

표현 TIP

* **キレイになったね** '예뻐졌네'라는 뜻으로 전과 달라진 모습을 칭찬하는 표현입니다. 이전에는 예쁘지 않았다는 뉘앙스가 아니니 이런 말을 들었다고 해서 '전에는 안 예뻤단 뜻인가'라고 오해 마세요.

058 오랜만에 만난 친구에게

training 058.mp3 

오랜만이야.

유카, 예뻐졌네.

마키야말로 살 빠졌지?

아니야.

사용 꿀팁*

そんなことないよ(그렇지 않아)의 사용법

일본인이 자주 쓰는 표현 중에 そんなことないよ라는 말이 있습니다. 한국어로는 '그렇지 않아, 아니야'라는 뜻인데 주로 두 가지 의미로 사용해요. 하나는 다른 사람에게 칭찬받았을 때 겸손하게 대답하는 의미인데, 요즘에는 칭찬을 받으면 ありがとう(고마워)라고 솔직히 말하는 것이 인상에 좋다는 의견도 있습니다. 그리고 또 하나는 상대방이 자책하거나 할 때 위로해주는 의미로 사용해요.

059 정장을 입은 친구에게

059.mp3

何(なん)でいきなりスーツなんか着(き)てんの?*

これから仕事(しごと)の面接(めんせつ)。

スーツ着(き)ると違(ちが)う人(ひと)みたい。

かっこいいってこと?

단어

いきなり 갑자기 スーツ 양복, 정장 着(き)る 입다 これから 지금부터, 이제부터 仕事(しごと) 일 面接(めんせつ) 면접 違(ちが)う 다르다 みたい ~같다 かっこいい 멋지다

표현 TIP

* なんか '~따위, ~등, ~같은'이라는 뜻으로 어떠한 화제에 대해 예를 들거나 얕잡아 보는 듯한 느낌을 나타내요.
* 着(き)てんの? 着(き)ているの? → 着(き)てるの? → 着(き)てんの? 가 된 것으로 회화체에서는 る를 ん으로 바꿔 ~てんの? 라고 말하는 경우가 많아요.

059 정장을 입은 친구에게

training 059.mp3

안나

왜 갑자기 정장을 입었어?

유타

이제부터 회사 면접이거든.

안나

정장 입으니까 딴사람 같아.

유타

멋있다는 말이지?

사요 꿀팁*

세세하기로 소문난 일본 특유의 면접 매너

일본에는 특유의 면접 매너가 있습니다. 우선 복장은 검정이나 회색 정장에 검정 구두, 그리고 머리는 염색하지 않는 것이 좋아요. 면접실에 들어갈 때는 '똑, 똑, 똑' 세 번 노크를 하고 면접관이 どうぞ(들어오세요)라고 말하면 失礼(しつれい)します(실례하겠습니다)라고 말하며 입실합니다. 또 의자에 앉을 때도 면접관이 どうぞおかけください(앉으세요)라고 말하기 전까지는 앉지 않는 게 좋습니다. 그 밖에 문을 닫을 때는 문을 마주 보고 닫아야 하고 인사할 때의 각도는 30도가 좋다는 등 너무 세세하거나 억지스러워 보이는 내용도 꽤 많습니다.

060 동안인 사람에 대해 얘기할 때

060.mp3

あや

佐藤(さとう)さん何歳(なんさい)か知(し)ってる?*

ゆか

20代(にじゅうだい)前半(ぜんはん)じゃないの?

あや

34歳(さんじゅうよんさい)なんだって。

ゆか

うわ、童顔(どうがん)だね。

단어

何歳(なんさい) 몇 살　知(し)る 알다　~代(だい) ~대　前半(ぜんはん) 전반, 초반
童顔(どうがん) 동안

표현 TIP

* 何歳(なんさい)か　か는 보통 문장 끝에 붙어 의문을 나타내는 경우가 많은데 여기서는 何歳(なんさい)(몇 살)라는 단어에 붙어 '~인지'라는 불확실한 추측을 나타내요.

060 동안인 사람에 대해 얘기할 때

training 060.mp3 

사토 씨 몇 살인지 알아?

20대 초반 아니야?

서른넷이래.

와, 동안이네.

사요 꿀팁*

顔(かお)가 들어가는 다양한 표현들

'동안'은 童顔(どうがん)이라고 하고 반대로 '노안'은 老(ふ)け顔(がお)라고 합니다. 그리고 '미소'는 笑顔(えがお), '우는 얼굴'은 泣(な)き顔(がお), '진지한 얼굴'은 真顔(まがお), '둥근 얼굴'은 丸顔(まるがお), '작은 얼굴'은 小顔(こがお)라고 하고, '알면서 모르는 척하는 것'은 知(し)らん顔(かお)라고 합니다. 또한 '잘난 척 의기양양한 표정의 얼굴'을 どや顔(がお)라고 하는데 이것은 どうだ(어떠하다)의 간사이 사투리인 どや에서 온 말입니다.

망각방지 장치 1

하루만 지나도 학습한 내용의 50%는 잊어버립니다. 여러분은 몇 퍼센트나 잊어버렸을까요? 5분 안에 20개를 말해 보세요.

			O	X	복습
01	어? 생얼이야?	え？ ____ なの？	☐	☐	051
02	선크림만 발랐어.	____ だけは塗(ぬ)ったけどね。	☐	☐	051
03	머리 염색하러 갈까?	____ 行(い)こうかな。	☐	☐	052
04	요새 유행하는 애쉬 그레이는 어때?	____ アッシュグレイにしたら？	☐	☐	052
05	귀 뚫었어?	____ の？	☐	☐	053
06	그렇지? 충동구매 해버렸어.	でしょ？ ____ しちゃった。	☐	☐	053
07	어? 눈 나빴었나?	あれ？ ____ っけ？	☐	☐	054
08	이거 도수 없는 안경이야.	これ ____ だよ。	☐	☐	054
09	이 옷, 잡지에 소개됐던 옷이야.	この服(ふく)、雑誌(ざっし)で ____ 服(ふく)だ。	☐	☐	055
10	멋쟁이는 돈이 드는구나.	オシャレは ____ ね。	☐	☐	055

정답 01 すっぴん 02 日焼(ひや)け止(ど)め 03 髪染(かみそ)めに 04 今流行(いまはや)りの
05 ピアスあけた 06 衝動買(しょうどうが)い 07 目悪(めわる)かった 08 伊達(だて)メガネ
09 紹介(しょうかい)されてた 10 お金(かね)がかかる

			O	X	복습
11	아프다 했더니 발꿈치가 까졌어.	痛(いた)いと思(おも)ったら ＿＿＿＿。	□	□	056
12	혹시 밴드 있어?	もしかして ＿＿＿＿？	□	□	056
13	저 두 사람 쌍둥이처럼 입었어.	あの二人(ふたり)、＿＿＿＿。	□	□	057
14	우리도 해볼래?	うちらも ＿＿＿＿？	□	□	057
15	오랜만이야.	＿＿＿＿。	□	□	058
16	마키야말로 살 빠졌지?	まきこそ ＿＿＿＿？	□	□	058
17	왜 갑자기 정장을 입었어?	＿＿＿＿ スーツなんか着(き)てんの？	□	□	059
18	정장 입으니까 딴사람 같아.	スーツ着(き)ると ＿＿＿＿。	□	□	059
19	20대 초반 아니야?	＿＿＿＿ じゃないの？	□	□	060
20	와, 동안이네.	うわ、＿＿＿＿ だね。	□	□	060

정답 11 靴擦(くつず)れしてた　12 絆創膏持(ばんそうこうも)ってる　13 双子(ふたご)コーデしてる　14 やってみる
15 久(ひさ)しぶり　16 痩(や)せたよね　17 何(なん)でいきなり　18 違(ちが)う人(ひと)みたい
19 ２０代前半(にじゅうだいぜんはん)　20 童顔(どうがん)

망각방지 장치 2 일주일이 지나면 학습한 내용의 70%를 잊어버립니다. 여러분은 몇 퍼센트나 기억하고 있을까요? 대화문으로 확인해 보세요.

021 귀를 뚫었을 때

try 021.mp3

A 見(み)て！ 나 귀 뚫었어. 053

B ほんとだ。痛(いた)くなかった？

A ちょっと痛(いた)かったけど一瞬(いっしゅん)だったから。

B 귀걸이 잘 어울리네. 044

A ありがとう。

- 痛(いた)い 아프다 一瞬(いっしゅん) 그 순간, 일순간

022 옷 쇼핑을 할 때

try 022.mp3

A 이 치마, 파랑이랑 핑크 중에 어느 쪽이 나아? 047

B 青(あお)の方(ほう)がいいと思(おも)う。

A そう？

B うん。ピンクだと 조금 살쪄 보여. 044

A じゃあ、青(あお)にしよ～っと。

- 青(あお) 파랑 ピンク 핑크 ～にしよ～っと ~로 해야지

021

A 봐봐! 私ピアスあけたの。053

B 진짜. 안 아팠어?

A 좀 아프긴 했는데 아주 잠깐이라.

B ピアス似合ってるね。044

A 고마워.

022

A このスカート、青とピンク、どっちがいい? 047

B 파랑이 괜찮은 거 같아.

A 그래 ?

B 응. 핑크는 少し太って見える。044

A 그럼 파랑으로 해야지.

023 친구가 머리를 염색했을 때

try 023.mp3

A 분위기 좀 달라졌지? 049

B 머리 염색했어. 052

A 言(い)われてみれば少(すこ)し明(あか)るくなったね。

B うん。ナチュラルな感(かん)じにしてもらったの。

- 言(い)われてみれば 듣고 보니 明(あか)るくなる 밝아지다 ナチュラルな感(かん)じ 자연스러운 느낌

024 싼 옷을 발견했을 때

try 024.mp3

A 티셔츠 반값이야! 041

B 安(やす)い!

A あ、でも少(すこ)しサイズが小(ちい)さい気(き)がするな。

B 입어봐! 043

A そうだね。

- 安(やす)い 싸다 サイズが小(ちい)さい 사이즈가 작다 気(き)がする 생각[느낌]이 들다

023

A　雰囲気変わったよね? 049

B　髪染めたの。052

A　듣고 보니 조금 밝아졌네.

B　응. 자연스러운 느낌으로 해 달라고 했어.

024

A　Tシャツ半額! 041

B　싸다!

A　아, 근데 사이즈가 조금 작은 것 같아.

B　試着してみたら? 043

A　그래.

025 귀여운 액세서리를 발견했을 때

try 025.mp3

A　이 목걸이 귀엽네. 046

B　いくらだろう。

A　500円(ごひゃくえん)だって！

B　安(やす)いね。

A　살까? 041

• いくら 얼마　~だろう(か) ~일까?　安(やす)い 싸다

026 화장품 신상이 나왔을 때

try 026.mp3

A　파운데이션 신상 나왔어. 048

B　ほんとだ。

A　いくらだろう。

B　6,800円(ろくせんはっぴゃくえん)だって。ちょっと高(たか)いね。

A　멋쟁이는 돈이 드는구나. 055

• ほんと 진짜, 정말　高(たか)い 비싸다

025

A　このネックレス、可愛(かわい)い。046

B　얼마지?

A　500엔이래!

B　싸네.

A　買(か)っちゃおうかな。041

026

A　ファンデの新商品(しんしょうひん)出(で)てる。048

B　정말.

A　얼마지?

B　6,800엔이래. 좀 비싸네.

A　オシャレはお金(かね)がかかるね。055

027 안 쓰던 안경을 쓴 친구에게 try 027.mp3

A 어? 눈 나빴었나? 054

B 全然(ぜんぜん)。늦잠 자서 화장할 시간이 없어서 051

眼鏡(めがね)ですっぴん隠(かく)してるの。

A すっぴんだったの？全然気(ぜんぜんき)づかなかったよ。

• 眼鏡(めがね) 안경 すっぴん 생얼, 민낯 隠(かく)す 가리다, 감추다 気(き)づく 눈치 채다, 알아차리다

028 1+1으로 쇼핑할 때 try 028.mp3

A 이 옷, 잡지에 소개됐던 옷이야. 055

B 얼마지? 046

A 1枚(いちまい)だと1,500円(せんごひゃくえん)で2枚(にまい)で2,000円(にせんえん)だって！

B せっかくだからおそろいで買(か)う？

A いいね。

• ~枚(まい) ~장(개수를 세는 말) せっかく 모처럼, 애써 おそろいで 같이

027

A　あれ？目悪かったっけ？ 054

B　전혀. 寝坊したから化粧する時間なくて 051

안경으로 생얼 가렸어.

A　생얼이었어? 전혀 몰랐어.

028

A　この服、雑誌で紹介されてた服だ。 055

B　いくらだろう。 046

A　한 장이면 1,500엔이고 두 장이면 2천 엔이래!

B　모처럼이니까 커플로 살래?

A　좋아.

029 발꿈치가 까졌을 때

try 029.mp3

A 아프다 했더니 발꿈치가 까졌어. 056

B うわ！ 痛(いた)そう。

A 혹시 밴드 있어? 056

B 持(も)ってない。コンビニに売(う)ってないかな。

A そうだね。コンビニ行(い)ってみよう。

- 痛(いた)い 아프다 持(も)つ 가지다, 지니다 コンビニ 편의점 売(う)る 팔다

030 친구가 쓴 모자가 마음에 들 때

try 030.mp3

A 그 모자 귀엽다. 042

B 그렇지? 충동구매해버렸어. 053

A どこで買(か)ったの？

B 駅前(えきまえ)の帽子屋(ぼうしや)さんだよ。

- 帽子屋(ぼうしや)さん 모자 가게

029

A　痛(いた)いと思(おも)ったら靴擦(くつず)れしてた。056

B　와! 아프겠다.

A　もしかして絆創膏(ばんそうこう)持(も)ってる？ 056

B　없어. 편의점에 팔지 않을까?

A　그러네. 편의점 가봐야겠다.

030

A　その帽子(ぼうし)、可愛(かわい)いね。042

B　でしょ？ 衝動買(しょうどうが)いしちゃった。053

A　어디서 샀어?

B　역 앞에 있는 모자 가게야.

Part 04

네이티브가 매일 주고받는

직장 & 취업 대화 20

Part 04 전체 듣기

안 되면 불안하고 되면 스트레스의 연속인 취업과 직장 생활!
'오늘 한잔 어때?, 로또라도 살까?, 바빠서 죽을 것 같아, 오늘도 야근이야,
취직 준비 잘하고 있어?, 면접 봤는데 연락이 안 와, 취직 못할까 봐 불안해' 등등
취업과 직장 생활의 애환이 묻어나는 다양한 대화를 익혀 보세요.

061 동료 뒷담화를 할 때

062 퇴근 후 한잔을 제안할 때

063 상사에 대한 소문을 얘기하며

064 막차를 놓쳤을 때

065 월급날에

066 친구의 근황을 물을 때

067 회식에 참석할 수 없을 때

068 진상 손님에 대해 얘기하며

069 동료의 결혼 퇴사 소식을 들었을 때

070 회사 험담을 할 때

071 사내 소문에 대해 얘기할 때

072 만삭인 동료를 만났을 때

073 전근을 가게 되었을 때

074 어떤 일에 대해 사실인지 물을 때

075 분위기 파악을 못하는 사람을 두고

076 선배 험담을 할 때

077 멋진 남자 동료에 대해 말할 때

078 합격 소식을 애타게 기다릴 때

079 구직 활동에 대해 얘기하며

080 입사가 정해졌을 때

061 동료 뒷담화를 할 때

061.mp3

鈴木(すずき)さんの猫(ねこ)なで声(ごえ)、聞(き)いた?

声(こえ)が1オクターブ高(たか)くなってたよね。

私(わたし)、鳥肌(とりはだ)立(た)っちゃった。*

上司(じょうし)の前(まえ)だと猫(ねこ)被(かぶ)るからね。

단어

猫(ねこ) 고양이 なでる 어루만지다, 쓰다듬다 声(こえ) 소리 聞(き)く 듣다 オクターブ 옥타브 高(たか)い 높다 鳥肌(とりはだ) 소름, 닭살 立(た)つ 일어서다 上司(じょうし) 상사 猫(ねこ)を被(かぶ)る 내숭떨다, 본성을 숨기다

표현 TIP

* 鳥肌(とりはだ)(が)立(た)っちゃった 鳥肌(とりはだ)が立(た)つ는 추위나 공포 등으로 피부에 소름이 돋는 것을 뜻하는 표현이에요. 조사 が를 생략하고 鳥肌立(とりはだた)つ라고도 해요.

061 동료 뒷담화를 할 때

training 061.mp3

미나미

스즈키 씨 귀여운 척하는 목소리 들었어?

에리

목소리가 1옥타브 높아졌지.

미나미

나 닭살 돋았어.

에리

상사 앞에서는 내숭 떤다니까.

사요 꿀팁*

일본어에는 고양이와 관련된 표현이 많아요

일본어에는 고양이와 관련된 표현이 많은데 대부분은 뭔가를 원할 때만 귀여운 소리로 울고 자신의 욕구가 충족되면 모르는 척하는 그런 고양이를 상상하게 만드는 말이 많아요.

- 猫被り(ねこかぶり) : 본성을 숨기고 모르는 척하는 것
- 猫なで声(ねこなでごえ) : 본성을 숨기고 남의 비위를 맞추기 위해 내는 부드러운 소리
- 猫に小判(ねこにこばん) : 돼지 목에 진주 목걸이. 고양이에게 금화를 줘도 그 가치를 모르기 때문에 가치를 모르는 사람에게 가치 있는 것을 줘도 소용없다는 뜻.

062 퇴근 후 한잔을 제안할 때

062.mp3

今日一杯どう?*

ごめん! 今、金欠なんだ。*

そっか。じゃあ、また今度。

うん。また誘って。

단어

一杯(いっぱい) 한잔 金欠(きんけつ) 돈이 없음, 궁핍 今度(こんど) 다음, 이번

誘(さそ)う 권유하다, 부르다

표현 TIP

* 一杯 여기에서 말하는 一杯는 '술 한잔'이라는 뜻이고 보통 いっぱい는 '가득, 많이'라는 뜻으로 쓰여요.
* 金欠 '돈이 몹시 달림, 궁핍'이란 뜻입니다. 돈이 없는 상태를 병에 걸린 것으로 비유하여 金欠病라고 말하기도 합니다.

062 퇴근 후 한잔을 제안할 때

training 062.mp3 

오늘 한잔 어때?

미안! 지금 잔고가 바닥 났어.

그렇구나. 그럼 다음에 가자.

응. 또 불러줘.

사요 꿀팁*

일본 전통 술, 니혼슈(日本酒)

니혼슈(日本酒)는 제조법이나 재료에 따라서 크게 '순미주'와 '보통주'로 나뉘어요.

- 순미주(純米酒): 쌀과 물, 누룩으로만 만든 술
- 보통주(普通酒): 쌀에 물과 양조 알코올 그리고 당류와 산미료를 넣어 만든 술

맛은 보통주보다 순미주가 맛있고, 가격은 순미주보다 보통주가 싼 편입니다. 또 순미주는 라벨에 순미주라고 써 있지만 보통주는 써 있지 않기 때문에 아무것도 써 있지 않은 일본술이라면 보통주라고 생각하면 돼요.

063 상사에 대한 소문을 얘기하며

063.mp3

課長(かちょう)の話(はなし)、聞(き)いた？

地方(ちほう)に左遷(させん)された話(はなし)？

そうそう。*

セクハラがバレたからなんでしょ？*

단어

課長(かちょう) 과장　話(はなし) 이야기　地方(ちほう) 지방　左遷(させん) 좌천　セクハラ 성희롱　バレる 들키다, 발각되다

표현 TIP

* **そうそう** '그래그래, 맞아 맞아'라는 뜻으로 상대방 말에 맞장구칠 때 쓰는 표현이에요.
* **セクハラがバレた** ばれる는 거짓말이나 비밀 등이 다른 사람에게 알려지는 것으로 '발각되다, 들통나다'라는 뜻입니다.

063 상사에 대한 소문을 얘기하며

training 063.mp3

과장님 얘기 들었어?

지방으로 좌천된 얘기?

맞아 맞아.

성희롱이 뽀록나서 그렇다며?

사요 꿀팁*

말도 많고 탈도 많은 ○○ハラ

일본어에는 '괴롭힘, 학대'를 뜻하는 ○○ハラ라고 부르는 말들이 많이 있는데요, 이것은 ○○ハラスメント를 줄인 표현입니다.

- セクハラ(セクシャル・ハラスメント): 성적 괴롭힘
- パワハラ(パワー・ハラスメント): 권력이나 지위를 이용한 괴롭힘
- アルハラ(アルコール・ハラスメント): 술을 억지로 먹이는 등 음주와 관련된 괴롭힘
- スメハラ(スメル・ハラスメント): 몸 냄새나 입 냄새, 지독한 향수 등의 냄새로 불쾌감을 주는 것

064 막차를 놓쳤을 때

064.mp3

クッソー、終電逃(しゅうでんのが)した。

タクシーで帰(かえ)るしかないけど、金(かね)ある？*

ない。すっからかんなんだけど。

マジか！ 俺(おれ)もないんだけど。*

단어

終電(しゅうでん) (전철 · 지하철의) 막차　逃(のが)す 놓치다　タクシー 택시　帰(かえ)る 돌아가다
すっからかん 빈털터리　マジ 진심, 정말　俺(おれ) 나(남자가 쓰는 말)

표현 TIP

* ～しかない '~하는 수밖에 없다'는 뜻으로 가능한 방법이나 수단을 한정하거나 불가피한 선택을 나타냅니다.
* マジか　マジは 真面目(まじめ)(진지함, 성실함)의 줄임말로 '진지하다'라는 뜻과 '정말?, 진짜?'라는 뜻으로 맞장구칠 때 써요. 주로 젊은이들이 친구끼리 이야기할 때 씁니다.

064 막차를 놓쳤을 때

training 064.mp3 

헐! 막차 놓쳤어.

택시 타고 가는 수밖에 없는데 돈 있어?

없어. 빈털터리인데.

진짜! 나도 없는데.

사요 꿀팁*

일본에서 막차를 놓쳤다면?

전철과 지하철의 막차는 終電(しゅうでん)이라고 하는데요, 일본은 택시비가 비싸기 때문에 막차를 놓쳐 택시를 타게 될 때는 부담이 큽니다. 그래서 일본 사람들은 술을 마실 때 막차에 대한 이야기를 많이 합니다. 만약 막차를 놓쳤을 경우에는 어쩔 수 없이 택시를 타거나 돈을 아끼기 위해 노래방에서 밤새 노래를 부르면서 아침 첫차를 기다리기도 합니다.

065 월급날에

065.mp3

今日給料日なんだ。

わぉ! いいね!

ロトでも買おうかな。

ほどほどにしなよ。*

단어

給料日(きゅうりょうび) 월급날　ロト 로또　買(か)う 사다　ほどほど 적당히

표현 TIP

* **ほどほどにしなよ** '적당히, 정도껏'이라는 뜻의 ほどほどに에 동사 する의 명령형 しな가 붙은 것으로 '적당히 해'란 뜻입니다. しな는 しなさい의 줄임말이에요.

065 월급날에

training 065.mp3 

오늘 월급날이야.

와! 좋겠다!

로또라도 살까?

적당히 해.

사요 꿀팁*

일본에는 파친코에 중독된 사람이 많아요

일본에서 도박이라고 하면 競輪(경륜), 競馬(경마), 競艇(경정), 그리고 도박이다 아니다로 의견이 분분한 ロト(로또)나 宝くじ(복권), パチンコ(파친코)가 있습니다. 일본어로 '도박 중독'을 ギャンブル依存症(겜블 의존증)라고 하는데 거의 대부분이 파친코에 의한 의존증으로 일본에서는 사회적 문제가 되고 있습니다. 큰 역 주변을 걷다 보면 파친코 센터를 흔히 볼 수 있고 개장을 앞둔 아침에 가게 앞에 줄이 늘어선 경우도 많습니다

066 친구의 근황을 물을 때

066.mp3

最近(さいきん)、仕事(しごと)どう？

忙(いそが)しくて死(し)にそう。*

新(あたら)しいプロジェクト任(まか)されたんだっけ？*

うん。今日(きょう)も残業(ざんぎょう)だよ。

단어

最近(さいきん) 최근, 요즘　仕事(しごと) 일　忙(いそが)しい 바쁘다　死(し)ぬ 죽다
新(あたら)しい 새롭다　プロジェクト 프로젝트　任(まか)す 맡기다　残業(ざんぎょう) 잔업, 야근

표현 TIP

* ～て死(し)にそう '~해서 죽겠어, 죽을 것 같아'라는 뜻이에요. 이때의 そう는 '~것 같아'라는 양태의 의미입니다.
* 任(まか)された 任(まか)す(맡기다)의 수동 표현으로 '맡게 되었다'는 뜻입니다.

066 친구의 근황을 물을 때

training 066.mp3

요즘 일은 어때?

바빠서 죽을 것 같아.

새 프로젝트 맡았었나?

응. 오늘도 야근이야.

사요 꿀팁*

야근이 줄고 있는 일본 회사

일본의 회사는 가족 개념이 강해서 예전에는 회사에서 늦게까지 일을 하고 귀가하는 사람들이 많았어요. 일하는 사람이나 회사 모두 그것을 당연시 여기는 문화가 있었지요. 그래서 일본의 잔업 시간은 세계에서 손꼽힐 정도로 많다는 통계도 있었답니다. 그런데 최근에는 이러한 근무 환경을 바꾸기 위해 정부에서 働(はたら)き方改革(かたかいかく)(일하는 방식 개혁)라는 정책을 내세워 일본 노동 시장의 환경을 개선하려고 노력하고 있습니다.

067 회식에 참석할 수 없을 때

067.mp3

来週(らいしゅう)の金曜日(きんようび)、飲(の)み会(かい)するって。*

何(なん)でよりによってその日(ひ)なんだよ。*

何(なん)で？行(い)けないの？

その日(ひ)、結婚記念日(けっこんきねんび)なんだよ。

단어

来週(らいしゅう) 다음 주　金曜日(きんようび) 금요일　飲(の)み会(かい) 회식
よりによって 하필, 공교롭게도　その日(ひ) 그날　結婚記念日(けっこんきねんび) 결혼기념일

표현 TIP

* **するって** 여기서 って는 들은 이야기를 전달하거나 인용할 때 쓰는 격의 없는 표현이에요.
* **よりによって** 이 말을 직역하면 선택하고 또 선택했다, 즉 가려냈다는 뜻인데 그 결과가 좋지 않았다는 뉘앙스로 '하필, 공교롭게도'라는 뜻입니다.

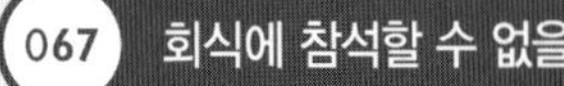

067 회식에 참석할 수 없을 때

training 067.mp3 

다음 주 금요일에 회식한대.

왜 하필 그날이야.

왜? 못 가?

그날 결혼기념일이야.

사요 꿀팁*

일본의 회식 술자리 문화

일본 술자리에서 다 같이 하는 건배는 보통 처음에 한 번만 해요. 그리고 술을 마실 때도 상대방 나이가 많다고 해서 몸을 돌려 마시거나 하지 않습니다. 또한 술잔에 술이 남아 있더라도 첨잔을 하고, 술이 떨어지기 전에 주문을 하는 것이 일반적입니다. 지역마다 다를 수 있지만 회식 자리를 끝낼 때는 박수를 치며 마치는 경우가 많아요. 그것을 手締め(てじ)라고 하는데 박수를 한 번만 치는 것은 一本締め(いっぽんじ), 세 번 치는 것은 三本締め(さんぼんじ)라고 해요.

068 진상 손님에 대해 얘기하며

068.mp3

今日(きょう)、変(へん)な客(きゃく)来(き)た。

また？

ホント迷惑(めいわく)だよ。*

サービス業(ぎょう)って楽(らく)じゃないよね。*

단어

今日(きょう) 오늘　変(へん)だ 이상하다　客(きゃく) 손님　迷惑(めいわく) 민폐, 폐

サービス業(ぎょう) 서비스업　楽(らく) 편안함, 쉬움

표현 TIP

* 迷惑(めいわく) 迷惑(めいわく)는 보통 '폐, 민폐'라는 뜻으로 쓰지만 여기에서는 폐를 끼치는 손님, 즉 '진상 손님'이라는 뜻으로 迷惑客(めいわくきゃく)라고 했습니다.
* 楽(らく)じゃない 楽는 음으로 읽으면 がく와 らく 두 가지로 발음하는데, '음악'의 뜻일 때는 がく, '편안하다, 쉽다'라는 뜻일 때는 らく로 발음해요.

068 진상 손님에 대해 얘기하며

training 068.mp3

오늘 진상 손님 왔어.

또?

진짜 진상이야.

서비스업은 쉽지 않은 것 같아.

사요 꿀팁*

'진상 손님'을 나타내는 일본어 표현들

언제부터인가 お客様(きゃくさま)は神様(かみさま)(손님은 신)라는 말이 나오면서 눈살을 찌푸리게 하는 진상 손님이 많아졌습니다. 특히 종업원의 태도나 상품의 결함을 이유로 집요하게 클레임을 거는 사람을 クレーマー라고 하는데, 최근에는 태도가 불량하고 비상식적이며 무식한 사람을 의미하는 인터넷 속어 DQN(ドキュン)을 써서 주로 SNS상에서 DQN客(ドキュンきゃく)라고도 합니다.

069 동료의 결혼 퇴사 소식을 들었을 때

069.mp3

えり、寿退社(ことぶきたいしゃ)だって!

ショック〜、先越(さきこ)された。*

しかも相手(あいて)、IT企業(きぎょう)の社長(しゃちょう)。

うらやましすぎる。*

단어

寿退社(ことぶきたいしゃ) 결혼으로 인해 직장을 그만둠　ショック 충격　先(さき)を越(こ)す 선수를 치다
しかも 게다가　相手(あいて) 상대　企業(きぎょう) 기업　社長(しゃちょう) 사장
うらやましい 부럽다

표현 TIP

* 先(さき)(を)越(こ)された '추월하다, 앞지르다'라는 뜻의 先(さき)を越(こ)す가 수동형이 된 것으로 '선수를 빼앗겼다'는 뜻이에요.
* うらやましすぎる '너무 부럽다'는 뜻으로 〜すぎる는 '너무 〜하다'라는 과도한 상태를 나타냅니다.

069 동료의 결혼 퇴사 소식을 들었을 때

training 069.mp3

에리, 결혼하면서 회사 그만둔대.

헉. 선수 뺐겼다.

게다가 상대는 IT 기업 사장이래.

부러워 죽겠네.

사요 꿀팁*

일본 특유의 '결혼 퇴사' 문화

여자 직원이 결혼을 이유로 퇴사하는 것을 '축하한다'는 의미의 寿(ことぶき)와 함께 써서 寿退社(ことぶきたいしゃ)라고 합니다. 이 退社(たいしゃ)(퇴사)라는 말에는 두 가지 뜻이 있는데요, 하나는 '회사를 그만둔다'는 뜻의 退職(たいしょく)(퇴직)이고, 또 하나는 '회사에서 일을 끝내고 집에 돌아간다'는 뜻의 退勤(たいきん)(퇴근)입니다. 요즘 일본에서는 맞벌이 부부가 많아 결혼 퇴사보다는 아이가 생겨서 퇴사하는 경우가 많습니다. 최근에는 이러한 부분을 제도적으로 많이 개선하여 育児休業(いくじきゅうぎょう)(육아 휴직)를 받는 사람들도 늘어나고 있습니다.

070 회사 험담을 할 때

070.mp3

うちの会社(かいしゃ)ブラックっぽい。*

何(なん)で？

残業代(ざんぎょうだい)1円(いちえん)もくれないの。

それ完全(かんぜん)にブラックだろ。

단어

会社(かいしゃ) 회사 **ブラック** 블랙 기업 **～っぽい** 그런 느낌이 든다, 그런 것 같다, 그런 경향이 있다
残業代(ざんぎょうだい) 잔업비, 야근비 **完全(かんぜん)** 완전

표현 TIP

* **うちの** 이때의 うち는 자신의 생활을 内(うち)(안)와 外(そと)(밖)로 나눴을 때 쓰는 표현으로 한국어의 '우리'와 비슷한 뜻이에요. 가족이나 친한 친구, 자신이 소속되어 있는 곳, 혹은 거기에 있는 사람을 가리킬 때 씁니다.
* **ブラックっぽい** ブラック는 '블랙, 검정'이란 색깔을 뜻하기도 하지만 여기서는 노동 조건이나 취업 환경이 열악하고 종업원에게 과중한 부담을 지우는 ブラック企業(きぎょう)(블랙 기업)를 뜻해요.

회사 험담을 할 때

training 070.mp3

우리 회사 블랙 기업인 것 같아.

왜?

야근비 한 푼도 안 줘.

그거 완전 블랙 기업이잖아.

사요 꿀팁*

당신의 회사는 어떤 색깔입니까?

'블랙 기업'을 일본어로 ブラック企業(きぎょう), 줄여서 ブラック(블랙)라고 합니다. 주로 장시간 노동을 시키고 야근 수당을 주지 않는 등 회사 환경이나 대우가 나쁜 특징이 있습니다. 이와 반대로 복리후생이 좋고 일하기 좋은 환경을 갖춘 회사는 ホワイト企業(きぎょう)(화이트 기업)라고 하고 그 중간에 위치한 기업을 グレー企業(きぎょう)(그레이 기업)라고 합니다.

망각방지 장치 1

하루만 지나도 학습한 내용의 50%는 잊어버립니다. 여러분은 몇 퍼센트나 잊어버렸을까요? 5분 안에 20개를 말해 보세요.

			O	X	복습
01	스즈키 씨 귀여운 척하는 목소리 들었어?	鈴木(すずき)さんの　　　　　、聞(き)いた？	☐	☐	061
02	상사 앞에서는 내숭 떤다니까.	上司(じょうし)の前(まえ)だと　　　　　からね。	☐	☐	061
03	오늘 한잔 어때?	今日(きょう)　　　　　？	☐	☐	062
04	미안! 지금 잔고가 바닥 났어.	ごめん！ 今(いま)、　　　　　なんだ。	☐	☐	062
05	지방으로 좌천된 얘기?	地方(ちほう)に　　　　　話(はなし)？	☐	☐	063
06	성희롱이 뽀록나서 그렇다며?	からなんでしょ？	☐	☐	063
07	헐! 막차 놓쳤어.	クッソー、　　　　　。	☐	☐	064
08	빈털터리인데.	なんだけど。	☐	☐	064
09	오늘 월급날이야.	今日(きょう)　　　　　なんだ。	☐	☐	065
10	적당히 해.	よ。	☐	☐	065

정답 01 猫(ねこ)なで声(ごえ)　02 猫被(ねこかぶ)る　03 一杯(いっぱい)どう　04 金欠(きんけつ)
05 左遷(させん)された　06 セクハラがバレた　07 終電逃(しゅうでんのが)した　08 すっからかん
09 給料日(きゅうりょうび)　10 ほどほどにしな

			O	X	복습
11	요즘 일은 어때?	最近(さいきん)、＿＿＿＿？	☐	☐	066
12	응. 오늘도 야근이야.	うん。＿＿＿＿だよ。	☐	☐	066
13	다음 주 금요일에 회식한대.	来週(らいしゅう)の金曜日(きんようび)、＿＿＿＿。	☐	☐	067
14	그날 결혼기념일이야.	＿＿＿＿、結婚記念日(けっこんきねんび)なんだよ。	☐	☐	067
15	진짜 진상이야.	ホント＿＿＿＿だよ。	☐	☐	068
16	서비스업은 쉽지 않은 것 같아.	サービス業(ぎょう)って＿＿＿＿よね。	☐	☐	068
17	에리, 결혼하면서 회사 그만둔대.	えり、＿＿＿＿だって！	☐	☐	069
18	헉, 선수 뺏겼다.	ショック～、＿＿＿＿。	☐	☐	069
19	우리 회사 블랙 기업인 것 같아.	うちの会社(かいしゃ)＿＿＿＿。	☐	☐	070
20	야근비 한 푼도 안 줘.	残業代(ざんぎょうだい)＿＿＿＿の。	☐	☐	070

정답 11 仕事(しごと)どう 12 今日(きょう)も残業(ざんぎょう) 13 飲(の)み会(かい)するって 14 その日(ひ)
15 迷惑(めいわく) 16 楽(らく)じゃない 17 寿退社(ことぶきたいしゃ) 18 先越(さきこ)された
19 ブラックっぽい 20 1円(いちえん)もくれない

071 사내 소문에 대해 얘기할 때

071.mp3

田中さんと林さんのうわさ、聞いた？

どんなうわさ？

社内恋愛してるんだって。

え～！ 知らなかった。*

단어

うわさ 소문 聞(き)く 듣다 社内(しゃない) 사내 恋愛(れんあい) 연애 知(し)る 알다

표현 TIP

* 知らなかった '알다'라는 뜻을 가진 일본어 표현에는 知る와 わかる가 있는데, 知る는 지식으로 알고 있는 것을 말하고, わかる는 들은 내용을 이해하고 파악했는지에 포인트가 있어요. 그리고 知る는 긍정일 때는 知っている/知っています와 같이 て형을 쓰고 부정일 때는 知らない/知りません과 같이 て형을 쓰지 않으니 이 점 주의해 주세요.

사내 소문에 대해 얘기할 때

training 071.mp3

다나카 씨랑 하야시 씨 소문 들었어?

무슨 소문?

사내 연애 중이래.

진짜? 몰랐어.

사요 꿀팁*

소문과 관련된 다양한 표현들

'소문'은 일본어로 うわさ라고 하고 '소문나다'는 うわさになる, '헛소문'은 デマ라고 해요. 그리고 여자들끼리 모여 세상 이야기를 하는 것을 井戸端会議(いどばたかいぎ)라고 하는데, 이 말은 옛날 우물가 근처에서 여자들이 물을 뜨거나 빨래를 하면서 소문이나 세상 이야기를 한 데서 온 표현으로 주로 주부들이 틈틈이 모여 수다를 떤 것에서 유래됐다고 합니다. 이런 말이 남아 있는 것을 보면 소문에 대해 이야기하는 것은 예나 지금이나 마찬가지네요.

072 만삭인 동료를 만났을 때

072.mp3

お腹大きくなったね。

もう臨月だから。*

今も働いてる?

今は産休中。*

단어

お腹(なか) 배　大(おお)きい 크다　もう 벌써, 이미　臨月(りんげつ) 만삭　働(はたら)く 일하다
産休(さんきゅう) 출산 휴가　中(ちゅう) ~중

표현 TIP

* **もう** もう는 시간적으로 '벌써, 이미, 이제'라는 뜻인데, 여기서는 생각했던 것보다 빨리 그 시점에 도달했다는 뜻이에요.
* **~中(ちゅう)** 中은 じゅう와 ちゅう 두 가지 음으로 읽히는데 '~내내, ~전체'라는 뜻일 때는 じゅう라고 읽고, '일정 범위나 기간 이내, 어떤 행위가 진행 중'이라는 뜻일 때는 ちゅう라고 읽어요. 여기서는 ちゅう의 의미입니다.

072 만삭인 동료를 만났을 때

training 072.mp3 

배 커졌네.

이제 만삭이거든.

지금도 일해?

지금은 출산 휴가 중이야.

사요 꿀팁*

'코에서 수박을 꺼낼 정도로 아픈' 출산의 고통

일본에서는 출산의 고통을 鼻からスイカを出すくらい痛い(코에서 수박을 꺼낼 정도로 아프다)라는 식으로 표현합니다. 그리고 그런 고통을 참고 낳은 자식이라 '눈에 넣어도 아프지 않다'는 뜻의 目に入れても痛くない라는 말도 있죠. 한국과 일본 모두 저출산 문제가 사회적인 문제가 되고 있는데요. 맞벌이 세대의 증가와 함께 저출산 문제를 해결하기 위해 최근에는 여성만 받을 수 있었던 출산 휴가를 남자들도 받을 수 있게 하는 등 양국 정부의 지원이 늘고 있습니다.

073 전근을 가게 되었을 때

073.mp3

転勤(てんきん)で福岡(ふくおか)に行(い)くことになっちゃった。*

え~! 家族(かぞく)はどうするの？

とりあえず俺(おれ)一人(ひとり)で行(い)くことにした。*

寂(さび)しくなるね。

단어

転勤(てんきん) 전근　福岡(ふくおか) 후쿠오카(지명)　家族(かぞく) 가족　とりあえず 일단
俺(おれ) 나(남성어)　寂(さび)しい 외롭다

표현 TIP

* **~ことになる/~ことにする**　~ことになる(~하게 되다)는 외부 요인에 의해서 어떠한 결정을 하게 되는 것을 뜻하고, ~ことにする(~하기로 하다)는 자신의 의지로 결정하는 것을 뜻해요.

전근을 가게 되었을 때

training 073.mp3

후쿠오카로 전근 가게 됐어.

어! 가족은 어떻게 하고?

일단 혼자 가기로 했어.

외로워지겠네.

사요 꿀팁*

갑자기 발령을? 일본의 전근 제도

일본에서는 전근 발령에 대한 공고는 언제까지 해야 한다는 규정이 없기 때문에 회사에 따라 한두 달 전, 혹은 일주일 전에 알려주는 회사도 있습니다. 발령을 받으면 특별한 이유가 없는 한 따라야 하기 때문에 혼자 갈 것인지 아니면 가족 다 같이 갈 것인지를 고민해야 해요. 물론 전근이 없는 회사도 있고 강제하지 않는 회사도 있지만 따르지 않으면 승진 심사에 영향을 끼칠 수 있기 때문에 어쩔 수 없는 선택을 하기도 합니다. 이러한 전근 제도는 일본의 고도 성장기에 정착된 것으로 요즘 시대와는 맞지 않으니 없애는 것이 좋다는 의견들도 많답니다.

어떤 일에 대해 사실인지 물을 때

074.mp3

山田(やまだ)さん仕事(しごと)辞(や)めたって本当(ほんとう)?

辞(や)めたっていうかクビらしいよ。*

クビ!? 何(なん)でまた…。

会社(かいしゃ)のお金(かね)、横領(おうりょう)したらしいよ。*

단어

仕事(しごと) 일　辞(や)める 그만두다　本当(ほんとう) 정말, 진짜　クビ 해고　横領(おうりょう) 횡령

표현 TIP

* ～っていうか　～というか와 비슷한 표현으로 '~랄까, ~라기보다는'의 뜻으로 젊은이들이 많이 써요.
* ～らしい　'~인 듯하다, ~으로 추측되다, ~것 같다'라는 뜻으로 외부에서 얻은 신빙성 높은 정보를 이용하여 객관적으로 추측할 때 씁니다.

074 어떤 일에 대해 사실인지 물을 때

training 074.mp3 

야마다 씨 일 그만뒀다는데 진짜야?

그만뒀다기보다는 잘린 모양이야.

해고? 왜 또….

회삿돈 횡령해서 그렇대.

사요 꿀팁*

'해고'를 クビ라고 하는 이유는?

'해고'는 일본어로 クビ라고 하는데요, '해고당하다, 잘리다'는 クビになる, 반대로 '해고하다, 자르다'는 クビにする라고 합니다. 이 말은 '죄수의 목을 자르는' 馘首(かくしゅ)에서 유래했다는 설과 가부키 도구인 切(き)り首(くび)(목만 있는 인형)에서 유래됐다는 설이 있습니다.

075 분위기 파악을 못하는 사람을 두고

075.mp3

中村(なかむら)さんってKY(ケーワイ)だよね。

ほんとそう。

部長(ぶちょう)怒(おこ)ってるのにお茶(ちゃ)飲(の)んでるし。*

いきなり話(はなし)に割(わ)り込(こ)んでくるしね。*

단어

部長(ぶちょう) 부장　怒(おこ)る 화내다　いきなり 갑자기　割(わ)り込(こ)む 끼어들다, 새치기하다

표현 TIP

* ～し 절과 절을 '그리고, 게다가'라는 의미로 이어주는 표현이에요.
* 割(わ)り込(こ)む '끼어들다, 새치기하다'라는 뜻으로 間(あいだ)に割(わ)り込(こ)む(사이에 끼어들다), 列(れつ)に割(わ)り込(こ)む(새치기하다) 처럼 씁니다.

분위기 파악을 못하는 사람을 두고

training 075.mp3

나카무라 씨 눈치 없지 않아?

내 말이.

부장님이 화내는데 차 마시질 않나.

갑자기 얘기에 끼어들고 말이야.

사요 꿀팁*

이건 무슨 뜻? KY

'분위기를 파악하는 것'을 일본어로 空気を読む(공기를 읽다)라고 하고, 반대로 '분위기 파악을 못하는 것'을 空気を読めない(공기를 못 읽다)라고 합니다. 이 말은 젊은 층을 중심으로 KY라고 줄여서 말하는 경우가 많은데, KY는 空気読めない의 영어 발음 Kuuki Yomenai의 머릿글자를 따서 만들어진 말이에요. 이 말은 본인이 없는 곳에서 あいつKYだよね(그 녀석 KY지)라는 식으로 많이 씁니다.

076 선배 험담을 할 때

076.mp3

あ～！イライラする！

どうしたの？*

お局(つぼね)に説教(せっきょう)された。

今日(きょう)、機嫌(きげん)悪(わる)そうだったもんね。*

단어

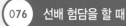

イライラ 안달복달하는 모양　お局(つぼね) 고참 여직원　説教(せっきょう) 설교　機嫌(きげん) 기분　悪(わる)い 나쁘다

표현 TIP

* どうしたの？ '무슨 일이야?, 왜 그래?'라는 뜻으로 어떤 문제의 내용에 대해 질문하는 표현이에요.
* 機嫌悪(きげんわる)そう　機嫌(きげん)은 '안부, 기분'이라는 뜻으로 悪(わる)い(나쁘다)와 함께 쓰이면 '기분이 나쁘다'라는 뜻입니다. 반대로 '기분이 좋다'는 機嫌(きげん)がよい라고 해요. 뒤에 오는 そう는 '~것 같다, ~해 보인다'는 뜻으로 화자가 직접 보거나 들은 것을 근거로 판단을 내릴 때 써요.

076 선배 험담을 할 때

training 076.mp3

아, 짜증 나!

왜 그래?

성질 더러운 선배에게 한소리 들었어.

오늘 기분 안 좋아 보이더라니.

사요 꿀팁*

이건 무슨 뜻? お局(고참 여직원)

局는 직장의 '고참 여직원'을 뜻하는 말로 잔소리를 많이 하는 여직원을 부정적으로 표현할 때 사용하는데, '노처녀'라는 이미지도 강해 주로 독신인 고참 여직원에게 사용합니다. 이 말의 유래는 에도 시대에 局(칸막이)로 나눈 방을 받은 궁녀라는 뜻에서 비롯되었습니다. 당시는 부정적인 뜻은 없었는데 1989년 NHK대하드라마 春日局가 방영되면서 유행하기 시작해 부정적인 뜻을 가지게 되었습니다.

077 멋진 남자 동료에 대해 말할 때

077.mp3

人事部の田中さん、かっこよくない？

それ思った！誰かに似てるよね。*

俳優の玉木宏に似てない？*

似てる～！特に目元とか。*

단어

人事部(じんじぶ) 인사부　似(に)る 닮다　俳優(はいゆう) 배우　特(とく)に 특히　目元(めもと) 눈매

표현 TIP

* ～に似てる '～를 닮았다'라는 뜻인데 대상을 나타내는 조사로는 に를 써요.
* ～とか '～(라)든지'라는 뜻으로 사람이나 사물 등을 예로 들어 나열할 때 씁니다.

077 멋진 남자 동료에 대해 말할 때

training 077.mp3

인사부의 다나카 씨 멋있지 않아?

나도 그 생각했어! 누구 닮았지?

배우 다마키 히로시 닮지 않았어?

닮았어~! 특히 눈매가.

사요 꿀팁*

イケメン과 イクメン

'멋지다'는 정확히는 格好いい인데 실제 회화에서는 う를 빼고 かっこいい라고 많이 씁니다. 또한 '잘생긴 남자'를 イケメン이라고 하는데, イケメン은 '잘나가다, 멋있다'라는 뜻의 イケてる와 '남자들'이라는 뜻의 メンズ가 합쳐진 말입니다. イケメン과 비슷한 조합으로 イクメン이라는 표현이 있습니다. 育児(육아)에 적극적으로 관여하는 メン(남자)을 의미하며 2010년 유행어 대상에 선정되기도 했습니다.

078 합격 소식을 애타게 기다릴 때

078.mp3

この前(まえ)、面接(めんせつ)受(う)けたんだけどさ。*

会社(かいしゃ)から連絡(れんらく)来(き)た？

2週間(にしゅうかん)経(た)つけど連絡(れんらく)が来(こ)ないんだよね。

それ、落(お)ちたんじゃない？

단어

この前(まえ) 일전, 요전　面接(めんせつ) 면접　受(う)ける 받다　会社(かいしゃ) 회사
連絡(れんらく) 연락　2週間(にしゅうかん) 2주일　経(た)つ 경과하다　落(お)ちる 떨어지다, 불합격하다

표현 TIP

* 受(う)ける　受(う)ける는 '장학금을 받다, 수업을 받다, 시험을 치르다' 등 다양한 뜻으로 쓰이는데, 여기서는 '면접(시험)을 보다'는 뜻입니다.
* ～さ　'~말이지, ~이야, ~이지'라는 뜻으로 가볍게 말을 하거나 의문 표현과 함께 쓰여 비난 혹은 반발하는 기분을 나타냅니다.

078 합격 소식을 애타게 기다릴 때

training 078.mp3 

요전에 면접 봤는데.

회사에서 연락 왔어?

2주 지나는데 연락이 안 와.

그거 떨어진 거 아니야?

사요 꿀팁*

불합격 통지를 너무 많이 받아 신이 되다!

일본은 불합격했을 때도 대부분 통보를 해주는데, 불합격 통지문은 今後のご活躍をお祈り申し上げます(앞으로의 활약을 기원하겠습니다), 充実した学生生活を送られることをお祈り申し上げます(알찬 학창시절을 보내실 수 있기를 기원하겠습니다)처럼 お祈り(기도)라는 말이 들어간 문장으로 끝나는 경우가 많아요. 그래서 お祈りメール(기도메일)를 받는 일 즉 불합격이 되는 것을 祈られた(기도받았다), 불합격 통지를 너무 많이 받아서 (자신을 위해 기도해주는 신자가 너무 많아서) 神になった(신이 되었다)라고 하기도 합니다. 물론 연락이 없는 경우도 있는데 이때는 サイレント(사일런트) 혹은 サイレントお祈り(무언 기도)라고 합니다.

079 구직 활동에 대해 얘기하며

079.mp3

エントリーシート何社(なんしゃ)送(おく)った？

100社(ひゃくしゃ)ぐらい。

そんなに送(おく)ったの？*

就職(しゅうしょく)できなかったらって不安(ふあん)で。

단어

エントリーシート 입사 지원서　送(おく)る 보내다　就職(しゅうしょく) 취직　できる 할 수 있다
不安(ふあん) 불안

표현 TIP

* **そんなに~たの？** '그렇게나 ~했어?'라는 뜻으로 そんなに는 '그렇게, 그렇게까지'라는 어떤 일이나 상황의 정도를 나타냅니다.

079 구직 활동에 대해 얘기하며

training 079.mp3

입사 지원서 몇 군데 보냈어?

한 100군데.

그렇게나 많이 보냈어?

취직 못 할까 봐 불안해서.

사요 꿀팁*

일본에서는 이력서를 자필로 써야 해요

'입사 지원서'를 일본어로는 エントリーシート라고 하는데 몇 년 전까지만 해도 100군데 회사에 지원하는 경우가 많았지만 요즘은 취업시장이 좋아서 20~30군데 정도 지원하는 추세입니다. 또한 입사 지원서 외에 이력서(履歴書)도 제출하는데, 일본에서는 이력서를 손으로 쓰는 것이 일반적입니다. 글씨체로 그 사람의 인격을 보기 위해서라고 하며, 틀려도 수정 테이프를 쓰면 안 되기 때문에 많은 시간이 걸립니다. 회사에 따라서는 인쇄된 이력서를 받는 곳도 있지만 반대로 손으로 쓴 이력서를 필수로 꼽는 곳도 있습니다.

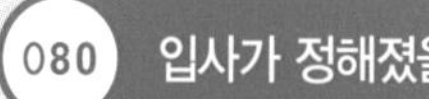

080 입사가 정해졌을 때

080.mp3

なおき、就活どう？

何とか頑張ってるよ。のぞむは?

俺やっと1社内定もらえた。*

よかったじゃん。俺も頑張らないと。*

단어

就活(しゅうかつ) 취직 활동　何(なん)とか 그럭저럭　頑張(がんば)る 힘내다　やっと 겨우, 간신히
内定(ないてい) 내정　よかった 다행이다, 잘됐다

표현 TIP

* 内定もらえる　内定는 공표는 되지 않았지만 정식 결정 전에 채용이나 승진이 정해지는 것을 뜻해요.
* よかったじゃん　'잘됐잖아'라는 뜻으로 じゃん은 주로 젊은이들이 친구끼리 쓰는 '~잖아'라는 회화체 표현입니다.

080 입사가 정해졌을 때

training 080.mp3 

나오키, 취직 준비 잘하고 있어?

그럭저럭 열심히 하고 있어. 노조무는?

난 겨우 한 군데 내정받았어.

잘됐네. 나도 열심히 해야지.

사요 꿀팁*

이것은 무슨 활동? ○○活動

- 就活 (就職活動): 취직을 하기 위한 활동
- 婚活 (結婚活動): 결혼을 하기 위한 활동
- 妊活 (妊娠活動): 임신을 하기 위한 활동
- 終活 (人生の終わりのための活動): 인생의 마지막을 준비하는 활동
- オタ活 (オタクの活動): 덕후 활동

망각방지 장치 1

하루만 지나도 학습한 내용의 50%는 잊어버립니다. 여러분은 몇 퍼센트나 잊어버렸을까요? 5분 안에 20개를 말해 보세요.

			○	×	복습
01	다나카 씨랑 하야시 씨 소문 들었어?	田中(たなか)さんと林(はやし)さんの ______ ？	☐	☐	071
02	사내 연애 중이래.	______ んだって。	☐	☐	071
03	이제 만삭이거든.	もう ______ だから。	☐	☐	072
04	지금은 출산 휴가 중이야.	今(いま)は ______ 。	☐	☐	072
05	후쿠오카로 전근 가게 됐어.	転勤(てんきん)で福岡(ふくおか)に ______ 。	☐	☐	073
06	일단 혼자 가기로 했어.	とりあえず俺(おれ) ______ 。	☐	☐	073
07	그만뒀다기보다는 잘린 모양이야.	辞(や)めたっていうか ______ よ。	☐	☐	074
08	회삿돈 횡령해서 그렇대.	会社(かいしゃ)のお金(かね)、 ______ らしいよ。	☐	☐	074
09	나카무라 씨 눈치 없지 않아?	中村(なかむら)さんって ______ だよね。	☐	☐	075
10	갑자기 얘기에 끼어들고 말이야.	いきなり話(はなし)に ______ ね。	☐	☐	075

정답 01 うわさ、聞(き)いた 02 社内恋愛(しゃないれんあい)してる 03 臨月(りんげつ) 04 産休中(さんきゅうちゅう) 05 行(い)くことになっちゃった 06 一人(ひとり)で行(い)くことにした 07 クビらしい 08 横領(おうりょう)した 09 KY(ケーワイ) 10 割(わ)り込(こ)んでくるし

			○	×	복습
11	아, 짜증 나!	あ～！ ______ ！	☐	☐	076
12	오늘 기분 안 좋아 보이더라니.	今日(きょう)、______ だったもんね。	☐	☐	076
13	인사부의 다나카 씨 멋있지 않아?	人事部(じんじぶ)の田中(たなか)さん、______ ？	☐	☐	077
14	나도 그 생각했어! 누구 닮았지?	それ思(おも)った！ ______ よね。	☐	☐	077
15	요전에 면접 봤는데.	この前(まえ)、______ んだけどさ。	☐	☐	078
16	2주 지나는데 연락이 안 와.	2週間(にしゅうかん)経(た)つけど ______ よね。	☐	☐	078
17	입사 지원서 몇 군데 보냈어?	エントリーシート ______ ？	☐	☐	079
18	취직 못 할까 봐 불안해서.	就職(しゅうしょく)できなかったらって ______ 。	☐	☐	079
19	취직 준비 잘하고 있어?	______ どう？	☐	☐	080
20	난 겨우 한 군데 내정받았어.	俺(おれ) ______ 内定(ないてい)もらえた。	☐	☐	080

정답 11 イライラする 12 機嫌悪(きげんわる)そう 13 かっこよくない 14 誰(だれ)かに似(に)てる
15 面接受(めんせつう)けた 16 連絡(れんらく)が来(こ)ないんだ 17 何社送(なんしゃおく)った
18 不安(ふあん)で 19 就活(しゅうかつ) 20 やっと1社(いっしゃ)

망각방지 장치 2

일주일이 지나면 학습한 내용의 70%를 잊어버립니다. 여러분은 몇 퍼센트나 기억하고 있을까요? 대화문으로 확인해 보세요.

031 회식에 불참할 때

try 031.mp3

A 다음 주 금요일에 회식한대. 067

B 俺(おれ)パス。

A 何(なん)で？

B 지금 잔고가 바닥 났어. 062

- 俺(おれ) 나(남성어) パス 패스(pass), 자기 순번을 회피함 何(なん)で 왜, 어째서

032 해고된 상사에 대해 얘기할 때

try 032.mp3

A 과장님 얘기 들었어? 063

B 会社(かいしゃ)クビになった話(はなし)？

A そう。회삿돈 횡령해서 그렇대. 074

B いい人(ひと)だと思(おも)ってたのに、人(ひと)は見(み)かけによらないね。

- クビになる 해고되다 いい 좋다, 착하다 見(み)かけによらない 겉보기와 다르게

031

A　来週の金曜日、飲み会するって。067

B　난 패스.

A　왜?

B　今、金欠なんだ。062

032

A　課長の話、聞いた? 063

B　해고된 애기?

A　응. 会社のお金、横領したらしいよ。074

B　좋은 사람인 줄 알았는데, 사람은 겉만으로는 모르는 거구나.

033 직장 생활의 고충을 얘기하며

try 033.mp3

A 久しぶり。

B 久しぶり。 요즘 일은 어때? 066

A 毎日、大変だよ。昨日も変な客来たし。

B 서비스업은 쉽지 않은 것 같아. 068

• 大変だ 힘들다, 큰일이다 変だ 이상하다 客 손님

034 취직 준비에 대해 얘기하며

try 034.mp3

A 취직 준비 잘하고 있어? 080

B なんとかやってるよ。

A 입사 지원서 몇 군데 보냈어? 079

B 30社くらいかな。

• なんとか 그럭저럭 やる 하다

033

A 오랜만이야.

B 오랜만이야. 最近(さいきん)、仕事(しごと)どう？ 066

A 매일 힘들어. 어제도 진상 손님 왔고.

B サービス業(ぎょう)って楽(らく)じゃないよね。 068

034

A 就活(しゅうかつ)どう？ 080

B 그럭저럭 하고 있어.

A エントリーシート何社送(なんしゃおく)った？ 079

B 한 서른 군데?

035 월급날 한턱낼 때

try 035.mp3

A 何(なに)かいい事(こと)でもあった？

B 오늘 월급날이야. 065

A だからか。

B 오늘 한잔 어때? 062 たまには俺(おれ)がおごるよ。

- だからか 그래서인가　たまには 가끔은　おごる 한턱내다

036 동료의 근황을 얘기하며

try 036.mp3

A 야마다 씨 일 그만뒀다는데 진짜야? 074

B 辞(や)めたんじゃなくて、他(ほか)の部署(ぶしょ)に異動(いどう)でしょ？

A そうなの？

B 새 프로젝트 맡은 모양이야. 066

- 辞(や)める 그만두다　～じゃなくて ~이 아니라　他(ほか) 다름　部署(ぶしょ) 부서　異動(いどう) 이동

035

A　무슨 좋은 일이라도 있었어?

B　今日(きょう)給料日(きゅうりょうび)なんだよね。065

A　그래서 그렇구나.

B　今日(きょう)一杯(いっぱい)どう？062 가끔은 내가 살게.

036

A　山田(やまだ)さん仕事(しごと)辞(や)めたって本当(ほんとう)？074

B　그만둔 게 아니라 다른 부서로 이동한 거잖아.

A　그래?

B　新(あたら)しいプロジェクト任(まか)されたらしいよ。066

037 면접 본 회사에서 연락이 안 올 때

try 037.mp3

A　요전에 면접 본 데[078] どうなった？

B　일주일 지나는데 연락이 안 와.[078]

A　いつまでに連絡するっていってたの？

B　1週間以内にとは言ってたんだけど…。

A　電話してみたら？

• いつまでに 언제까지　連絡する 연락하다　以内 이내　～とは言ってた ~라고는 말했다

038 갑자기 전근 발령을 받았을 때

try 038.mp3

A　후쿠오카로 전근 가게 됐어.[073]

B　え～！ 急だね。

A　うん。俺も3日前に聞いた。

B　가족은 어떻게 하고?[073]

• 急 갑작스러움　3日 3일　～前 ~전　聞く 듣다

037

A　この前、面接受けたところ 078 어떻게 됐어?

B　1週間経つけど連絡が来ないんだよね。078

A　언제까지 연락하겠다고 했는데?

B　일주일 이내라고는 했는데….

A　전화해봐.

038

A　転勤で福岡に行くことになっちゃった。073

B　헐. 갑작스럽네.

A　응. 나도 사흘 전에 들었어.

B　家族はどうするの？ 073

039 회사 험담을 할 때

try 039.mp3

A 会社(かいしゃ)、辞(や)めようかな。

B 何(なん)で？

A 야근비 안 주거든. 070

B 그거 완전 블랙 기업이잖아. 070

- 会社(かいしゃ) 회사 辞(や)める 그만두다

040 과로에 시달릴 때

try 040.mp3

A 最近(さいきん)、仕事(しごと)どう？

B 바빠서 죽을 것 같아. 066

A いつも残業(ざんぎょう)してるよね。

B うん。先週(せんしゅう)の金曜日(きんようび)は 막차 놓쳐서 택시 타고 갔다니까. 064

- 最近(さいきん) 최근 仕事(しごと) 일, 업무 いつも 항상, 늘 残業(ざんぎょう)する 야근하다 先週(せんしゅう) 지난주

039

A 회사 그만둘까?

B 왜?

A 残業代(ざんぎょうだい)くれないんだよ。 070

B それ完全(かんぜん)にブラックでしょ。 070

040

A 요즘 일은 어때?

B 忙(いそが)しくて死(し)にそう。 066

A 늘 야근하고 있잖아.

B 응. 지난주 금요일은 終電逃(しゅうでんのが)してタクシーで帰(かえ)ったからね。 064

Part 05

네이티브가 매일 주고받는

연애 & 남녀관계 대화 20

Part 05 전체 듣기

'솔로 천국, 커플 지옥!'을 외쳐도 연애 중인 커플에겐 천국인 세상!
'좋은 사람 있으면 소개시켜줘, 어떤 사람이 좋아?, 고백받았어, 반지 받았어,
일이 중요해 내가 중요해?, 권태기인가 봐, 왜 헤어졌어?, 차였어' 등등
만남부터 헤어짐까지 연애 중인 사람들이 주고받는 다양한 대화를 익혀 보세요.

081 이성을 소개시켜 달라고 할 때

082 이상형에 대해 얘기할 때

083 속도위반으로 결혼하는 후배의 소식을 듣고

084 남친에게 반지를 받았을 때

085 장거리 연애 중일 때

086 여장 남자에 반했을 때

087 남친에게 차였을 때

088 남친과 싸웠을 때

089 미팅 멤버를 정할 때

090 부부 싸움에 대해 얘기하며

091 연인과 밤에 통화할 때

092 남녀의 우정에 대해 말할 때

093 첫 키스에 대해 물을 때

094 연인과의 약속을 취소할 때

095 친구의 미팅 결과가 궁금할 때

096 친구의 연애가 궁금할 때

097 여친이 화내는 이유를 모를 때

098 썸녀에게 영화 보러 가자고 할 때

099 친한 남녀의 관계가 궁금할 때

100 남친과 헤어진 이유를 물을 때

이성을 소개시켜 달라고 할 때

081.mp3

誰(だれ)かいい人(ひと)いたら紹介(しょうかい)して。

じゃあ、まさるは？

やだよ！ あいつ草食系(そうしょくけい)だもん。*

そう？ 優(やさ)しくていいやつだけどな。

단어

紹介(しょうかい) 소개　草食系(そうしょくけい) 초식계　優(やさ)しい 상냥하다, 다정하다

표현 TIP

* やだ　いやだ(싫다)의 줄임말로 어떤 상황이나 조건에 자신을 맞추는 것을 거부하는 표현이에요.
* ～もん　'～거든, ～란 말이야'라는 뜻으로 여자나 어린 아이들이 자주 사용하는 친근한 표현입니다.

081 이성을 소개시켜 달라고 할 때

training 081.mp3

누구 좋은 사람 있으면 소개시켜줘.

그럼, 마사루는 어때?

싫어! 걔 초식남이란 말이야.

그래? 다정하고 좋은 애인데.

사요 꿀팁*

초식계 남자와 육식계 남자

草食系男子(そうしょくけいだんし)(초식계 남자)는 결혼이나 직장에서의 출세에 무관심하고 자신의 취미활동에 몰두하면서 현실에 안주하는 부드러운 느낌의 남자를 말하고, 肉食系男子(にくしょくけいだんし)(육식계 남자)는 이성이나 성공에 대한 갈망이 크고 삶에 대한 적극적인 태도를 가진 강한 느낌의 남자를 말합니다. 요즘 일본에서는 초식계 남자가 더 인기라고 하는데, 여성스러운 감성을 가지고 있어 여성의 마음을 잘 이해해주고 취미도 비슷한 데다 요리도 잘하기 때문이라고 해요. 또 옛날과 달리 일하는 여성이 많아진 것도 하나의 이유인 것 같습니다.

082 이상형에 대해 얘기할 때

082.mp3

付(つ)き合(あ)うならどんな人(ひと)がいい？*

背(せ)が高(たか)くて、高収入(こうしゅうにゅう)で高学歴(こうがくれき)で…。

理想(りそう)高(たか)すぎじゃない？*

そうかな。

단어

付(つ)き合(あ)う 사귀다　背(せ)が高(たか)い 키가 크다　高収入(こうしゅうにゅう) 고수입, 고소득
高学歴(こうがくれき) 고학력　理想(りそう) 이상　高(たか)すぎる 너무 높다

표현 TIP

* ～なら '~라면, ~한다면'의 뜻을 가진 가정 표현입니다.
* ～すぎじゃない？ ～じゃない는 ～ではない의 격의 없는 표현으로 '~가 아니다'라는 부정의 뜻과 '~아니야?'라는 의문의 뜻 두 가지로 쓰입니다.

082 이상형에 대해 얘기할 때

training 082.mp3

사귄다면 어떤 사람이 좋아?

키 크고 고소득에 고학력이고….

눈이 너무 높은 거 아냐?

그런가?

사요 꿀팁*

3K 남자와 4T 남자

예전 일본에서는 3K라고 해서 高身長(고신장), 高学歴(고학력), 高収入(고수입)의 남성이 인기가 많았지만 지금은 시대가 바뀌어 3T 남성이 인기라고 합니다. 3T는 低姿勢(저자세), 低依存(저의존), 低リスク(저위험)로, '저자세'는 여성을 부드럽게 대하는 남자, '저의존'은 집안일을 여성에게 맡기지 않는 남자, '저위험'은 직업이 안정적인 남자를 말합니다. 여기에 低燃費(저연비)가 추가되면 4T가 되는데, '저연비'란 취미 등에 돈을 안 쓰고 절약할 줄 아는 남자를 말합니다.

083 속도위반으로 결혼하는 후배의 소식을 듣고

083.mp3

鈴木(すずき)結婚(けっこん)するらしいぞ。*

マジ？ まだ20歳(はたち)じゃん！*

デキ婚(こん)らしい。

相手(あいて)どんな男(おとこ)？

단어

結婚(けっこん) 결혼　まじ 정말, 진짜　20歳(はたち) 20세, 스무 살　相手(あいて) 상대

표현 TIP

* ～ぞ　주로 남성이 쓰며, 대등한 관계나 아랫사람에게 자기 생각을 강하게 주장하여 강조, 경고, 주의 등의 의미를 더하는 종조사입니다.
* マジ?　ほんとう?(진짜?, 정말?)와 같은 뜻으로 믿기 힘든 얘기를 들었을 때 되묻는 의미로 주로 젊은이들이 써요.

083 속도위반으로 결혼하는 후배의 소식을 듣고

training 083.mp3 

스즈키 결혼한대.

정말? 아직 스무 살이잖아.

속도위반인 것 같아.

상대는 어떤 남자야?

사요 꿀팁*

이건 무슨 뜻? でき婚(こん)(속도위반 결혼)

'속도위반 결혼'을 できちゃった結婚(けっこん), 줄여서 でき婚(こん)이라고 합니다. 요즘은 이 でき婚(こん)이라는 말이 부정적인 이미지라고 해서 임신을 축하한다는 おめでた라는 말을 붙여 おめでた婚(こん) 또는 아기를 하늘이 주셨다는 뉘앙스가 있는 授(さず)かる를 붙여 授(さず)かり婚(こん)이라고 합니다.

남친에게 반지를 받았을 때

084.mp3

昨日うれしい事があってさ。*

何があったの？

彼氏に指輪もらったの。

リア充かよ！*

단어

うれしい 기쁘다, 즐겁다 **事(こと)** 일, 사실 **彼氏(かれし)** 남자친구 **指輪(ゆびわ)** 반지

표현 TIP

* **～さ** 문장 끝에 붙어 주장을 나타내거나 자포자기의 뉘앙스 등 다양한 어감을 나타냅니다. 여기서는 가볍게 단정해 말하는 뉘앙스입니다.
* **～かよ！** '～냐, ～냐고'라는 조금 거친 뉘앙스가 있는 표현으로 주로 회화체에서 남성들이 사용합니다.

084 남친에게 반지를 받았을 때

training 084.mp3 

어제 기분 좋은 일 있었어.

무슨 일이 있었는데?

남친한테 반지 받았어.

리얼충이냐!

사요 꿀팁*

이건 무슨 뜻? リア充(리얼충)

リア充(리얼충)는 リアルが充実しているを 줄인 말로 현실 생활에 충실한 사람을 가리키는 인터넷 용어입니다. 비슷한 느낌의 한국어로는 '인싸'가 있어요. 일본의 한 사이트에서 유행한 말로 집에서 인터넷만 하는 사람들이 현실에서 사람들과 원만한 관계를 유지하며 충실한 삶을 살아가는 사람들을 질투하고 부러워하며 부르는 말입니다.

085 장거리 연애 중일 때

085.mp3

実(じつ)は私(わたし)の彼氏(かれし)、韓国人(かんこくじん)なの。*

じゃあ、遠距離恋愛(えんきょりれんあい)？

うん。そうなの。

どうやって出会(であ)ったの？*

단어

実(じつ)は 사실은　韓国人(かんこくじん) 한국인　遠距離(えんきょり) 장거리　恋愛(れんあい) 연애
どうやって 어떻게　出会(であ)う 만나다

표현 TIP

* ～なの 대개 여자들이 말끝에 붙여 '~야'라는 뜻으로 쓰는데, そうなの？(그래?)와 같이 의문문에 사용될 경우에는 남자도 써요.
* どうやって '어떻게'라는 뜻으로 방법을 묻는 표현입니다.

085 장거리 연애 중일 때

training 085.mp3 

유리

실은 내 남친 한국 사람이야.

마키

그럼 장거리 연애야?

유리

응, 맞아.

마키

어떻게 만났어?

사요 꿀팁*

장거리 연애 커플들의 연락 수단 변천사

예전 遠距離恋愛(장거리 연애) 커플들은 연락 한번 하려면 비싼 국제전화를 이용하는 방법밖에는 없었는데요. 그러다가 스카이프(スカイプ)라는 인터넷 무료전화가 생겨서 부담을 덜고 연락을 주고받던 시절이 있었죠. 지금은 카카오톡이나 라인을 비롯한 스마트폰 무료 어플로 언제든지 近距離恋愛(근거리 연애) 못지 않게 손쉽게 연락을 할 수 있게 되었습니다.

086 여장 남자에 반했을 때

086.mp3

中村さんってキレイだよな。*

まぁ、キレイと言えばキレイだけど…。

彼氏いるのかな。

一応言っとくけど、中村オネエだぞ。

단어

きれいだ 예쁘다　言(い)う 말하다　彼氏(かれし) 남자친구　一応(いちおう) 일단

オネエ 여성스러운 느낌의 남성

표현 TIP

* **～よな** 남성들이 사실을 확인하거나 동의를 구할 때 '~(이)지?'라는 뜻으로 쓰는 표현이에요. 여성 표현은 ～よね입니다.
* **～かな** 말끝에 붙여 '~일까, ~이려나'라고 자신에게 질문하는 느낌을 만들어요.

086 여장 남자에 반했을 때

training 086.mp3

나카무라 씨 예쁘지.

뭐 예쁘다면 예쁜데….

남친 있으려나?

일단 말해 두겠는데, 나카무라 여장 남자야.

사요 꿀팁*

이건 무슨 뜻? オネエ(여성적인 남성)

말이나 행동을 여성스럽게 하는 남자를 オネエ라고 하고 그들이 여성스럽게 하는 말을 オネエ言葉(ことば)라고 합니다. 일본 방송에서는 이러한 オネエ가 많이 나오는데요. 유명 인사로는 IKKO(잇코)가 있습니다. 잇코는 일본에서 한국을 소개하는 책을 출간하고 한국 화장품을 소개하는 등 한국을 일본에 널리 알리는 활동을 많이 한 친한파 연예인 중 한 명이에요.

087 남친에게 차였을 때

087.mp3

付(つ)き合(あ)って一(いっ)カ(か)月(げつ)でフラれた。

また!? 尽(つ)くしすぎるからだよ。

うん。ウザいって言(い)われた。*

恋(こい)のかけひき学(まな)びなよ。

단어

付(つ)き合(あ)う 사귀다 一(いっ)カ月(げつ) 한 달 ふられる 차이다 尽(つ)くす 애쓰다, 진력하다
うざい 귀찮다 恋(こい) 사랑 かけひき 흥정, 밀당 学(まな)ぶ 배우다

표현 TIP

* **ウザい** うざったい(귀찮다, 시끄럽다, 성가시다)의 줄임말로 주로 젊은이들이 쓰는 표현이에요. うざい를 더 줄여서 うざ라고 말하거나 うぜー(うぜぇ)라는 식으로 말하기도 합니다.

087 남친에게 차였을 때

training 087.mp3 

에미

사귄 지 한 달 만에 차였어.

유이

또!? 너무 잘해줘서 그래.

에미

응. 귀찮대.

유이

밀당 좀 배워.

사요 꿀팁*

이성에게 인기를 얻는 비결! さしすせそ

'밀당'을 일본어로는 恋(こい)の駆(か)け引(ひ)き라고 하고 モテ(인기)를 얻기 위한 テクニック(기술)를 줄여서 モテテク라고 합니다. 일본 여자들에게 많이 알려진 モテテク는 さしすせそ라고 해서 さすが(역시), 知(し)らなかった(몰랐어), すごい(대단해), センスいいですね(센스 있네요), そうなんだ(그렇구나)라는 말을 남자에게 해주면 인기 있는 여성이 된다고 해요.

088 남친과 싸웠을 때

088.mp3

元気(げんき)ないじゃん。どうしたの?

昨日(きのう)、彼氏(かれし)と喧嘩(けんか)しちゃって。

あらあら。*

倦怠期(けんたいき)なのかも。*

단어

元気(げんき) 기력, 원기　昨日(きのう) 어제　喧嘩(けんか) 싸움　倦怠期(けんたいき) 권태기

표현 TIP

* **あらあら** 감동하거나 놀랐을 때 사용하는 말로 주로 여성이 써요.
* **〜かも** 구어체인 〜かもしれない의 줄임말로 '〜일지도 모른다'라는 뜻입니다.

남친과 싸웠을 때

training 088.mp3

기운이 없네. 무슨 일 있어?

어제 남친이랑 싸워서.

어머 저런.

권태기인가 봐.

사요 꿀팁*

연인들의 애정도에 따라 달라지는 ○○期(き)

연인 간의 관계가 달라지는 상태나 시기를 ○○期(き)로 표현합니다.

- ラブラブ期(き): 처음처럼 서로 사랑하고 있는 시기
- マンネリ期(き): 커플의 관계가 매너리즘에 빠지는 시기
- 倦怠期(けんたいき): 권태기. 연애 초반의 설렘은 사라지고 점점 관계가 식어가는 시기

089 미팅 멤버를 정할 때

089.mp3

明日の合コン誰呼ぶ？*

ゆうたとかどう？

あいつ下ネタばっかり言うからな。

じゃあ、違うやつ呼ぼう。

단어

明日(あした) 내일　合(ごう)コン 미팅　呼(よ)ぶ 부르다　下(しも)ネタ 음담패설　～ばっかり ~만
違(ちが)う 다르다

표현 TIP

* 合(ごう)コン　合同(ごうどう)コンパ의 줄임말로 우리가 흔히 말하는 '(남녀 간의) 미팅'이라는 뜻입니다. コンパ는 영어 company의 일본식 표기 コンパニー의 줄임말로 '다과회, 친목회'라는 뜻이에요. 일본에서 meeting은 '회의'라는 뜻이니 꼭 구별해서 써야 합니다.

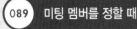

089 미팅 멤버를 정할 때

training 089.mp3

내일 미팅 누구 부를래?

유타는 어때?

그 녀석 섹드립만 하니까.

그럼 다른 사람 부르자.

사요 꿀팁*

이건 무슨 뜻? 下(しも)ネタ(음담패설)

ネタ는 '이야기, 이야깃거리, 재료' 등의 여러 의미로 쓰이는데요. 下(しも)ネタ라고 하면 下(しも)(아래), 즉 '하반신에 관한 이야기'라는 뜻으로 한국어로 말하면 '야한 이야기, 음담패설'이라는 뜻입니다. 下(しも)ネタ는 배설이나 성적인 내용을 주제로 하고 일본의 예능 프로에서도 종종 볼 수 있습니다.

부부 싸움에 대해 얘기하며

090.mp3

旦那(だんな)さんと夫婦喧嘩(ふうふげんか)したりする?*

うん。結構(けっこう)する。*

へ～、意外(いがい)。

お互(たが)い頑固(がんこ)だからね。

단어

旦那(だんな) 남편　夫婦喧嘩(ふうふげんか) 부부 싸움　結構(けっこう) 꽤, 제법　意外(いがい) 의외
お互(たが)い 서로　頑固(がんこ) 완고함

표현 TIP

* **～たりする** 동사의 과거형(～た)에 り를 접속시킨 たり는 보통 ～たり～たりする의 형태로 사용하는데 경우에 따라서는 하나의 동작만을 예로 들어서 ～たりする라고도 사용할 수 있습니다.
* **結構(けっこう)** 結構(けっこう)는 '좋다, 훌륭하다, 만족스럽다'라는 뜻과 빈도를 나타내는 '그런대로, 제법, 충분히' 등 여러 뜻을 가진 표현이에요. 또 정중하게 사양할 때는 '괜찮다, 이제 됐다'는 뜻으로도 씁니다.

090 부부 싸움에 대해 얘기하며

training 090.mp3

남편이랑 부부 싸움도 해?

응. 많이 해.

그래? 의외다.

둘 다 고집이 세거든.

사요 꿀팁*

夫婦(ふうふ)(부부)가 들어가는 다양한 표현들

'부부 싸움'을 일본어로는 夫婦喧嘩(ふうふげんか)라고 하는데요. 부부 싸움은 사소한 게 원인이 되거나 일시적인 경우가 많아 타인이 걱정하거나 참견할 필요가 없다는 뜻에서 夫婦喧嘩(ふうふげんか)は犬(いぬ)も食(く)わない라는 속담도 있습니다. 반대로 부부 사이가 좋은 것을 원앙의 암수가 항상 같이 있는 것에 빗대 おしどり夫婦(ふうふ)라고 하거나 夫婦円満(ふうふえんまん)(부부 원만)이라고 말합니다.

망각방지 장치 1

하루만 지나도 학습한 내용의 50%는 잊어버립니다. 여러분은 몇 퍼센트나 잊어버렸을까요? 5분 안에 20개를 말해 보세요.

			O	X	복습
01	누구 좋은 사람 있으면 소개시켜줘.	誰(だれ)か ______ 紹介(しょうかい)して。	☐	☐	081
02	싫어! 걔 초식남이란 말이야.	やだよ！あいつ ______ だもん。	☐	☐	081
03	키 크고 고소득에 고학력이고….	______、高収入(こうしゅうにゅう)で高学歴(こうがくれき)で…。	☐	☐	082
04	눈이 너무 높은 거 아냐?	______ じゃない？	☐	☐	082
05	정말? 아직 스무 살이잖아.	マジ？ ______！	☐	☐	083
06	속도위반인 것 같아.	______ らしい。	☐	☐	083
07	남친한테 반지 받았어.	彼氏(かれし)に ______ の。	☐	☐	084
08	리얼충이냐!	______ かよ！	☐	☐	084
09	실은 내 남친 한국 사람이야.	実(じつ)は ______、韓国人(かんこくじん)なの。	☐	☐	085
10	그럼 장거리 연애야?	じゃあ、______？	☐	☐	085

정답 01 いい人(ひと)いたら　02 草食系(そうしょくけい)　03 背(せ)が高(たか)くて　04 理想高(りそうたか)すぎ　05 まだ20歳(はたち)じゃん　06 デキ婚(こん)　07 指輪(ゆびわ)もらった　08 リア充(じゅう)　09 私(わたし)の彼氏(かれし)　10 遠距離恋愛(えんきょりれんあい)

			O	X	복습
11	나카무라 씨 예쁘지.	中村(なかむら)さんって ＿＿＿＿ だよな。	☐	☐	086
12	일단 말해 두겠는데 나카무라 여장 남자야.	＿＿＿＿ けど、中村(なかむら)オネエだぞ。	☐	☐	086
13	사귄 지 한 달 만에 차였어.	付(つ)き合(あ)って ＿＿＿＿ 。	☐	☐	087
14	밀당 좀 배워.	＿＿＿＿ 学(まな)びなよ。	☐	☐	087
15	어제 남친이랑 싸워서.	昨日(きのう)、彼氏(かれし)と ＿＿＿＿ 。	☐	☐	088
16	권태기인가 봐.	＿＿＿＿ なのかも。	☐	☐	088
17	내일 미팅 누구 부를래?	明日(あした)の合(ごう)コン ＿＿＿＿ ？	☐	☐	089
18	그 녀석 섹드립만 하니까.	あいつ ＿＿＿＿ からな。	☐	☐	089
19	남편이랑 부부 싸움도 해?	旦那(だんな)さんと ＿＿＿＿ したりする？	☐	☐	090
20	둘 다 고집이 세거든.	お互(たが)い ＿＿＿＿ だからね。	☐	☐	090

정답 11 キレイ 12 一応言(いちおうい)っとく 13 一カ月(いっかげつ)でフラれた 14 恋(こい)のかけひき 15 喧嘩(けんか)しちゃって 16 倦怠期(けんたいき) 17 誰呼(だれよ)ぶ 18 下(しも)ネタばっかり言(い)う 19 夫婦喧嘩(ふうふげんか) 20 頑固(がんこ)

091 연인과 밤에 통화할 때

091.mp3

もしもし。

もしもし。どうしたの、こんな時間(じかん)に。

なんか声(こえ)聞(き)きたくて。*

実(じつ)は俺(おれ)もそう思(おも)ってたとこ。*

단어

もしもし 여보세요　時間(じかん) 시간　声(こえ) 목소리　聞(き)く 듣다　実(じつ)は 사실은
俺(おれ) 나(남성어)　そう 그렇게　思(おも)う 생각하다

표현 TIP

* **なんか~たくて** '어쩐지(왠지) ~하고 싶어서'라는 뜻으로 何(なん)か話(はな)したくて(왠지 이야기하고 싶어서), 何(なん)か会(あ)いたくて(어쩐지 만나고 싶어서)처럼 씁니다.
* **思(おも)ってたとこ** 思(おも)っていたところ의 줄임말이자 회화체입니다. ところ 앞에 동사의 과거형(た형)이 오면 '막 ~한 참'이라는 뜻이 됩니다.

091 연인과 밤에 통화할 때

training 091.mp3

여보세요.

여보세요. 이 시간에 무슨 일이야?

그냥 목소리 듣고 싶어서.

사실 나도 방금 그렇게 생각했는데.

사요 꿀팁*

일본 커플들은 연락을 자주 안 한다고요?

커플마다 다르겠지만 한국과 일본의 커플은 연락을 주고받는 빈도가 많이 다릅니다. 한국 커플은 하루에도 여러 번 메시지를 보내거나 전화를 하지만 일본 커플은 필요할 때만 연락을 하는 경향이 있어요. 최근 몇 년 동안에는 라인(LINE) 이용자 수가 많아지면서 연락 방법이나 빈도도 달라지고 있지만 일본 사람들은 보통 일할 때와 공공장소에서는 전화를 하지 않고 사생활을 중요시하기 때문에 한국과 비교했을 때는 비교적 연락이 적은 편입니다.

092 남녀의 우정에 대해 말할 때

092.mp3

男女(だんじょ)の友情(ゆうじょう)ってアリだと思(おも)う？

いや、ナシでしょ。*

だよね～。私(わたし)もそう思(おも)う。

絶対(ぜったい)どっちか下心(したごころ)あるよね。*

단어

男女(だんじょ) 남녀 **友情(ゆうじょう)** 우정 **あり** 있다 **なし** 없음 **絶対(ぜったい)** 절대, 무조건 **下心(したごころ)** 속마음, 속셈

표현 TIP

* **～でしょ** ～でしょう의 줄임말로 '~겠지요, ~것이지'라는 추측이나 확인을 나타내요.
* **下心(したごころ)** '속마음, 본심'이라는 뜻인데 특히 마음에 감추고 있는 '음모, 속셈, 저의'라는 부정적인 의미의 속마음을 뜻합니다.

092 남녀의 우정에 대해 말할 때

training 092.mp3

남녀의 우정이란 게 있다고 생각해?

아니, 없지.

그렇지~. 나도 그렇게 생각해.

분명 한쪽은 흑심이 있는 거지.

사요 꿀팁*

あり와 なし의 사용법

あり는 '있다, 존재하다'라는 뜻이고 なし는 '없다'라는 뜻인데요. 어떠한 주제나 의견에 대해서 찬성하며 괜찮다고 생각한다면 あり, 그 의견에 대해 반대 의견을 가지고 있거나 나쁘게 생각한다면 なし라고 표현하기도 합니다. 예를 들어 タバコを吸う人(す, ひと)、あり？なし？라고 물어봤을 때 담배 피우는 사람을 좋아하면 あり라고 말하고, 싫어하면 なし라고 대답합니다.

093 첫 키스에 대해 물을 때

093.mp3

初(はつ)キスっていつだった?*

小6(しょうろく)。*

早(はや)すぎじゃない?

ちょっとませてたからね。

단어

初(はつ) 첫　キス 키스　小6(しょうろく) 초등학교 6학년　早(はや)い 빠르다, 이르다　ませる 조숙하다

표현 TIP

* 初(はつ)キス　初(はじ)めてするキス(처음으로 하는 키스)를 줄여서 初(はつ)キス(첫 키스)라고 말합니다. 이처럼 初(はつ)는 명사에 붙어 初(はつ)キス(첫 키스), 初恋(はつこい)(첫사랑)처럼 태어나서 처음이거나 初雪(はつゆき)(첫눈)처럼 그 해 처음이라는 뜻을 나타내요.
* 小6(しょうろく)　小学校6年生(しょうがっこうろくねんせい)(초등학교 6학년)의 줄임말입니다.

093 첫 키스에 대해 물을 때

training 093.mp3 

첫 키스한 게 언제였어?

초등학교 6학년.

너무 이른 거 아니야?

좀 조숙했지.

사요 꿀팁*

'조숙하다'는 ませる라고 해요

ませる는 '어른스럽다, 조숙하다'라는 뜻으로 어린아이가 나이에 비해 어른스러운 행동을 할 때 씁니다. 예를 들어 小4(しょうよん)で彼氏(かれし)がいるなんて最近(さいきん)の小学生(しょうがくせい)はませてるな(초등학교 4학년인데 남친이 있다니 요즘 초등학생은 조숙하네)와 같은 느낌으로 써요. 그리고 성숙한 아이를 おませ(さん) 혹은 안 좋은 뉘앙스로 ませガキ라고 부르기도 합니다.

094 연인과의 약속을 취소할 때

094.mp3

ごめん。今日(きょう)、映画(えいが)行(い)けなくなった。

なんで? 楽(たの)しみにしてたのに。*

部長(ぶちょう)に飲(の)みに誘(さそ)われちゃって。

仕事(しごと)と私(わたし)、どっちが大事(だいじ)なのよ!*

단어

ごめん 미안해　映画(えいが) 영화　楽(たの)しみ 즐거움, 기대　部長(ぶちょう) 부장　飲(の)む 마시다　誘(さそ)う 권하다, 꾀다　仕事(しごと) 일　大事(だいじ) 중요함

표현 TIP

* 楽(たの)しみにしてた 楽(たの)しみにする라는 말은 즐거운 마음으로 기대한다는 뜻이에요.
* ～と～どっちが～ 두 개의 대상을 놓고 하나를 고르라고 할 때 쓰는 표현입니다.

연인과의 약속을 취소할 때

training 094.mp3

미안. 오늘 영화 보러 못 갈 것 같아.

왜? 기대하고 있었는데.

부장님이 술 마시러 가자고 해서.

일이 중요해, 내가 중요해?

일본에서는 거절도 완곡한 표현으로

일본에서 거절할 때는 직접적으로 표현하기보다는 간접적 표현, 즉 완곡한 표현을 사용하는 경우가 많은데요, 예를 들어 その日(ひ)はちょっと…。(그날은 좀…), 行(い)けたら行(い)く(갈 수 있으면 갈게) 등이 있습니다.

095 친구의 미팅 결과가 궁금할 때

095.mp3

先週(せんしゅう)の合(ごう)コン、どうだった?

イマイチだった。*

イケメンばっかって言(い)ってたのに。

何(なん)かピンと来(こ)なかったんだよね。*

단어

先週(せんしゅう) 지난주　合(ごう)コン 미팅　イマイチ 별로　イケメン 얼짱, 잘생긴 남자
~ばっか ~만, ~뿐　言(い)う 말하다　ピンと来(く)る 느낌이 오다

표현 TIP

* イマイチ　今一つ(いまひとつ)에서 온 말로 뭔가 하나 중요한 게 부족한 모양을 뜻해요.
* ピンと来(こ)なかった　ピンと来(く)る는 '직감적으로 어떤 느낌이 확 오다'라는 뜻인데 来(こ)なかった가 붙으면 이러한 느낌이 오지 않았다는 뜻이 됩니다.

095 친구의 미팅 결과가 궁금할 때

training 095.mp3 

지난주 미팅 어땠어?

별로였어.

잘생긴 남자들 많다고 했잖아.

뭔가 느낌이 안 왔어.

사요 꿀팁*

이런 미팅도 있어? 일본의 특별한 미팅들

'미팅'은 일본어로 合コン이라고 해요. 合同コンパ의 줄임말로 사교를 목적으로 남녀가 만나는 단체 모임을 뜻하는데, 규모나 참가자에 따라 명칭도 여러 가지가 있어요. 예를 들어 특정 지역에 있는 음식점을 돌아다니면서 하는 미팅은 街コン(길거리 미팅)이라고 하고, 같은 취미를 가진 상대를 찾는 미팅은 趣味コン(취미 미팅)이라고 하는데 특히 애니메이션을 좋아하는 사람끼리 하는 것을 アニコン(애니 미팅)이라고 합니다

096 친구의 연애가 궁금할 때

096.mp3

そういえば、ゆうたとどうなった？

実(じつ)は最近(さいきん)付(つ)き合(あ)いはじめたんだ。*

告白(こくはく)したの？されたの？

ラインで告白(こくはく)された。

단어

そういえば 그러고 보니　実(じつ)は 사실은　最近(さいきん) 최근　付(つ)き合(あ)う 사귀다
～はじめる ～하기 시작하다　告白(こくはく) 고백

표현 TIP

* 付(つ)き合(あ)う　이성 간에 '사귀다, 교제하다'라는 뜻 외에 의리나 사교적인 목적으로 행동을 같이한다는 뜻도 있어요.
* ～はじめる　はじめる는 '시작하다'라는 뜻인데 다른 동사의 ます형에 붙으면 '～하기 시작한다'는 뜻이 돼요.

096 친구의 연애가 궁금할 때

training 096.mp3

그러고 보니 유타랑 어떻게 됐어?

사실은 최근에 사귀기 시작했어.

고백했어? 받았어?

라인으로 고백받았어.

사요 꿀팁*

SNS로 고백하는 게 트렌드?

한국에서 카카오톡을 많이 사용하듯 일본에서는 라인을 많이 사용하는데요. 요즘에는 라인으로 고백해서 커플이 되는 경우도 많다고 합니다. 라인으로 고백하는 것은 주로 10대나 20대가 많은데, 얼굴을 마주하고 고백할 용기가 없다는 등의 이유로 라인 고백을 한다고 해요. SNS로 고백할 때의 TIP 하나! 너무 가벼운 느낌을 줄 수도 있으니 라인으로 고백할 때는 好(す)きです！付(つ)き合(あ)ってください。(좋아해요! 사귀어 주세요.)라고 직접적인 표현을 쓰는 게 좋아요.

097 여친이 화내는 이유를 모를 때

097.mp3

なんで怒(おこ)ってるの？

自分(じぶん)の胸(むね)に聞(き)いてみなよ。*

約束(やくそく)ドタキャンしたこと？*

それもあるけど、それだけじゃない！

단어

怒(おこ)る 화내다　自分(じぶん) 자신, 자기　胸(むね) 가슴　約束(やくそく) 약속

ドタキャン 갑자기 약속을 취소하는 일

표현 TIP

* ～てみな '～해봐'라는 가벼운 명령의 뜻으로 ～てみなさい의 줄임말이에요.
* ドタキャン 土壇場(どたんば)(막판, 마지막 순간)와 キャンセル(cancel)의 합성어로 '막판(마지막 순간)에 약속을 취소하다'라는 뜻입니다.

여친이 화내는 이유를 모를 때

training 097.mp3

왜 화내는 거야?

스스로 잘 생각해봐.

갑자기 약속 취소해서?

그것도 있지만 그게 다가 아냐!

사요 꿀팁*

胸(むね)(가슴)가 들어가는 다양한 표현들

胸(むね)가 붙는 말은 '기분, 마음'을 뜻하는 경우가 많은데요. 자신의 가슴, 즉 마음속으로 잘 생각해보라는 의미로 自分(じぶん)の胸(むね)に聞(き)く라는 표현을 많이 사용합니다. 이외에도 자주 쓰는 표현에는 '기분이 나쁘다, 불쾌하다'라는 뜻의 胸糞(むなくそ)が悪(わる)い, 걱정이나 나쁜 예감 때문에 불안해서 마음이 안정되지 않는다는 뜻의 胸騒(むなさわ)ぎ, 그리고 감동해서 가슴이 찡할 때는 胸(むね)があつくなる라고 말합니다.

썸녀에게 영화 보러 가자고 할 때

098.mp3

来週(らいしゅう)の日曜日(にちようび)空(あ)いてる?*

とくに予定(よてい)はないけど。*

一緒(いっしょ)に映画(えいが)見(み)に行(い)かない?

いいよ。何(なに)見(み)る?

단어

来週(らいしゅう) 다음 주　日曜日(にちようび) 일요일　空(あ)く 비다　とくに 특히, 특별히
予定(よてい) 예정　一緒(いっしょ)に 같이, 함께　映画(えいが) 영화　見(み)る 보다

표현 TIP

* 空いてる? 보통 空いてる(비어 있다) 앞에 날짜나 시간을 나타내는 표현이 와서 특정한 날이나 시간에 용무가 없는지를 물어보는 표현입니다.
* とくに~ない 계획이나 약속 등이 있느냐는 물음에 '특별히(딱히) ~없다, 별일 없다'는 뜻으로 대답할 때 써요.

098 썸녀에게 영화 보러 가자고 할 때

training 098.mp3

다음 주 일요일에 시간 있어?

특별한 약속은 없는데.

같이 영화 보러 안 갈래?

좋아. 뭐 볼 건데?

사요 꿀팁*

일본 사람들은 권유할 때도 간접적인 표현을 좋아해요

권유 표현에는 ご飯食べに行こうよ(밥 먹으러 가자), サッカーしよう(축구하자)와 같이 직접적으로 권유하는 표현과 ご飯食べに行かない?(밥 먹으러 안 갈래?), サッカーしない?(축구 안 할래?)와 같이 의문형을 사용하여 간접적으로 물어보는 표현 두 가지가 있습니다. 상황이나 쓰는 사람에 따라 다르지만 일본에서는 공손하고 상대를 배려하는 뉘앙스가 있다고 하여 간접적인 표현을 선호합니다.

099 친한 남녀의 관계가 궁금할 때

099.mp3

まさきとあみってどういう関係(かんけい)なの?*

友達(ともだち)以上(いじょう)恋人(こいびと)未満(みまん)かな。

何(なに)それ、どういうこと?

実(じつ)は幼(おさな)なじみなんだよね。

단어

関係(かんけい) 관계　友達(ともだち) 친구　以上(いじょう) 이상　恋人(こいびと) 연인, 애인
未満(みまん) 미만　幼(おさな)なじみ 소꿉친구

표현 TIP

* **どういう** '어떠한, 무슨'이라는 뜻으로 사람이나 사물의 상태 정도가 의문스럽거나 분명하지 않을 때 써요. どのような, どんな와 비슷한데 다만 どういう 뒤에는 명사만 올 수 있어요.

099 친한 남녀의 관계가 궁금할 때

training 099.mp3

마사키랑 아미는 무슨 관계야?

친구 이상 연인 이하?

그게 뭐야, 무슨 말이야?

실은 소꿉친구야.

사요 꿀팁*

썸 타는 사이? 友達以上, 恋人未満(친구 이상, 연인 미만)

友達以上恋人未満(친구 이상, 연인 미만)은 한국어의 '썸을 타다'와 비슷한 느낌의 일본어 표현입니다. 미묘한 관계를 나타내는 말이라 그런지 노래 가사에도 종종 나오는데요. 일본에서 유명한 노래를 들자면 KARA의 '미스터'라는 곡입니다. 노래 첫 부분이 '언뜻 괜찮네, 내 눈에 좀 들어오네'로 시작하는데 일본어 버전에서는 이 부분이 友達以上恋人未満으로 번역되어 시작됩니다. 이 노래뿐만 아니라 다른 노래들도 일본인이 받아들일 수 있게 바꾼 부분이 꽤 있어서 가사를 비교해가며 듣는 것도 재미있어요.

남친과 헤어진 이유를 물을 때

100.mp3

なんで木村(きむら)と別(わか)れたの？

実(じつ)はあいつ超(ちょう)マザコンでさ。

そうなの？

うん。何(なん)でも母親(ははおや)に報告(ほうこく)するんだよ。*

단어

別(わか)れる 헤어지다　マザコン 마마보이　母親(ははおや) 모친, 어머니　報告(ほうこく) 보고

표현 TIP

* 何(なん)でも　でも가 의문을 나타내는 말에 붙으면 誰(だれ)でも(누구든), いつでも(언제든), どこでも(어디든), 何年(なんねん)でも(몇 년이든)와 같이 전면 긍정을 나타내는 말이 됩니다.

100 남친과 헤어진 이유를 물을 때

training 100.mp3

기무라랑 왜 헤어졌어?

사실은 걔 완전 마마보이더라고.

그래?

응. 뭐든지 엄마한테 보고한다니까.

사요 꿀팁*

의존과 집착이 지나치다면! ○○コンプレックス

어머니를 소중히 여기는 것은 좋지만 정도가 너무 지나치면 マザコン(마마보이)이라고 불리게 되죠. 이 マザコン은 엄마에 대해서 집착하거나 의존하는 상태인 マザーコンプレックス의 줄임말인데요. 그 외에도 다양한 ○○コン이 있습니다. 아버지에 대해 집착하고 의존하는 것은 ファザコン/ファーザーコンプレックス(파파보이)라고 하고, 자매에 대해 집착하는 것은 シスコン, 형제에 대해 집착하는 것은 ブラコン이라고 합니다.

망각방지 장치 1

하루만 지나도 학습한 내용의 50%는 잊어버립니다. 여러분은 몇 퍼센트나 잊어버렸을까요? 5분 안에 20개를 말해 보세요.

			O	X	복습
01	여보세요. 이 시간에 무슨 일이야?	もしもし。どうしたの、______。	☐	☐	091
02	그냥 목소리 듣고 싶어서.	なんか______。	☐	☐	091
03	남녀의 우정이란 게 있다고 생각해?	男女(だんじょ)の友情(ゆうじょう)って______だと思(おも)う？	☐	☐	092
04	분명 한쪽은 흑심이 있는 거지.	絶対(ぜったい)どっちか______よね。	☐	☐	092
05	첫 키스한 게 언제였어?	______いつだった？	☐	☐	093
06	좀 조숙했지.	ちょっと______からね。	☐	☐	093
07	부장님이 술 마시러 가자고 해서.	部長(ぶちょう)に______。	☐	☐	094
08	일이 중요해, 내가 중요해?	仕事(しごと)と私(わたし)、______なのよ！	☐	☐	094
09	지난주 미팅 어땠어?	______、どうだった？	☐	☐	095
10	뭔가 느낌이 안 왔어.	何(なん)か______んだよね。	☐	☐	095

정답 01 こんな時間(じかん)に　02 声(こえ)聞(き)きたくて　03 アリ　04 下心(したごころ)ある
05 初(はつ)キスって　06 ませてた　07 飲(の)みに誘(さそ)われちゃって
08 どっちが大事(だいじ)　09 先週(せんしゅう)の合(ごう)コン　10 ピンと来(こ)なかった

			O	X	복습
11	사실은 최근에 사귀기 시작했어.	実(じつ)は最近(さいきん) ______ んだ。	☐	☐	096
12	고백했어? 받았어?	______ の？ ______ の？	☐	☐	096
13	스스로 잘 생각해봐.	自分(じぶん)の ______ よ。	☐	☐	097
14	갑자기 약속 취소해서?	約束(やくそく) ______ したこと？	☐	☐	097
15	다음 주 일요일에 시간 있어?	来週(らいしゅう)の日曜日(にちようび) ______ ？	☐	☐	098
16	같이 영화 보러 안 갈래?	一緒(いっしょ)に映画(えいが) ______ ？	☐	☐	098
17	친구 이상 연인 이하?	______ かな。	☐	☐	099
18	실은 소꿉친구야.	実(じつ)は ______ なんだよね。	☐	☐	099
19	기무라랑 왜 헤어졌어?	なんで木村(きむら)と ______ の？	☐	☐	100
20	사실은 걔 완전 마마보이더라고.	実(じつ)はあいつ ______ でさ。	☐	☐	100

정답 11 付(つ)き合(あ)いはじめた 12 告白(こくはく)した, された 13 胸(むね)に聞(き)いてみな 14 ドタキャン 15 空(あ)いてる 16 見(み)に行(い)かない 17 友達以上恋人未満(ともだちいじょうこいびとみまん) 18 幼(おさな)なじみ 19 別(わか)れた 20 超(ちょう)マザコン

망각방지 장치 2

일주일이 지나면 학습한 내용의 70%를 잊어버립니다. 여러분은 몇 퍼센트나 기억하고 있을까요? 대화문으로 확인해 보세요.

041 이성을 소개시켜 달라고 할 때

try 041.mp3

A 누구 좋은 사람 있으면 소개시켜줘. 081

B どういう人(ひと)がタイプなの？

A 背(せ)が高(たか)くて、高収入(こうしゅうにゅう)で高学歴(こうがくれき)で…。

B 눈이 너무 높은 거 아냐? 082

A そう？

• タイプ 이상형　背(せ)が高(たか)い 키가 크다　高収入(こうしゅうにゅう) 고수입　高学歴(こうがくれき) 고학력

042 남친에게 차였을 때

try 042.mp3

A 기무라랑 왜 헤어졌어? 100

B 귀찮다고 차였어. 087

A え！ ふられたの？

B うん。私(わたし)はまだ好(す)きなんだけどね。

• ふられる 차이다　まだ 아직

041

A 誰かいい人いたら紹介して。081

B 어떤 사람이 이상형인데?

A 키 크고 고소득에 고학력이고….

B 理想高すぎじゃない? 082

A 그래?

042

A なんで木村と別れたの? 100

B ウザいって言われてふられた。087

A 뭐! 차였어?

B 응. 난 아직 좋아하는데 말이야.

043 남친한테 받은 반지를 자랑하며

try 043.mp3

A　남친한테 반지 받았어. 084

B　장거리 연애 중인? 085

A　うん。週末(しゅうまつ)会(あ)いに来(き)てくれて。

B　よかったじゃん。

- 週末(しゅうまつ) 주말　会(あ)いに来(く)る 만나러 오다　よかった 잘됐다, 다행이다

044 여친과 싸워서 기운 없는 친구에게

try 044.mp3

A　기운이 없네. 무슨 일 있어? 088

B　어제 여친이랑 싸워서. 088

A　なんで喧嘩(けんか)したの？

B　ラーメン食(た)べるかうどん食(た)べるかで言(い)い争(あらそ)いになってさ。

- 喧嘩(けんか)する 싸우다　言(い)い争(あらそ)い 말다툼, 언쟁

043

A 彼氏に指輪もらったの。084

B 遠距離恋愛中の? 085

A 응. 주말에 만나러 왔다가.

B 잘됐네.

044

A 元気ないじゃん。どうしたの? 088

B 昨日、彼女と喧嘩しちゃって。088

A 왜 싸웠는데?

B 라면 먹을까 우동 먹을까 하다가 말다툼이 돼서.

045 친구와 주말 약속을 잡을 때

try 045.mp3

A もしもし。

B もしもし。이 시간에 무슨 일이야? 091

A 혹시 이번 주 일요일에 시간 있어? 098

B 予定(よてい)確認(かくにん)してみないとだけど…何(なん)で？

A 映画(えいが)の試写会(ししゃかい)チケットもらったからさ。
一緒(いっしょ)に行(い)かない？

• 予定(よてい) 예정, 계획　確認(かくにん)する 확인하다　試写会(ししゃかい) 시사회　チケット 티켓

046 남친이 생겼을 때

try 046.mp3

A 지난주 미팅 어땠어? 095

B よかったよ。私(わたし)、彼氏(かれし)できちゃった。

A いいな～。고백했어? 받았어? 096

B 告白(こくはく)された。

• 彼氏(かれし) 남자친구　できる 생기다　告白(こくはく)される 고백받다

045

A 여보세요.

B 여보세요. どうしたの？こんな時間に。091

A もしかして、今週の日曜日空いてる？098

B 약속 확인해봐야 할 것 같은데… 왜?

A 영화 시사회 티켓 받았거든. 같이 안 갈래?

046

A 先週の合コン、どうだった？095

B 좋았어. 나, 남친 생겼어.

A 좋겠다. 告白したの？されたの？096

B 고백받았어.

047 친한 이성 친구 사이를 오해했을 때

try 047.mp3

A 마사키랑 아미는 무슨 관계야? 099

B 소꿉친구래. 099

A そうなんだ。付(つ)き合(あ)ってるんだと思(おも)ってた。

B 私(わたし)も。でも違(ちが)うんだって。

- そうなんだ 그렇구나 付(つ)き合(あ)う 사귀다 違(ちが)う 틀리다, 잘못되다

048 이상형에 대해 얘기할 때

try 048.mp3

A 사귄다면 어떤 사람이 좋아? 082

B 優(やさ)しい人(ひと)かな。

A 그렇지~. 나도 그렇게 생각해. 092

B あと、ユーモアも大事(だいじ)だよね。

- 優(やさ)しい 상냥하다, 다정하다 ユーモア 유머 大事(だいじ) 중요함

047

A まさきとあみってどういう関係(かんけい)なの? 099

B 幼(おさな)なじみなんだって。099

A 그렇구나. 사귀는 줄 알았어.

B 나도. 근데 아니래.

048

A 付(つ)き合(あ)うならどんな人(ひと)がいい? 082

B 다정한 사람.

A だよね～。私(わたし)もそう思(おも)う。092

B 그리고 유머 감각도 중요해.

049 관심 있는 이성과 친해지고 싶을 때

try 049.mp3

A 야마다 씨 예쁘지. 086 남친 있으려나? 086

B さあ～、どうだろう。

A どうにかして仲良(なかよ)くなれないかな。

B さりげなくあいさつでもしてみたら？

- どうにかして 어떻게 해서든지 仲良(なかよ)くなる 친해지다 さりげなく 은근슬쩍 あいさつ 인사

050 미팅 멤버를 정할 때

try 050.mp3

A 내일 미팅 누구 부를래? 089

B けんたとかどう？

A けんたはダメだよ。この前(まえ)、彼女(かのじょ)できたばっかで
리얼충이거든. 084

B あいつ彼女(かのじょ)できたの？うらやましい。

- ダメ 안 됨 ～たばっか ～한 지 얼마 안 됨 うらやましい 부럽다

049

A　山田さんってキレイだよな。[086] 彼氏いるのかな。[086]

B　글쎄, 어떨까?

A　어떻게 친해질 수 없을까?

B　자연스럽게 인사라도 해봐.

050

A　明日の合コン誰呼ぶ? [089]

B　겐타는 어때?

A　겐타는 안 돼. 요전에 여친 생긴 지 얼마 안 돼서 リア充だから。[084]

B　그 녀석 여친 생겼어? 부럽다.

ㄱ

ㄴ

ㅅ

ㅇ

ㅈ

ㅊ

ㅋ

ㅌ

ㅍ

ㅎ

일본어 현지회화 무작정 따라하기

일본에 가지 않고도 일본에 있는 것처럼!

여행, 어학연수, 워홀, 유학을 앞두고 지금 당장 일본어가 필요하다면,

후지이 선생님의 소리 패턴 학습법으로 시작하세요!

난이도	첫걸음	초급	**중급**	고급

기간 26일

대상 본격적인 회화 연습을 시작하고 싶은 초중급 일본어 학습자

목표 현지 생활 일본어를 자유자재로 구사하기

네이티브가 매일 주고받는 대화,
무슨 뜻일까요?

01 가성비 좋은 식당을 추천하며

A 피자랑 샐러드가 무한리필이네.

B 그런데도 천 엔!

A **コスパ最高(さいこう)だね！**

▶ 정답은 1권 107쪽에

02 남친에게 차였을 때

A 사귄 지 한 달 만에 차였어.

B 또!? 너무 잘해줘서 그래.

恋(こい)のかけひき学(まな)びなよ。

▶ 정답은 1권 247쪽에

03 친구에게 디저트 먹자고 할 때

A 디저트로 파르페 안 먹을래?

B 그렇게 먹었는데 또 먹어?

A **デザートは別腹(べつばら)だよ。**

▶ 정답은 1권 97쪽에

04 화장이 잘 안 먹을 때

A 오늘 데이트인데 어떡해.

B 무슨 일 있어?

A **化粧(けしょう)ノリが悪(わる)いの。**

▶ 정답은 1권 141쪽에

The Native Japanese Speaks Easily -200 Dialogues

네이티브는 쉬운 일본어로 말한다 – 200대화 편

03730

9 791159 242304

ISBN 979-11-5924-230-4

값 16,000원

2권
101-200
대화

네이티브는 쉬운 일본어로 말한다 200

유튜브 채널 '사요' 운영자
스자키 사요 저

대화 편

저자 직강
유튜브 강의 제공

친구끼리 매일 쓰는 일상 대화 200개, 네이티브는 짧고 쉽게 말한다!

우리말과 일본어를 모두 녹음한 **mp3 파일 무료 다운로드**

길벗 이지:톡

독자의 1초를 아껴주는 정성!

—

세상이 아무리 바쁘게 돌아가더라도

책까지 아무렇게나 빨리 만들 수는 없습니다.

인스턴트 식품 같은 책보다는

오래 익힌 술이나 장맛이 밴 책을 만들고 싶습니다.

길벗이지톡은 독자여러분이 우리를 믿는다고 할 때 가장 행복합니다.

나를 아껴주는 어학도서, 길벗이지톡의 책을 만나보십시오.

독자의 1초를 아껴주는 정성을 만나보십시오.

미리 책을 읽고 따라해본 2만 베타테스터 여러분과 무따기 체험단, 길벗스쿨 엄마 2% 기획단,

시나공 평가단, 토익 배틀, 대학생 기자단까지!

믿을 수 있는 책을 함께 만들어주신 독자 여러분께 감사드립니다.

(주)도서출판 길벗 www.gilbut.co.kr

길벗 이지톡 www.gilbut.co.kr

길벗 스쿨 www.gilbutschool.co.kr

mp3 파일 다운로드 무작정 따라하기

길벗 홈페이지 (www.gilbut.co.kr)로 오시면 mp3 파일 및 관련 자료를 다양하게 이용할 수 있습니다.

1단계	도서명 ▼ [ ] 검색 에 찾고자 하는 책이름을 입력하세요.
2단계	검색한 도서로 이동하여 〈자료실〉에서 mp3 파일을 다운로드 받으세요.

네이티브는 쉬운 일본어로 말한다 200

대화 편 2권 | 101-200 대화

스자키 사요 저

네이티브는 쉬운 일본어로 말한다 - 200대화 편
The Native Japanese Speaks Easily - 200 Dialogues

초판 발행 · 2019년 7월 25일
초판 3쇄 발행 · 2023년 7월 10일

지은이 · 스자키 사요
발행인 · 이종원
발행처 · (주)도서출판 길벗
브랜드 · 길벗이지톡
출판사 등록일 · 1990년 12월 24일
주소 · 서울시 마포구 월드컵로 10길 56(서교동)
대표 전화 · 02)332-0931 | **팩스** · 02)323-0586
홈페이지 · www.gilbut.co.kr | **이메일** · eztok@gilbut.co.kr

기획 및 책임 편집 · 오윤희(tahiti01@gilbut.co.kr) | **디자인** · 최주연 | **제작** · 이준호, 손일순, 이진혁
마케팅 · 이수미, 장봉석, 최소영 | **영업관리** · 김명자, 심선숙 | **독자지원** · 송혜란, 윤정아

편집진행 및 교정 · 이경숙 | **전산편집** · 수(秀) 디자인 | **녹음 및 편집** · 와이알미디어
CTP 출력 · 인쇄 · 예림인쇄 | **제본** · 예림바인딩

ISBN 979-11-5924-230-4 03730
(길벗 도서번호 301009)

정가 16,000**원**

<사요채널> 독자들의 기대평

현지인 같은 일본어를 구사하는 게 목표인데 네이티브 일본인이 알려주는 일본어라서 정말 도움이 많이 됐습니다. 출간하시는 책도 딱 제가 찾던 현지 회화 표현이라 일본 생활에 많은 도움이 될 것 같아요. 기대하겠습니다.

: 세오타로 :

상황별로 쓰이는 단어라든지 표현을 네이티브 발음으로 듣고 쉽게 익힐 수 있어서 영상을 자주 봤어요. 목표가 네이티브와의 대화인 만큼 네이티브가 사용하는 표현을 익힐 수 있을 것 같아서 책도 너무 기대됩니다.

: 이소영 :

사실 한국의 일본어 학습서들이 진짜 일상생활에서 쓰이지 않는 표현이나 문장이 많고, 좀 어색한 표현이 있어서 사요 님 채널 통해서 생생한 표현들 많이 얻어가요. 그런 사요 님이 쓰신 책이라 더 기대됩니다.

: EB SHIN :

대화로 재미있게 공부해보려고 언어교류회에서 일본인과 대화하고 친구 사귀려고 노력 중인데 사요 님이 가르쳐준 일상생활 표현과 유행어 등은 반응도 좋았고 도움이 많이 되고 있어요. 책 출간 정말 축하드리고, 새 책도 얼른 읽어보고 싶네요.

: hyunky :

사요 님의 일본어는 머릿속에서 생각하는 것이 아니라 그냥 쉽게 내뱉을 수 있는 말들, 짧고 간단하지만 의미를 충분히 전달할 수 있는 말들이라 아주 유용해요. 게다가 재미까지 있어서 공부한다는 부담도 없습니다. 출간하는 책 내용이 마구마구 궁금해지네요.

: soyoung kim :

저는 일어과 학생입니다. 일본어에 관심 있는 지인들에게 사요 님 유튜브 채널을 많이 추천해줬는데, 이런 꿀지식이 책으로 나온다고요? 앞으론 채널이랑 책 세트로 공부하라고 말해줄 거예요.

: 문초희 :

머리말

네이티브는 짧고 쉬운 문장으로 대화한다!

유튜브 채널에 일본어 학습 콘텐츠를 만들어 업로드 한 지 2년이 지났습니다. 채널을 운영하면서 많은 구독자들과 소통하며 느낀 점이 있는데요, 바로 일본어를 어렵게 접근하는 분들이 많다는 거예요. 외국어 공부는 다양한 방법이 있지만 저는 '쉬운 내용을 가지고 재미있게 공부하는 방법'을 권해드립니다. '천재는 노력하는 자를 이길 수 없고, 노력하는 자는 즐기는 사람을 이길 수 없다'라는 말처럼 흥미와 재미를 가지고 접근하면 일본어를 공부하는 과정이 훨씬 즐겁게 느껴질 거예요.

쉽고 단순한 문장으로 배운다!

이 책은 친구끼리 편하게 나눌 수 있는 반말 대화를 정리한 책으로 카페, 쇼핑, 다이어트, 연애, SNS 등 젊은 층의 관심사를 담은 10가지 테마로 분류했습니다. 네이티브가 실생활에서 사용하는 말들은 의외로 그다지 어렵지 않습니다. 일본어 기초 학습자들도 충분히 알 수 있을 만한 단어와 표현을 가지고 짧은 문장을 만들어 대화하는 경우가 대부분이에요. 여러분도 쉬운 단어와 표현으로 이루어진 짧은 문장으로 대화를 해보세요. 이 책이 그 길잡이가 되어줄 겁니다.

언어는 문화에 대한 이해와 함께!

일본어만 공부하고 문화에 대한 이해가 부족하면 네이티브가 왜 그런 표현을 써서 말하는지 모를 수 있습니다. 한국과 일본의 문화가 다르기 때문이지요. 이 책에는 대화문과 관련된 일본문화 이야기, 알아두면 도움되는 다양한 관련 표현들을 넣었습니다. 읽으면서 일본 문화에 대한 이해도를 높여보세요. 이 책을 공부할 때는 mp3 파일도 꼭 들어보세요. 마치 일본인 친구와 이야기하는 것처럼 직접 소리 내어 말해보세요. 상대가 하는 말을 듣고 그 말에 어떻게 대답할지 생각해보는 것도 좋은 공부 방법입니다.

이 책이 여러분에게 일본어가 더욱 쉽고 가깝게 느껴지는 계기가 되기를 바랍니다.

스자키 사요

하루 5분, 일본어 습관을 만드세요!

부담 없이 하루에 대화 하나 정도만 읽어보세요. 매일매일의 습관이 일본어 실력을 만듭니다!

1단계 출근길 1분 30초 **일본어 대화를 보고 어떤 의미인지 생각해보세요.**

한 페이지에 ABAB로 구성된 일본어 대화가 정리되어 있습니다. 상황 설명, 단어 뜻과 표현 TIP을 참고하여 어떤 의미인지 생각해보세요. 다음 페이지에서 뜻을 확인하고, 한 문장이라도 맞히지 못했다면 오른쪽 상단 체크 박스에 표시해두세요.

2단계 이동 시 짬짬이 2분 **mp3 파일을 들으며 따라 해보세요.**

mp3 파일에 녹음된 원어민의 음성을 듣고 따라 해보세요. 표현을 쓸 상황을 상상하며 감정을 살려 연습하면, 실제 상황에서도 자신 있게 말할 수 있습니다.

3단계 퇴근길 1분 30초 **체크 박스에 표시해둔 대화는 한 번 더 확인하세요.**

앞 페이지에서는 일본어를 보고 우리말 뜻을 떠올려보고, 뒤 페이지에서는 우리말을 보고 일본어 문장을 5초 이내로 바로 말할 수 있다면 성공입니다!

망각방지 복습법

매일매일 일본어 습관을 들이는 것과 함께 꼭 신경 써야 할 한 가지가 있습니다. 인간은 망각의 동물! 채워 넣을 것이 수없이 많은 복잡한 머릿속에서 입에 익숙지 않은 일본어 문장은 1순위로 빠져나가겠지요. 그러니 자신 있게 외웠다고 넘어간 표현들도 하루만 지나면 절반 이상 잊어버립니다.

1단계 **망각방지장치 ❶**

10일에 한 번씩, 10개 대화를 공부한 후 복습에 들어갑니다. 통문장을 외워서 말해야 한다는 부담 없이, 핵심 키워드만 비워 놓아 가볍게 기억을 떠올려볼 수 있습니다. 문장을 완성하지 못했다면, 체크하고 다시 앞으로 돌아가 한 번 더 복습합니다.

2단계 **망각방지장치 ❷**

20일에 한 번씩, 20개 대화를 복습할 수 있도록 10개의 대화문을 넣었습니다. 망각방지장치 ❷의 대화문은 앞에서 배운 대화의 응용 버전입니다. 우리말 해석 부분을 일본어 표현으로 바꿔 말해보세요. 네이티브들이 쓰는 생생한 대화로 다시 복습하면, 앞에서 배운 회화 문장들을 어떻게 써먹어야 할지 감이 확실히 잡힐 거예요.

이 책의 구성

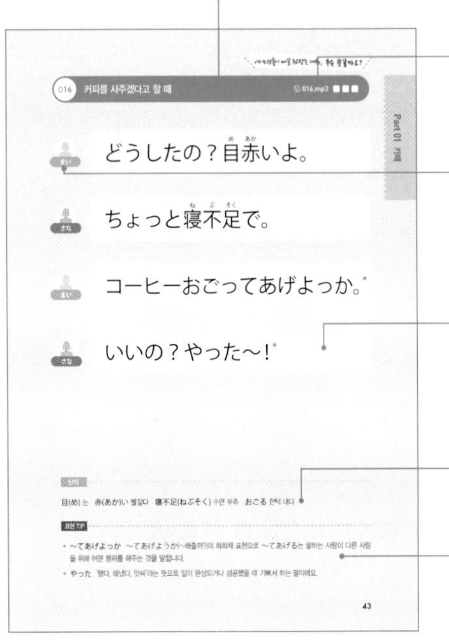

016 커피를 사주겠다고 할 때 016.mp3

Part 01 카페

どうしたの？目赤いよ。

ちょっと寝不足で。

コーヒーおごってあげよっか。*

いいの？やった～！*

단어

目(め) 눈 赤(あか)い 빨갛다 寝不足(ねぶそく) 수면 부족 おごる 한턱 내다

표현 TIP

* ～てあげよっか ～てあげようか(~해줄까?)의 회화체 표현으로 ～てあげる는 말하는 사람이 다른 사람을 위해 어떤 행위를 해주는 것을 말합니다.
* やった '됐다, 해냈다, 앗싸'라는 뜻으로 일이 완성되거나 성공했을 때 기뻐서 하는 말이에요.

43

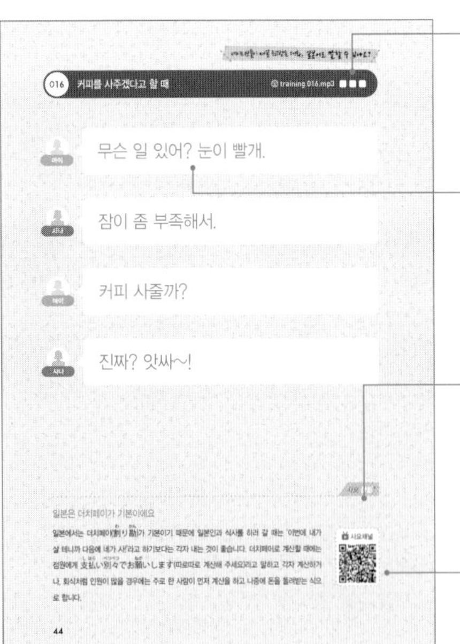

016 커피를 사주겠다고 할 때 training 016.mp3

무슨 일 있어? 눈이 빨개.

잠이 좀 부족해서.

커피 사줄까?

진짜? 앗싸~!

일본은 더치페이가 기본이에요

일본에서는 더치페이(割り勘)가 기본이기 때문에 일본인과 식사를 하러 갈 때는 '이번에 내가 살 테니까 다음에 네가 사'라고 하기보다는 각자 내는 것이 좋습니다. 더치페이로 계산할 때에는 점원에게 支払い別々でお願いします(따로따로 계산해 주세요)라고 말하고 각자 계산하거나, 회식처럼 인원이 많을 경우에는 주로 한 사람이 먼저 계산을 하고 나중에 돈을 돌려받는 식으로 합니다.

사요채널

44

상황 설명 어떤 상황에서 이뤄지는 대화인지 간단하지만 '확!' 와 닿게 설명했습니다. 상황 설명을 보고 어떤 대화일지 감을 잡아보세요.

mp3 파일 해당 페이지를 공부할 수 있는 mp3 파일입니다. 우리말 해석과 일본어 문장을 모두 녹음했습니다.

등장인물 대화하는 인물을 단순히 A/B로 정리하지 않고, '남-여, 남-남, 여-여'끼리의 대화라는 것을 한번에 알 수 있도록 남녀 아이콘과 구체적인 이름으로 표기했습니다.

일본어 대화 한 페이지에 ABAB로 구성된 일본어 대화를 넣었습니다. 일본인이 자주 쓰는 표현 중에서 초중급자에게도 어렵지 않은 단어로 된 문장만 뽑았습니다.

단어 일본어 대화를 보고 어떤 뜻인지 감이 오지 않는다면, 간단히 정리한 단어를 참고하세요.

표현 TIP 대화문에 쓰인 표현의 이해를 돕기 위해 추가 설명이 필요한 부분을 골라 넣었습니다.

체크 박스 일본어 대화를 보면서 해석이 잘되지 않거나, 우리말 해석을 보면서 일본어 표현이 떠오르지 않는다면 체크하세요. 복습할 때 체크한 대화 위주로 학습합니다.

우리말 해석 일본어 대화문 바로 뒤 페이지에 해석을 넣었습니다. 일본어 문장의 뜻과 뉘앙스를 100% 살려 가장 자연스러운 우리말로 해석했습니다. 우리말을 보고 일본어가 바로 나올 수 있게 연습하세요!

사요꿀팁 사요 선생님이 알려주는 진짜 일본어, 일본문화 꿀팁을 소개합니다. 대화를 이해하는 데 도움이 되는 일본문화 관련 정보나 한국문화와의 차이점, 다양한 일본어 표현을 소개하고 정리했습니다.

사요채널 영상 QR코드 사요꿀팁에서 알려주는 정보와 관련이 있는 영상을 바로 볼 수 있도록 QR코드를 넣었습니다.

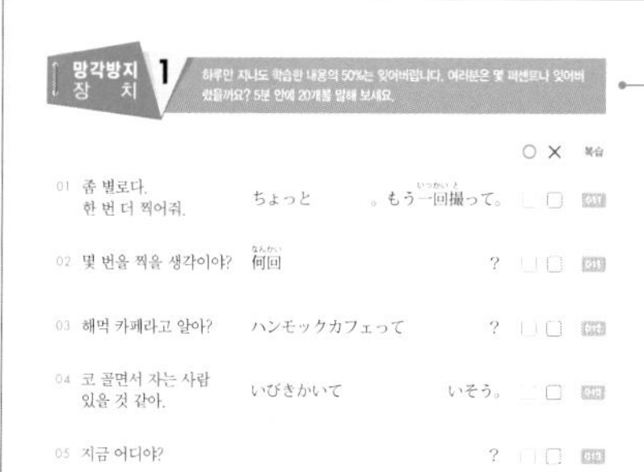

망각방지 장치 1 하루만 지나도 학습한 내용의 50%는 잊어버립니다. 여러분은 몇 퍼센트나 잊어버렸을까요? 5분 안에 20개를 말해 보세요.

			○	×	복습
01	좀 별로다. 한 번 더 찍어줘.	ちょっと　　。もう一回撮って。	□	□	011
02	몇 번을 찍을 생각이야?	何回　　？	□	□	011
03	해먹 카페라고 알아?	ハンモックカフェって　　？	□	□	012
04	코 골면서 자는 사람 있을 것 같아.	いびきかいて　　いそう。	□	□	012
05	지금 어디야?	？	□	□	013

확인학습 망각방지장치 ❶

대화 10개마다 문장을 복습할 수 있는 연습문제를 넣었습니다. 빈칸에 알맞은 말을 넣어 5초 이내에 문장을 말해보세요. 틀린 문장은 오른쪽 대화 번호를 참고해, 그 표현이 나온 페이지로 돌아가서 다시 한번 확인하고 넘어가세요.

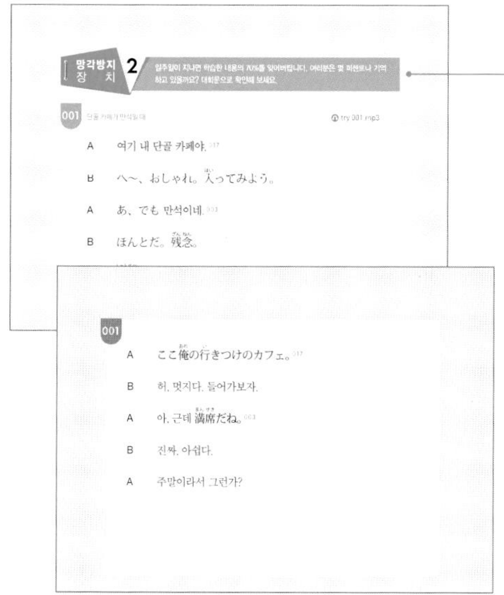

망각방지 장치 2 일주일이 지나면 학습한 내용의 70%를 잊어버립니다. 여러분은 몇 퍼센트나 기억하고 있을까요? 대화문으로 확인해 보세요.

001 단골 카페가 만석일 때　try 001.mp3

A　여기 내 단골 카페야. 017

B　へ～、おしゃれ。入ってみよう。

A　あ、でも 만석이네. 003

B　ほんとだ。残念。

001

A　ここ俺の行きつけのカフェ。017

B　허, 멋지다. 들어가보자.

A　아, 근데 満席だね。003

B　진짜. 아쉽다.

A　주말이라서 그런가?

확인학습 망각방지장치 ❷

대화 20개를 배울 때마다 앞서 배운 표현을 활용할 수 있는 응용 대화문 10개를 넣었습니다. 대화 상황 속에서 우리말 부분을 일본어로 바꿔 말해보세요. 뒤 페이지에서 정답과 해석을 바로 바로 확인할 수 있습니다.

mp3 파일 활용법

책에 수록된 모든 문장은 일본인 베테랑 성우의 목소리로 직접 녹음했습니다. 오디오만 들어도 이 책의 모든 문장을 외울 수 있도록, 일본어 문장뿐 아니라 우리말 해석까지 녹음했습니다. 일본어 문장이 입에 착! 붙을 때까지 여러 번 듣고 따라 하세요. mp3 파일은 길벗이지톡 홈페이지(www.gilbut.co.kr)에서 무료로 다운로드 받거나, 각 Part가 시작하는 부분의 QR코드를 스캔해 스마트폰에서 바로 들을 수 있습니다.

1단계 **그냥 들으세요!**　일본인 회화

2단계 **일본어로 말해보세요!**
- (한 문장씩) 우리말 해석 ➡ 답하는 시간 ➡ 일본어 문장 ➡ 따라 말하는 시간
- A 대사 듣기 ➡ B 역할 하기 ➡ A 대사 듣기 ➡ B 역할 하기
- A 역할 하기 ➡ B 대사 듣기 ➡ A 역할 하기 ➡ B 대사 듣기

＊〈망각방지장치 ❷〉는 1단계만 있습니다.

차례

2권

1권

Part 06

네이티브가 매일 주고받는

여행 대화 20

Part 06 전체 듣기

언제든 어디든 상상만으로도 기대와 설렘이 되는 여행!
'여름이니까 바다 가자, 하와이 가보고 싶어, 당일치기 여행이야, 교토 명물이래,
오사카 하면 다코야키지, 여기 경치 끝내준다, 여행사진 메일로 보내줘' 등등
설렘과 여운이 가득한 여행의 출발 전부터 다녀온 후까지의 다양한 대화를 익혀 보세요.

101 당일치기 여행을 떠나면서

102 호텔 방에 비품이 부족할 때

103 햇볕에 탄 친구 얼굴을 보고

104 여행지를 정할 때

105 원하는 여행 선물을 물어볼 때

106 지역 특산품을 선물로 살 때

107 뱃멀미가 날 때

108 여행지를 강력 추천할 때

109 에키벤을 구경하며

110 여행지 음식에 대해 얘기하며

111 바다에 가자고 할 때

112 여행을 다녀온 친구에게

113 아름다운 경치에 감탄할 때

114 일본 전통여관에 묵을 때

115 사진을 메일로 보내줄 때

116 여행 짐을 쌀 때

117 여행 숙소를 정할 때

118 여행 중에 물건을 분실했을 때

119 여행지에서 길을 찾을 때

120 신칸센을 처음 탈 때

101 당일치기 여행을 떠나면서

101.mp3

これから大阪(おおさか)行(い)ってくるわ。

え？明日(あした)仕事(しごと)じゃん！*

大丈夫(だいじょうぶ)。日帰(ひがえ)り旅行(りょこう)だから。

アクティブだね。

단어

これから 지금부터　明日(あした) 내일　大丈夫(だいじょうぶ) 괜찮음

日帰(ひがえ)り旅行(りょこう) 당일치기 여행　アクティブ 적극적임, 활동적임

표현 TIP

* ～じゃん　じゃん은 じゃないか의 격의 없는 표현으로 '~잖아'라는 뜻이에요. 남녀 모두 사용합니다.

101 당일치기 여행을 떠나면서

training 101.mp3

이제 오사카 갔다 올게.

응? 내일 일해야 하잖아!

괜찮아. 당일치기 여행이니까.

활동적이네.

사요 꿀팁*

어떤 여행이든 좋아! ○○旅行

당일에 출발해서 여행지에서 숙박을 하지 않고 그날 바로 돌아오는 여행을 日帰り旅行(당일치기 여행)라고 합니다. 이 밖에도 修学旅行(수학여행), 社員旅行(사원여행), 新婚旅行(신혼여행), 傷心旅行(실연여행), 温泉旅行(온천여행)라는 식으로 표현합니다.

 102 호텔 방에 비품이 부족할 때

102.mp3

ベッド、フカフカだね。

でも枕(まくら)が一(ひと)つしかない。*

ほんとだ。

フロントに聞(き)いてみようか。*

단어

ベッド 침대　フカフカ 폭신폭신　枕(まくら) 베개　フロント 프런트　聞(き)く 묻다, 듣다

표현 TIP

* **～しかない** ～しか는 뒤에 부정을 수반하여 '～밖에 없다'라는 한정의 뜻을 나타냅니다. 한정을 나타내는 다른 표현으로는 ～だけ(~만)가 있는데 이 말은 뒤에 긍정을 수반한다는 차이가 있어요.
* **～に聞(き)いてみようか** 聞(き)く는 '듣다'와 '묻다' 두 가지 뜻으로 쓰이는데 여기서는 시도를 나타내는 표현 ～てみる(~해보다)와 함께 쓰여 '~에게 물어볼까'라는 뜻입니다.

102 호텔 방에 비품이 부족할 때

training 102.mp3

침대 폭신폭신하네.

근데 베개가 하나밖에 없어.

진짜.

프런트에 물어볼까?

사요 꿀팁*

호텔에서 쓰는 일본식 영어 표현들

한국에 콩글리시가 있다면 일본에는 和製英語(일본식 영어)가 있습니다. 특히 호텔에서 일본식 영어를 많이 사용하는데 フロント(프런트)나 モーニングコール(모닝콜)도 일본식 영어예요. 특히 일본 호텔을 예약할 때 조심해야 하는 것은 セミダブル(세미더블)라는 침대 사이즈인데, 이것은 일본에만 있는 침대 사이즈로 더블보다는 작고 둘이서 자기에는 애매한 사이즈인 경우가 많습니다. 더블이라고 생각하고 예약을 했다가는 밤새 뒤척일 수 있으니 주의하세요.

103 햇볕에 탄 친구 얼굴을 보고

103.mp3

さとみ すごい焼(や)けたね。*

えいた 海(うみ)で泳(およ)ぎまくったから。*

さとみ どこの海(うみ)行(い)ったの？

えいた 沖縄(おきなわ)。

단어

すごい 대단하다, 굉장하다　焼(や)ける 타다　海(うみ) 바다　泳(およ)ぐ 헤엄치다
～まくる 심하게 ～하다, 계속 ～해대다　沖縄(おきなわ) 오키나와(일본 지명)

표현 TIP

* **すごい焼(や)けた**　すごく焼(や)けた가 맞는 표현이지만 일상회화에서는 부사로 변형하지 않고 그대로 すごい를 붙여 쓰는 경우가 많아요. 예를 들어 すごいかわいい(엄청 귀엽다), すごいいい(엄청 좋다)가 대표적입니다.
* **泳(およ)ぎまくる**　まくる는 단독으로 쓰이면 '(소매 등을) 걷어 올리다, (덮여 있거나 포개진 것을) 벗기다, 쫓아버리다'라는 뜻인데, 다른 동사의 ます형과 함께 쓰이면 그 동작을 계속 한다는 뜻이에요.

103 햇볕에 탄 친구 얼굴을 보고

training 103.mp3

엄청 탔네.

바다에서 계속 수영만 했거든.

어디 바다 갔어?

오키나와.

사요 꿀팁*

여행지 추천! 동양의 하와이 오키나와(沖縄)

깨끗한 바다에 멋진 자연 경관을 만끽할 수 있는 오키나와(沖縄)는 일본에서도 유명한 관광지로 스노클링이나 다이빙, 씨카약, 제트스키 같은 다양한 액티비티를 즐길 수 있는 곳입니다. 게다가 예전 류큐왕국(琉球王国)의 전통이 남아 있어 오키나와에서만 느낄 수 있는 색다른 것들이 많이 있는데, 건물의 문이나 옥상에 있는 シーサー(사자상), 선조의 영을 맞이하기 위해 추는 춤인 エイサー(에이사), 돼지 귀로 만든 요리 ミミガー(미미가), 그리고 바다뱀으로 만든 요리 イラブー汁(이라부지루)도 오키나와에서만 즐길 수 있습니다.

104 여행지를 정할 때

104.mp3

今度(こんど)の旅行(りょこう)どこいく？

目星(めぼし)つけてるとこある？*

全然(ぜんぜん)。*

じゃあ、江(え)の島(しま)はどう？

단어

今度(こんど) 이번, 다음　旅行(りょこう) 여행　目星(めぼし) 목표, 표적, 예상, 짐작
とこ 곳(=ところ)　全然(ぜんぜん) 전혀　江(え)の島(しま) 에노시마(지명)

표현 TIP

* 目星(めぼし)をつける　目星(めぼし)는 '목표, 표적, 예상, 짐작'이라는 뜻으로 目星(めぼし)をつける라고 하면 '점 찍다, 목표로 삼다, 짐작하다'라는 뜻이에요.
* 全然(ぜんぜん)　보통은 부정을 수반해 '전혀 ~않다'라는 부정적인 뜻으로 쓰이지만 요즘은 全然(ぜんぜん)オッケー(완전 좋아), 全然平気(ぜんぜんへいき)(전혀 아무렇지 않아)처럼 긍정의 뜻으로도 씁니다.

104 여행지를 정할 때

training 104.mp3

사토미

이번 여행 어디로 갈까?

에리카

점 찍어 놓은 데 있어?

사토미

전혀.

에리카

그럼 에노시마는 어때?

사요 꿀팁*

여행지 추천! 역사와 힐링의 도시 가나가와(神奈川)

도쿄(東京)에서 전철로 1시간이면 갈 수 있는 가나가와현(神奈川県)에는 볼거리가 가득합니다. 특히 가마쿠라(鎌倉)는 90년대 인기 만화 슬램덩크(SLAM DUNK)의 성지로도 알려져 있는데요. 만화에 나오는 아름다운 풍경을 현실에서도 그대로 느껴볼 수 있습니다. 그리고 힐링을 원하는 여행자라면 산과 바다에 둘러싸인 에노시마(江の島)를 추천합니다. 아름다운 자연뿐만 아니라 역사를 간직한 신사(神社)나 거리가 남아 있어 일상에 지친 방문객들에게는 휴식 같은 곳입니다

105 원하는 여행 선물을 물어볼 때

105.mp3

来週、北海道行くんだ。

いいな。

お土産何がいい？

じゃあ、白い恋人で！*

단어

来週(らいしゅう) 다음 주　北海道(ほっかいどう) 홋카이도(지명)　お土産(みやげ) 특산품, 선물
白(しろ)い恋人(こいびと) 하얀 연인(홋카이도 특산품)

표현 TIP

* 白い恋人 직역하면 '하얀 연인'이라는 뜻으로 홋카이도의 대표적인 특산품 중 하나입니다. 납작하고 길다란 모양이 고양이 혀를 닮았다고 해서 붙여진 ラング・ド・シャ(langue-de-chat. 고양이 혀) 쿠키에 초콜릿을 끼운, 연인처럼 달달한 과자예요.

105 원하는 여행 선물을 물어볼 때

다음 주에 홋카이도 가.

좋겠다.

선물 뭐가 좋아?

그럼 '하얀 연인'으로 (부탁해).

사요 꿀팁*

お土産(선물)에는 두 가지 뜻이 있어요

お土産에는 두 가지 뜻이 있는데요. 하나는 평소에 신세를 지고 있는 지인이나 친구, 친척 등에게 줄 목적으로 여행지에서 사는 현지의 기념품이나 선물을 말합니다. 또 하나는 지인이나 친척집에 방문할 때 감사의 표시로 가져가는 선물을 말하는데, 방문 선물은 손에 들고 가기 때문에 手土産라고도 해요.

106 지역 특산품을 선물로 살 때

106.mp3

これ八(や)つ橋(はし)って言(い)うんだね。

うん。京都(きょうと)の名産品(めいさんひん)なんだって。*

お土産(みやげ)に買(か)っていこうかな。

いいんじゃない？

단어

八(や)つ橋(はし) 야쓰하시　京都(きょうと) 교토(지명)　名産品(めいさんひん) 명산품　買(か)う 사다

표현 TIP

* **～なんだって** '~라고 해, ~래'라는 뜻으로 다른 사람한테 들은 정보임을 나타내는 표현으로 남녀 구분 없이 격의 없는 대화에서 사용합니다.

106 지역 특산품을 선물로 살 때

training 106.mp3 

이거 야쓰하시라고 한대.

응. 교토 명물이래.

선물로 사 갈까?

괜찮을 거 같아.

사요 꿀팁*

지역 특산품을 지칭하는 다양한 표현들

교토(京都)는 八つ橋(야쓰하시), 홋카이도(北海道)는 白い恋人(하얀 연인), 도쿄(東京)는 東京バナナ(도쿄 바나나)처럼 일본에는 지역마다 차별화된 명물이 있어요. 이처럼 그 지역에서 잘 알려진 것을 名産品(명산품) 혹은 名産物(명산물)라고 하고, 그 지역에서만 만들 수 있는 것은 特産品(특산품) 혹은 特産物(특산물)라고 합니다. 그리고 명산물(名産物)과 의미는 비슷하지만 좀 더 폭넓게 쓸 수 있는 말은 名物(명물)인데 음식뿐만 아니라 名物男(명물 남자)처럼 사람이나 물건, 행사 등에도 쓸 수 있습니다.

107 뱃멀미가 날 때

107.mp3

船(ふね)、超(ちょう)揺(ゆ)れてるね。

酔(よ)いそう。*

酔(よ)い止(ど)めの薬(くすり)飲(の)む？*

うん。飲(の)んでおこうかな。

단어

船(ふね) 배　超(ちょう) 초~, 매우　揺(ゆ)れる 흔들리다　酔(よ)う 멀미 나다, 취하다
酔(よ)い止(ど)め 멀미 예방, 멀미약　薬(くすり) 약　飲(の)む 마시다

표현 TIP

* 酔(よ)いそう　酔(よ)う는 '술에 취하다'라는 뜻 외에 '멀미하다, (분위기 등에) 도취하다'라는 뜻이 있어요. 여기서는 '~것 같다'는 뜻의 ～そう와 함께 쓰여 배가 너무 흔들려서 '뱃멀미가 날 것 같다'는 뜻입니다.
* 薬(くすり)を飲(の)む　한국에서는 '약을 먹는다'고 하지만 일본에서는 '약을 마신다'고 해요. 그래서 薬(くすり)を飲(の)む라고 합니다.

107 뱃멀미가 날 때

training 107.mp3

에미: 배 엄청 흔들리네.

유이: 멀미 날 것 같아.

에미: 멀미약 먹을래?

유이: 응. 먹어둘까?

사요 꿀팁*

일본의 약국과 드러그 스토어

'약국'을 일본어로 薬局라고 하는데요. 한국과 마찬가지로 병원에서 받은 처방전을 가지고 약국에 가서 약을 구매합니다. 약국 간판에는 処方せん受付(처방전 접수)라고 적혀 있는 경우가 많습니다. 처방 약이 아닌 시판 약을 구매할 때는 보통 ドラッグストア(드러그 스토어)에 가는데요. 드러그 스토어에는 약뿐만 아니라 슈퍼처럼 식품이나 생활용품, 화장품 등 여러 종류의 물건을 팝니다. 흔히 볼 수 있는 드러그 스토어로는 マツモトキヨシ(마쓰모토 키요시), ウエルシア薬局(웰시아 약국), ツルハドラッグ(쓰루하 드러그) 등이 있습니다.

108 여행지를 강력 추천할 때

108.mp3

あい　そのネックレス、おしゃれだね。

まき　ハワイで買(か)ったんだ。

あい　いいな。ハワイ行(い)ってみたいな。

まき　人(ひと)もいいし、気候(きこう)もいいし、一押(いちお)しだよ。*

단어

ネックレス 목걸이　おしゃれ 멋을 냄, 멋쟁이　ハワイ 하와이　気候(きこう) 기후
一押(いちお)し 강추

표현 TIP

* 一押(いちお)し　一押(いちお)しは '강력 추천', 요즘 말로 '강추'라는 뜻이에요. 그런데 一押し라고 쓰고 ひとおし라고 읽을 수도 있는데, 이때는 '한 번 미는 것, 한 번 더 노력하는 것'을 의미합니다. 읽는 방법에 따라 뜻이 달라지니 주의하세요.

108 여행지를 강력 추천할 때

training 108.mp3

아이: 그 목걸이 멋지네.

마키: 하와이에서 샀어.

아이: 좋겠다. 하와이 가보고 싶어.

마키: 사람들도 좋고 기후도 좋고 강추야.

사요 꿀팁*

일본 사람들은 하와이를 좋아해요

하와이(ハワイ)는 일본인들이 즐겨 찾는 여행지(旅行先 りょこうさき)입니다. 특히 연말연시가 되면 많은 연예인(芸能人 げいのうじん)들이 하와이에서 휴가를 보내기 때문에 TV에서는 하와이 특집을 방송하기도 합니다. 일본인들이 하와이를 좋아하는 이유는 날씨가 따뜻하고 음식이 맛있기 때문이기도 하지만 가장 큰 이유는 영어를 못해도 안전하게 여행을 즐길 수 있기 때문입니다. 같은 이유로 한국과 대만도 일본인이 많이 찾는 여행지 중 하나입니다.

109 에키벤을 구경하며

109.mp3

駅弁(えきべん)売(う)ってる。

ほんとだ。おいしそう！*

買(か)って新幹線(しんかんせん)の中(なか)で食(た)べようか。

うん。どれもおいしそうで迷(まよ)うね。*

단어

駅弁(えきべん) 역이나 기차 안에서 파는 도시락　売(う)る 팔다　おいしい 맛있다　買(か)う 사다
新幹線(しんかんせん) 신칸센　中(なか) 안, 속　どれも 어느 것이나, 모두　迷(まよ)う 고민하다, 헤매다

표현 TIP

* おいしそう 음식이 맛있어 보일 때는 おいしそう(맛있겠다)라고 하는데, 남자들은 주로 うまい를 써서 うまそう라고 합니다. 맛있으면 おいしい(맛있어), 맛있었으면 おいしかった(맛있었어)라고 해요.
* どれも '어느 것이나 다'라는 뜻으로 いずれも(어느 것이나, 모두), どちらも(어느 쪽이나, 둘 다)와 비슷한 표현이에요.

109 에키벤을 구경하며

training 109.mp3 

역 도시락 팔고 있어.

진짜. 맛있겠다!

사서 신칸센 안에서 먹을까?

응. 다 맛있을 것 같은데, 뭐 먹지?

사요 꿀팁*

여행의 소소한 즐거움, 에키벤

駅弁은 기차역이나 열차 안에서 파는 도시락을 말합니다. 슈퍼 등에서 파는 일반 도시락과는 달리 그 지역에서 나는 재료로 만들기 때문에 지역 한정 도시락이라는 특징이 있어요. 다양한 駅弁이 있지만 주로 흰쌀밥과 생선구이, 계란말이, 튀김 등이 들어간 幕の内弁当(마쿠노우치 도시락), 여러 가지 해물이 들어간 海鮮弁当(해물 모듬 도시락), 고기를 주재료로 한 肉弁当(고기 도시락)가 주류입니다. 일반 도시락보다 가격은 조금 비싸지만 달리는 열차 안에서 창 밖을 바라보며 맛보는 駅弁은 그 순간에만 느낄 수 있는 특별한 맛이 있습니다.

여행지 음식에 대해 얘기하며

110.mp3

大阪着いたらまず何する？

まずはたこ焼き食べなきゃでしょ？*

大阪といえばたこ焼きだよね。*

想像しただけでつば出てきた。

단어

大阪(おおさか) 오사카(지명)　着(つ)く 도착하다　まず 우선, 먼저　たこ焼(や)き 다코야키
想像(そうぞう) 상상　～だけ ~만, ~뿐　つば 침　出(で)る 나오다

표현 TIP

* **まず** '우선'이라는 뜻으로 순서의 처음을 나타내는 말이에요. 이처럼 순서를 나타내는 말에는 次に(다음), それから(그러고 나서), 最後に(끝으로) 등이 있습니다.
* **～といえば～だよね** '~(라고) 하면 ~지'라는 뜻으로 어떤 화제를 제시하거나 그 화제로부터 연상한 내용을 거론할 때 쓰는 표현입니다.

110 여행지 음식에 대해 얘기하며

training 110.mp3

오사카 도착하면 맨 먼저 뭐 할래?

우선 다코야키 먹어야지.

오사카 하면 다코야키지.

상상만 했는데 침 나왔어.

사요 꿀팁*

방문객 증가율 세계 1위 도시, 오사카(大阪)

2017년 9월에 발표된 세계 해외여행시장에 관한 리포트 「Mastercard Destination Cities Index」에 따르면 2009년부터 2016년에 걸쳐 세계에서 외국인 여행객 수 평균 증가율이 가장 높은 도시는 오사카(大阪)로 연평균 +24.0%가 증가했다고 합니다. 유니버설 스튜디오 재팬(USJ)과 같은 테마파크, 무료 와이파이 증설, 충실한 다국어 표기 등 여러 가지 요인이 있지만 가장 큰 이유로는 맛있는 음식을 들 수 있겠죠. たこ焼き(다코야키), お好み焼き(오코노미야키), 串カツ(구시카쓰) 등 오사카에는 상상만으로도 군침이 도는 맛있는 음식이 많이 있습니다.

망각방지 장치 1

하루만 지나도 학습한 내용의 50%는 잊어버립니다. 여러분은 몇 퍼센트나 잊어버렸을까요? 5분 안에 20개를 말해 보세요.

				○	✕	복습
01	괜찮아. 당일치기 여행이니까.	大丈夫(だいじょうぶ)。	だから。	☐	☐	101
02	활동적이네.		だね。	☐	☐	101
03	침대 폭신폭신하네.	ベッド、	だね。	☐	☐	102
04	프런트에 물어볼까?	フロントに	。	☐	☐	102
05	엄청 탔네.		ね。	☐	☐	103
06	바다에서 계속 수영만 했거든.	海(うみ)で	から。	☐	☐	103
07	이번 여행 어디로 갈까?		どこいく？	☐	☐	104
08	점 찍어 놓은 데 있어?		ある？	☐	☐	104
09	다음 주에 홋카이도 가.	来週(らいしゅう)、	んだ。	☐	☐	105
10	선물 뭐가 좋아?	お土産(みやげ)	？	☐	☐	105

정답 01 日帰(ひがえ)り旅行(りょこう) 02 アクティブ 03 フカフカ 04 聞(き)いてみようか
05 すごい焼(や)けた 06 泳(およ)ぎまくった 07 今度(こんど)の旅行(りょこう) 08 目星(めぼし)つけてるとこ
09 北海道(ほっかいどう)行(い)く 10 何(なに)がいい

			○	✕	복습
11	교토 명물이래.	なんだって。	☐	☐	106
12	선물로 사 갈까?	お土産(みやげ)に　かな。	☐	☐	106
13	배 엄청 흔들리네.	船(ふね)、　ね。	☐	☐	107
14	멀미 날 것 같아.	。	☐	☐	107
15	그 목걸이 멋지네.	そのネックレス、　だね。	☐	☐	108
16	사람들도 좋고 기후도 좋고 강추야.	人(ひと)もいいし、気候(きこう)もいいし、　だよ。	☐	☐	108
17	사서 신칸센 안에서 먹을까?	買(か)って　。	☐	☐	109
18	다 맛있을 것 같은데, 뭐 먹지?	で迷(まよ)うね。	☐	☐	109
19	오사카 하면 다코야키지.	たこ焼(や)きだよね。	☐	☐	110
20	상상만 했는데 침 나왔어.	つば出(で)てきた。	☐	☐	110

정답 11 京都(きょうと)の名産品(めいさんひん)　12 買(か)っていこう　13 超揺(ちょうゆ)れてる　14 酔(よ)いそう
15 おしゃれ　16 一押(いちお)し　17 新幹線(しんかんせん)の中(なか)で食(た)べようか
18 どれもおいしそう　19 大阪(おおさか)といえば　20 想像(そうぞう)しただけで

111 바다에 가자고 할 때

111.mp3

夏(なつ)だし、海(うみ)行(い)こうぜ。*

海(うみ)？俺(おれ)パス。

なんだよ。付(つ)き合(あ)い悪(わる)いな。*

実(じつ)は俺(おれ)、カナヅチなんだよ。

단어

夏(なつ) 여름　海(うみ) 바다　パス 패스　付(つ)き合(あ)い 교제　悪(わる)い 나쁘다
カナヅチ 헤엄을 못 침, 그런 사람

표현 TIP

* ～ぜ　ぜ는 친한 사람끼리 가볍게 다짐을 하거나 주의를 환기할 때 쓰는 종조사이며 강한 느낌의 말투라 주로 남자들이 많이 사용합니다.
* 付(つ)き合(あ)い悪(わる)いな　付(つ)き合(あ)い(교제)에 悪(わる)い(나쁘다)가 붙어서 '잘 어울리지 못하다, 사교성이 없다'는 뜻을 나타냅니다. 반대로 '사교성이 좋다'는 付(つ)き合(あ)いがいい라고 해요.

111 바다에 가자고 할 때

training 111.mp3

여름이니까 바다 가자.

바다? 난 패스.

뭐야. 사교성 없게.

사실은 나 수영 못 해.

사요 꿀팁*

수영을 못 하는 '맥주병'은 カナヅチ라고 해요

'수영 못 하는 사람'을 우리는 맥주병에 비유하는데 일본에서는 カナヅチ(쇠망치)라고 합니다. 쇠망치는 무거워서 물에 넣으면 바로 가라앉기 때문인데요. 하지만 일본에는 수영을 못 하는 사람이 많지 않습니다. 보통 초등학교에 수영장이 있고 학교에서 수영하는 법을 배우기 때문인데요. 그럼에도 불구하고 수영을 못 하는 사람은 수영에 대한 트라우마가 있거나 억지로 배워서 수영에 대한 흥미가 떨어져서 못 하는 거라고 말하는 사람도 있어요.

112 여행을 다녀온 친구에게

112.mp3

先週(せんしゅう)の旅行(りょこう)、どうだった?

最悪(さいあく)だったよ。

何(なに)かあったの?

旅行中(りょこうちゅう)、スリにあっちゃってさ。*

단어

先週(せんしゅう) 지난주　旅行(りょこう) 여행　最悪(さいあく) 최악　スリ 소매치기

あう (어떤 일을) 겪다, 당하다

표현 TIP

* **スリにあう** あう라고 하면 흔히 '만나다'의 会(あ)う를 떠올리는데, 위 대화처럼 소매치기나 사기, 조난 같은 사고를 당했을 때는 遭(あ)う라는 한자를 씁니다. 다만 '만나다'든 '당하다'든 あう 앞에는 조사 に가 온다는 사실을 기억하세요.

여행을 다녀온 친구에게

training 112.mp3

지난주 여행 어땠어?

최악이었어.

무슨 일 있었어?

여행 중에 소매치기 당했거든.

여행 가면 꼭 쓰는 여행 일본어 BEST 3

■ **すみません(여기요, 실례합니다, 죄송합니다)**

식당에서 주문할 때(여기요)나 길을 물을 때(실례합니다), 사과할 때(죄송합니다) 쓰면 유용합니다.

■ **～はありますか(~는 있어요?)**

Wi-Fiはありますか(Wi-Fi 있어요?), この近(ちか)くにおいしい店(みせ)はありますか(이 근처에 맛있는 가게 있어요?)처럼 물을 때 사용하면 됩니다.

■ **～はどこですか(~는 어디예요?, ~는 어디에 있나요?)**

장소를 물을 때(~는 어디예요?)나 가게에서 물건을 찾을 때(~는 어디에 있나요?) 요긴하게 써보세요.

113 아름다운 경치에 감탄할 때

113.mp3

ここドラマのロケ地(ち)になった所(ところ)だよ。

うわ～！ 絶景(ぜっけい)だね。

うん。ホントきれいだね。

写真(しゃしん)撮(と)ってインスタに載(の)せよ～っと。*

단어

ドラマ 드라마　ロケ地(ち) 촬영지　所(ところ) 곳, 장소　絶景(ぜっけい) 절경　写真(しゃしん) 사진　撮(と)る 찍다　インスタ 인스타그램　載(の)せる 올리다

표현 TIP

* **～に載(の)せよ～っと** '~에 올려야지'라는 의지를 나타내는 말이에요. よ～っと는 의지를 나타내는 ようと의 줄임말인 よっと를 늘여 말한 것으로, 見(み)よう(봐야지)는 見(み)よ～っと, しよう(해야지)는 しよ～っと, 寝(ね)よう(자야지)는 寝(ね)よ～っと처럼 말합니다.

아름다운 경치에 감탄할 때

training 113.mp3

여기 드라마 촬영지야.

와~! 경치 끝내준다.

응. 정말 예쁘다.

사진 찍어서 인스타에 올려야지.

사요 꿀팁*

ロケ地(ち)(촬영지)와 アニメ聖地(せいち)(애니메이션 성지)

영화나 드라마, CF 등의 배경이 된 장소를 ロケ地(ち)(촬영지)라고 하는데 그 촬영지를 돌아다니며 보는 것을 ロケ地(ち)巡(めぐ)り(촬영지 순례)라고 하고, 애니메이션의 무대가 된 장소는 アニメ聖地(せいち)(애니메이션 성지)라고 합니다. 이러한 애니메이션, 영화 등의 무대가 된 장소를 돌아다니며 보는 것을 聖地巡礼(せいちじゅんれい)(성지순례)라고 하는데, 좋아하는 애니메이션의 무대를 버스로 여행하는 聖地巡礼(せいちじゅんれい)バスツアー(성지순례 버스 투어)도 있습니다.

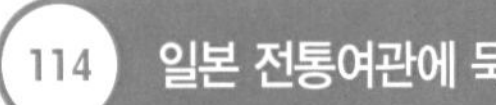

114 일본 전통여관에 묵을 때

114.mp3

いい旅館(りょかん)だね。

ここの露天風呂(ろてんぶろ)すごいらしいよ。

もしかして…混浴(こんよく)?*

違(ちが)うよ。景色(けしき)がすごいって話(はなし)。

단어

旅館(りょかん) 여관　露天風呂(ろてんぶろ) 노천탕　すごい 굉장하다, 대단하다　もしかして 혹시
混浴(こんよく) 혼욕　違(ちが)う 다르다, 틀리다　景色(けしき) 경치　話(はなし) 이야기

표현 TIP

* もしかして '혹시, 어쩌면'이라는 뜻으로 자신의 판단에 별로 자신이 없는 것을 말합니다.

114 일본 전통여관에 묵을 때

training 114.mp3

여관 좋네.

여기 노천탕 장난 아니래.

혹시… 혼탕?

아니. 경치가 대단하다는 얘기야.

사요 꿀팁*

일본의 전통여관

여관은 일본어로 旅館(りょかん)이라고 합니다. 일본의 전통여관에 가면 기모노를 입고 환한 미소로 손님들을 맞이하는 女将(おかみ)와 仲居(なかい)라고 부르는 사람들을 만날 수 있습니다. 女将(おかみ)는 여관을 관리하는 '여주인'을 뜻하고 仲居(なかい)는 女将(おかみ) 밑에서 손님 접대 및 안내 등의 보조 일을 하는 사람을 말합니다.

115 사진을 메일로 보내줄 때

115.mp3

先週(せんしゅう)の社員(しゃいん)旅行(りょこう)の写真(しゃしん)送(おく)るよ。

うん。メールで送(おく)って。

メアド何(なん)だっけ？*

ちょっと待(ま)ってね。

단어

先週(せんしゅう) 지난주　社員(しゃいん) 사원　旅行(りょこう) 여행　写真(しゃしん) 사진
送(おく)る 보내다　メール 이메일　メアド 이메일 주소

표현 TIP

* メアド メールアドレス(이메일 주소)의 줄임말로 일본에서는 メアド라고 줄여서 말하는 경우가 많아요.

115 사진을 메일로 보내줄 때

training 115.mp3 

지난주 사원여행 사진 보내줄게.

응. 메일로 보내줘.

메일 주소 뭐였더라?

잠깐만 기다려.

사요 꿀팁*

일본 사람들도 줄임말을 좋아해요

일본에서는 한국과 마찬가지로 단어를 짧게 줄여서 말하는 경우가 많습니다. 가령 ポテトチップス(감자칩)를 ポテチ라고 한다거나 キムラタクヤ(기무라 다쿠야)를 キムタク, ブラッド・ピット(브래드 피트)를 ブラピ라고 합니다. 줄일 때는 세 글자와 네 글자로 줄이는 경우가 많고 이 대화문에 나오는 メールアドレス는 세 글자 혹은 네 글자로도 줄일 수 있습니다. 세 글자로 만들 때는 メアド, 네 글자로 만들 때는 メルアド라고 합니다.

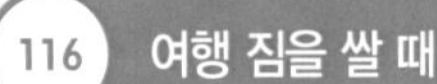

116 여행 짐을 쌀 때

116.mp3

何(なに)してるの？

荷造(にづく)りしてる。

荷物(にもつ)ぐちゃぐちゃじゃん。*

明日(あした)出発(しゅっぱつ)なのにどうしよう。

단어

荷造(にづく)り 짐을 쌈　荷物(にもつ) 짐　ぐちゃぐちゃ 엉망진창　明日(あした) 내일
出発(しゅっぱつ) 출발

표현 TIP

* ぐちゃぐちゃ 사물이 정리되어 있지 않고 뒤죽박죽, 엉망진창 흐트러져 있는 상태를 이렇게 표현해요.

116 여행 짐을 쌀 때

training 116.mp3 

뭐 하고 있어?

짐 싸고 있어.

짐이 엉망진창이잖아.

내일 출발인데 어떡하지?

사요 꿀팁*

여행 짐 싸기 어렵다면 パッキング術(じゅつ)를 검색하세요!

여행을 가기 위해 짐 싸는 것을 일본어로 荷造(にづく)り라고 합니다. 최근에는 SNS 등에서 짐 싸기를 의미하는 영어 packing을 가져와 パッキング(패킹)라는 말이 많이 쓰이고 있는데, 주로 パッキング術(じゅつ)(패킹 방법)라고 쓰거나 짐 싸는 모습을 영상으로 만들어 パッキング動画(どうが)(패킹 영상)라는 식으로 사용합니다.

117 여행 숙소를 정할 때

117.mp3

ホテルと旅館(りょかん)、どっちがいい?*

どっちかって言(い)ったらホテルかな。

でも、ホテルだと温泉(おんせん)ないよ。

じゃあ、旅館(りょかん)で!

단어

ホテル 호텔　旅館(りょかん) 여관　温泉(おんせん) 온천

표현 TIP

* ～と～、どっちがいい？ '～와 ～중에서 어느 쪽이 좋아?'라는 뜻으로 둘 중 하나를 선택하도록 물어보는 표현입니다. 대답할 때는 ～がいい(～가 좋아) 앞에 자신이 선택할 단어를 넣어 말하면 돼요.

117 여행 숙소를 정할 때

training 117.mp3

호텔이랑 여관 중에 어느 쪽이 좋아?

어느 쪽이냐 하면 호텔.

근데 호텔에는 온천 없어.

그럼 여관으로!

사요 꿀팁*

ホテル(호텔)과 旅館(여관)은 이렇게 달라요

호텔(ホテル)은 서양식(洋風)으로 침대 방에 샤워실이 딸려 있는 시설을 말하고, 여관(旅館)은 畳(다다미)를 깐 일본식(和風) 방에 이불(布団)을 깔고 자며 온천(温泉) 등의 입욕 설비가 있는 시설이라는 차이가 있습니다. 또한 여관에서는 방에 준비된 유카타(浴衣)나 슬리퍼를 착용하고 관내를 이동하지만, 호텔에서는 방 밖에서 유카타(浴衣)나 슬리퍼의 착용을 금지하는 경우도 있으니 주의하세요.

118 여행 중에 물건을 분실했을 때

118.mp3

あれ？ 携帯(けいたい)がない。*

ポケットの中(なか)は？

ない！ どうしよう。

ホテルに置(お)いてきたんじゃないの？

단어

携帯(けいたい) 핸드폰　ポケット 포켓, 주머니　中(なか) 안, 속　ホテル 호텔　置(お)く 두다

표현 TIP

* 携帯(けいたい) 携帯電話(けいたいでんわ)(휴대전화)의 줄임말로 ケータイ라고도 합니다. 그중에서도 '스마트폰'은 スマホ라고 하고, '피처폰'은 '갈라파고스화된 휴대전화'라는 의미에서 ガラケー라고 해요.

여행 중에 물건을 분실했을 때

training 118.mp3

어? 핸드폰이 없어.

주머니 안에는?

없어! 어떡하지?

호텔에 두고 온 거 아니야?

사요 꿀팁*

여행 중에 물건을 분실했다면?

일본 여행 중에 물건을 분실했다면 먼저 두고 온 장소로 가 보세요. 이는 깜박하고 두고 간 물건(忘れ物(わすれもの))을 사람들이 가져가는 경우가 적기 때문인데요. 만일 분실한 장소에 물건이 없다면 누군가가 직원이나 경찰에게 전달했을 가능성도 있으니 분실한 장소 근처에 있는 분실물센터나 파출소(交番(こうばん))에 가보는 것이 좋습니다. 지갑이나 카메라 같은 고가의 분실물(紛失物(ふんしつぶつ))을 되돌려줄 때에는 본인 확인을 위해 몇 가지 질문을 하기도 하니 이 점 알아두세요.

여행지에서 길을 찾을 때

119.mp3

おかしいな。*

どうした?*

反対(はんたい)の方向(ほうこう)に来(き)ちゃったみたい。

もしかして方向音痴(ほうこうおんち)?

단어

おかしい 이상하다　反対(はんたい) 반대　方向(ほうこう) 방향　もしかして 어쩌면
方向音痴(ほうこうおんち) 방향치, 길치

표현 TIP

* おかしい '이상하다'는 뜻 외에 '우습다, 수상하다'라는 뜻도 있어요.
* どうした? '왜 그래?, 무슨 일이야?'라는 뜻으로 이유를 물을 때 자주 쓰는 표현입니다.

여행지에서 길을 찾을 때

training 119.mp3

이상하네.

뭐가?

반대쪽으로 온 것 같아.

혹시 길치야?

사요 꿀팁*

'길치'는 方向音痴(ほうこうおんち)라고 해요

'길치'는 일본어로 方向音痴(ほうこうおんち)라고 하는데, 원래는 '음치'를 뜻하는 音痴(おんち)에서 파생된 말이에요. 音痴(おんち)는 '노래를 못하는 사람'이라는 뜻 외에 특정한 감각이 둔하거나 또는 그런 사람을 뜻하기도 해서 '몸치'는 運動音痴(うんどうおんち), '기계치'는 機械音痴(きかいおんち), '미각이 둔한 사람'은 味音痴(あじおんち)라는 식으로 표현합니다.

120 신칸센을 처음 탈 때

120.mp3

新幹線(しんかんせん)だ。

新幹線(しんかんせん)乗(の)るの、はじめて?

うん。はじめて。

写真(しゃしん)撮(と)ってあげようか。*

단어

新幹線(しんかんせん) 신칸센　乗(の)る 타다　はじめて 처음　写真(しゃしん) 사진　撮(と)る 찍다

표현 TIP

* ~てあげようか '~해줄까?'라는 뜻인데 あげる를 쓰면 내가 다른 사람에게 해준다는 뜻이에요. 반대로 다른 사람이 나에게 해줄 때는 くれる라는 표현을 써서 ~てくれない?(~해주지 않을래?)와 같이 말합니다.

120 신칸센을 처음 탈 때

training 120.mp3

신칸센이다.

신칸센 처음 타?

응. 처음 타.

사진 찍어줄까?

사요 꿀팁*

사진 찍을 때 쓰는 일본어 표현들

사진 찍을 때 한국에서 '김치'라고 하듯 일본에서는 보통 はい、チーズ!(자, 치즈!)라고 합니다. 다만 요즘 세대들은 はい、チーズ!라는 말 대신 撮(と)るよ(찍을게)처럼 심플한 표현을 많이 써요. 이는 스마트폰의 보급으로 사진 찍는 일이 더 이상 특별한 일이 아니라 언제, 어디서나 원하면 할 수 있는 일상이 되었기 때문인 것 같습니다.

망각방지 장치 1

하루만 지나도 학습한 내용의 50%는 잊어버립니다. 여러분은 몇 퍼센트나 잊어버렸을까요? 5분 안에 20개를 말해 보세요.

			O	X	복습
01	뭐야. 사교성 없게.	なんだよ。＿＿＿＿な。	☐	☐	111
02	사실은 나 수영 못 해.	実(じつ)は俺(おれ)＿＿＿＿よ。	☐	☐	111
03	최악이었어.	＿＿＿＿よ。	☐	☐	112
04	여행 중에 소매치기 당했거든.	旅行中(りょこうちゅう)、＿＿＿＿さ。	☐	☐	112
05	여기 드라마 촬영지야.	ここ＿＿＿＿になった所(ところ)だよ。	☐	☐	113
06	사진 찍어서 인스타에 올려야지.	写真(しゃしん)撮(と)って＿＿＿＿。	☐	☐	113
07	여기 노천탕 장난 아니래.	ここの露天風呂(ろてんぶろ)＿＿＿＿よ。	☐	☐	114
08	혹시 … 혼탕?	＿＿＿＿…混浴(こんよく)？	☐	☐	114
09	지난주 사원여행 사진 보내줄게.	先週(せんしゅう)の＿＿＿＿よ。	☐	☐	115
10	메일 주소 뭐였더라?	＿＿＿＿？	☐	☐	115

정답 01 付(つ)き合(あ)い悪(わる)い 02 カナヅチなんだ 03 最悪(さいあく)だった
04 スリにあっちゃって 05 ドラマのロケ地(ち) 06 インスタに載(の)せよ～っと
07 すごいらしい 08 もしかして 09 社員旅行(しゃいんりょこう)の写真(しゃしん)送(おく)る 10 メアド何(なん)だっけ

			○	✕	복습
11	짐이 엉망진창이잖아.	荷物(にもつ)＿＿＿＿＿＿じゃん。	☐	☐	116
12	내일 출발인데 어떡하지?	明日出発(あしたしゅっぱつ)なのに＿＿＿＿＿＿。	☐	☐	116
13	호텔이랑 여관 중에 어느 쪽이 좋아?	ホテルと旅館(りょかん)、＿＿＿＿＿＿？	☐	☐	117
14	어느 쪽이냐 하면 호텔.	＿＿＿＿＿＿ホテルかな。	☐	☐	117
15	어? 핸드폰이 없어.	あれ？＿＿＿＿＿＿。	☐	☐	118
16	호텔에 두고 온 거 아니야?	ホテルに＿＿＿＿＿＿んじゃないの？	☐	☐	118
17	반대쪽으로 온 것 같아.	反対(はんたい)の方向(ほうこう)に＿＿＿＿＿＿。	☐	☐	119
18	혹시 길치야?	もしかして＿＿＿＿＿＿？	☐	☐	119
19	신칸센 처음 타?	新幹線(しんかんせん)乗(の)るの、＿＿＿＿＿＿？	☐	☐	120
20	사진 찍어줄까?	写真(しゃしん)＿＿＿＿＿＿。	☐	☐	120

정답 11 ぐちゃぐちゃ　12 どうしよう　13 どっちがいい　14 どっちかって言(い)ったら
15 携帯(けいたい)がない　16 置(お)いてきた　17 来(き)ちゃったみたい　18 方向音痴(ほうこうおんち)
19 はじめて　20 撮(と)ってあげようか

망각방지 장치 2

일주일이 지나면 학습한 내용의 70%를 잊어버립니다. 여러분은 몇 퍼센트나 기억하고 있을까요? 대화문으로 확인해 보세요.

051 찾는 물건이 없을 때

try 051.mp3

A　이상하네. [119]

B　どうしたの？

A　여권이 없어. [118]

B　ホテルに置(お)いてきたんじゃないの？

A　そうだ！ ホテルの金庫(きんこ)に入(い)れたままだ！

• どうしたの？ 왜 그래, 무슨 일이야?　置(お)いてくる 두고 오다　金庫(きんこ) 금고

052 멋진 기념품을 발견했을 때

try 052.mp3

A　이 열쇠고리 멋지네. [108]

B　ほんとだ。しかも安(やす)いね。

A　선물로 사 갈까? [106]

B　いいんじゃない？私(わたし)も買(か)おうかな。

A　こういうデザイン、日本(にほん)にありそうでないもんね。

• しかも 게다가　お土産(みやげ) 기념품　デザイン 디자인　ありそうでない 있을 것 같지 않다

051

A おかしいな。[119]

B 왜 그래?

A パスポートがない。[118]

B 호텔에 두고 온 거 아니야?

A 맞다! 호텔 금고에 넣어 놓고 왔다!

052

A このキーホルダー、おしゃれだね。[108]

B 진짜. 게다가 싸기까지 해.

A お土産(みやげ)に買(か)っていこうかな。[106]

B 괜찮을 것 같아. 나도 살까?

A 이런 디자인 일본에 있을 것 같지만 없잖아.

053 여행지를 정할 때

try 053.mp3

A 이번 여행 어디로 갈까? 104

B 하와이 가보고 싶어. 108

A ハワイか〜。この前(まえ)、仕事(しごと)で行(い)ったばっかりなんだよな。

B じゃあ、オーストラリアはどう？

• ハワイ 하와이 〜たばっかり ~한 지 얼마 안 됨 オーストラリア 호주

054 예쁜 배경으로 사진을 찍을 때

try 054.mp3

A 여기 드라마 촬영지야. 113

B うわ〜! きれい。

A 사진 찍어줄까? 120

B うん。

A 撮(と)るよ〜。はい、チーズ!

• きれいだ 예쁘다 撮(と)る (사진을) 찍다 チーズ 치즈

053

A　今度(こんど)の旅行(りょこう)どこいく? 104

B　ハワイ行(い)ってみたいな。108

A　하와이라. 요전에 업무차 갔다 온 지 얼마 안 됐는데.

B　그럼, 호주는 어때?

054

A　ここドラマのロケ地(ち)になった所(ところ)だよ。113

B　와! 예쁘다.

A　写真(しゃしん)撮(と)ってあげようか。120

B　응.

A　찍는다~. 자, 치~즈!

055 신칸센을 처음 탈 때

try 055.mpg3

A そろそろ新幹線(しんかんせん)来(く)るね。

B ドキドキしてきた。

A 혹시 신칸센 처음 타? 120

B うん。

A じゃあ、せっかくだから 도시락 사서 신칸센 안에서 먹을까? 109

• そろそろ 이제 슬슬　ドキドキする 두근거리다　せっかく 모처럼

056 길을 헤맬 때

try 056.mp3

A 반대쪽으로 온 것 같아. 119

B ホームページに載(の)ってる地図(ちず)わかりにくいもんね。

A 호텔에 전화해서 물어볼까? 102

B うん。そうしよう。

• ホームページ 홈페이지　載(の)る 실리다　地図(ちず) 지도　わかる 알다　〜にくい ~기 어렵다

055

A　슬슬 신칸센 오겠나.

B　떨려.

A　もしかして、新幹線乗るの、はじめて? 120

B　응.

A　그럼, 모처럼이니까 駅弁買って新幹線の中で食べようか。109

056

A　反対の方向に来ちゃったみたい。119

B　홈페이지에 있는 약도 알아보기 힘들어.

A　ホテルに電話して聞いてみようか。102

B　응. 그러자.

057 여행 선물에 대해 얘기하며

try 057.mp3

A 이제 당일치기로 오사카 갔다 올게. [101]

B お土産よろしく。

A 了解。선물 뭐가 좋아? [105]

B じゃあ、「面白い恋人」で。

- お土産 선물, 기념품 よろしく 부탁해 了解 양해 面白い 재미있다 恋人 연인

058 여행에서 돌아온 친구와 얘기하며

try 058.mp3

A 엄청 탔네. [103]

B うん。毎日海で泳いだから。

A 沖縄どうだった？

B 사람들도 좋고 기후도 좋고 강추야. [108]

- 毎日 매일 海 바다 泳ぐ 헤엄치다

057

A　これから日帰りで大阪行ってくるわ。101

B　선물 부탁해.

A　알았어. お土産何がいい? 105

B　그럼 '재미있는 연인'으로(부탁해).

058

A　すごい焼けたね。103

B　응. 매일 바다에서 수영했거든.

A　오키나와는 어땠어?

B　人もいいし、気候もいいし、一押しだよ。108

059 일본 전통여관에 묵을 때 try 059.mp3

A 여관 좋네. 114

B 응. 어? 근데 베개가 하나밖에 없어. 102

A ほんとだ。

B あとでスタッフに聞(き)いてみよう。

• ほんと 진짜, 정말 あとで 나중에 スタッフ 스태프, 직원 聞(き)く 묻다

060 바다에 놀러 가자고 할 때 try 060.mp3

A 여름이니까 바다 가자. 111

B 좋아. 어디 바다 갈래? 103

A 逗子(ずし)はどう？

B 逗子(ずし)か…。ちょっと遠(とお)いな。

• 逗子(ずし) 즈시(지명) ちょっと 좀, 조금 遠(とお)い 멀다

059

A　いい旅館(りょかん)だね。114

B　うん。あれ？でも枕(まくら)が一(ひと)つしかない。102

A　진짜.

B　나중에 직원에게 물어보자.

060

A　夏(なつ)だし、海(うみ)行(い)こうよ。111

B　いいね。どこの海(うみ)行(い)く？103

A　즈시는 어때?

B　즈시라…. 조금 먼데.

Part 07

네이티브가 매일 주고받는

취미& 연예인 대화 20

Part 07 전체 듣기

소확행이 뭐 별건가요? 지친 일상에 에너지를 채워주는 취미와 덕질!
'완전 멋있지?, 최애가 누구야?, 노래방 갈래?, 영화 봤어, 책 읽어, 덕질했어, 고양이 길러, 영화 개봉 못 기다리겠어, 더빙 싫어, 어제 드라마 못 봤어' 등등
좋아하는 취미와 연예인에 대해 주고받는 다양한 대화를 익혀 보세요.

121 잘생긴 배우에 대해 얘기할 때

121.mp3

あや 昨日(きのう)の『コードブルー』見(み)た?

ゆり 見(み)た見(み)た!

あや 山(やま)ピー超(ちょう)かっこよくない?

ゆり うん。目(め)の保養(ほよう)になるよね。*

단어

昨日(きのう) 어제　コードブルー 코드 블루(일본 드라마 제목)　山(やま)ピー 야마삐(야마시타 도모히사의 애칭)
超(ちょう) 완전, 매우　かっこいい 멋있다　目(め)の保養(ほよう) 안구 정화, 눈요기

표현 TIP

* 目(め)の保養(ほよう)になる 아름다운 것이나 진귀한 것을 보고 즐기는 것을 빗댄 표현으로 '눈요기', 요즘 말로 '안구 정화'라는 뜻이에요.

121 잘생긴 배우에 대해 얘기할 때

training 121.mp3

어제 '코드 블루' 봤어?

봤어 봤어!

야마삐 완전 멋있지 않아?

응. 안구 정화되지.

사요 꿀팁*

추천! 일본 드라마 BEST 3

1 逃(に)げるは恥(はじ)だが役(やく)に立(た)つ(도망치는 건 부끄럽지만 도움이 된다)

주인공들이 계약결혼을 하고 생활하는 이야기를 그린 드라마로 결혼에 대해서 생각해볼 수 있는 계기를 만들어주는 드라마입니다. 드라마 OST에 나오는 恋(こい)ダンス(사랑 춤)는 국민적 인기를 얻었습니다.

2 半沢直樹(はんざわなおき)(한자와 나오키)

「やられたらやり返(かえ)す。倍返(ばいがえ)しだ！」(당한 만큼 돌려준다. 배로 돌려준다!)라는 명대사를 낳으며 엄청난 시청률을 보여준 드라마입니다. 실력파 배우가 다수 등장하여 그 열연에 압도되는 드라마입니다.

3 ドクターX ～外科医(げかい)・大門未知子(だいもんみちこ)～(닥터 X~ 외과의 다이몬 미치코)

뛰어난 수술 실력을 가진 프리랜서 외과의사의 이야기입니다. 닥터 X는 시청률이 굉장히 높고 인기가 많아서 드라마가 시리즈로 만들어지고 있습니다.

122 최애를 물어볼 때

122.mp3

TWICE好(す)きなの？

うん！ 大好(だいす)き。

実(じつ)は 私(わたし)も！ 誰推(だれお)し？*

私(わたし)ナヨン推(お)し。

단어

大好(だいす)き 아주 좋아함　実(じつ)は 사실은　誰(だれ) 누구　推(お)し 추천하는 멤버

표현 TIP

* ～推(お)し '밀다, 추천하다'라는 뜻의 동사 推(お)す에서 나온 표현으로 좋아하는 아이돌 그룹에서 가장 좋아하는 멤버나 추천하는 멤버, 요즘 말로 '최애'라는 뜻입니다.

122 최애를 물어볼 때

training 122.mp3

트와이스 좋아해?

응! 완전 좋아해.

사실은 나도! 최애가 누구야?

나는 나연.

사요 꿀팁*

誰(だれ)のファン？(누구 팬이야?)

'팬'은 일본어로 ファン이라고 하므로 '누구 팬이야?'라고 물을 때는 誰(だれ)のファン？이라고 하면 됩니다. 특히 K-POP을 좋아하는 사람이라면 한국어의 ペン(팬)을 그대로 사용하여 誰(だれ)ペン？이라고 말하는 경우도 많은데요. 아이돌 그룹 내에서 가장 좋아하는 멤버(최애)에 대해서 물을 때는 推(お)し와 誰(だれ)를 합쳐서 誰推(だれお)し？라고 물어보면 됩니다.

123 영화를 보고 감동했을 때

123.mp3

映画(えいが)面白(おもしろ)かったね。

うん。感動(かんどう)した。

ずっと泣(な)いてたよね？

うん。涙(なみだ)とまんなくてさ。*

단어

映画(えいが) 영화　面白(おもしろ)い 재미있다　感動(かんどう) 감동　ずっと 계속, 내내
泣(な)く 울다　涙(なみだ) 눈물　とまる 멈추다

표현 TIP

* とまんなくて　とまらなくて(멈추지 않아서)의 회화체 표현입니다.

123 영화를 보고 감동했을 때

training 123.mp3 

영화 재미있었지.

응. 감동했어.

계속 울었지?

응. 눈물이 안 멈춰서 말이야.

사요 꿀팁*

일본은 해외 영화 개봉이 늦어요

영화의 '개봉'은 일본어로 公開(こうかい)라고 하는데요, 일본은 외국 영화가 늦게 개봉하는 편입니다. 한국과 비교해서 한두 달은 기본이고 심하면 6개월이나 늦게 개봉하는 경우도 있어요. 배급사가 외국의 반응을 지켜본 뒤 일본 내에 배급한다는 것이 첫 번째 이유이고 두 번째는 영화의 홍보 기간을 길게 잡기 위해서랍니다. 그리고 세 번째는 '아카데미상 수상 작품', '전미 흥행 수입 NO.1'과 같은 타이틀을 붙이기 위해 해외 시상식이 끝나고 나서 영화를 개봉하기 때무입니다

124 노래방에 가고 싶을 때

124.mp3

ライブ行(い)ったら歌(うた)いたくなってきた。

俺(おれ)も。

今(いま)からカラオケ行(い)く？

いいね。カラオケでオールしよう。*

단어

ライブ 라이브 공연, 콘서트　歌(うた)う 노래 부르다　カラオケ 노래방　オールする 밤새다

표현 TIP

* オールしよう オール는 영어 all night의 줄임말로 '잠을 자지 않고 밤새 노는 것'을 뜻해요.

124 노래방에 가고 싶을 때

training 124.mp3

콘서트 갔다 왔더니 노래 부르고 싶어졌어.

나도.

지금 노래방 갈래?

좋아. 노래방에서 밤새자.

사요 꿀팁*

일본 사람들은 노래방을 좋아해요

일본인은 어른 아이 할 것 없이 노래방(カラオケ)을 좋아하는데요. 가정용 노래방 기계가 있는 집도 많고 친척들이 모이면 집에서 カラオケ大会(たいかい)(노래자랑)를 하기도 합니다. 노래방 하면 다 같이 흥겹게 노래 부르고 춤추는 것이 연상되지만 일본에서는 춤보다는 노래에 집중하는 경우가 많고, 또 一人(ひとり)カラオケ(혼자 노래방)라고 해서 혼자 노래방에 가서 노래를 부르는 사람도 많이 있습니다.

125 영화를 추천할 때

125.mp3

オススメの映画(えいが)ある?

『君(きみ)の名(な)は。』一押(いちお)しだよ。

え〜、でもアニメでしょ。

アニメだけど映像美(えいぞうび)ハンパないから!*

단어

オススメ 추천　映画(えいが) 영화　君(きみ) 너　名(な) 이름　一押(いちお)し 강추
アニメ 애니메이션　映像美(えいぞうび) 영상미　ハンパない 장난 아니다

표현 TIP

* ハンパない 半端(はんぱ)ではない의 줄임말로 주로 젊은 사람들이 친구끼리 '장난 아니다, 엄청나다'라는 뜻으로 사용하는 표현입니다.

125 영화를 추천할 때

training 125.mp3

추천하는 영화 있어?

'너의 이름은.' 강추야.

에이~, 근데 애니메이션이잖아.

애니지만 영상미 장난 아니야!

사요 꿀팁*

추천! 일본 영화 BEST 3

1 桐島、部活辞めるってよ(기리시마가 동아리 그만둔대)

학교 내의 스쿨카스트(교실 내 조직 서열)를 다룬 영화로 일본 고교생의 모습을 리얼하게 그려낸 영화입니다.

2 誰も知らない(아무도 모른다)

실화를 바탕으로 한 영화로 부모에게 버려진 아이들이 어떠한 삶을 살게 되는지를 생생하게 그린 작품입니다.

3 るろうに剣心(바람의 검심)

만화를 원작으로 한 영화로 화려한 검술과 멋진 액션 장면이 많아 액션영화를 좋아하는 사람에게 강추하는 영화입니다.

126 열애설 기사를 봤을 때

126.mp3

今日の熱愛報道見た?

まだ見てないけど、なんで?*

ブリトニーに新しい恋人だって。

スピード離婚したばっかなのに。*

단어

熱愛(ねつあい) 열애　報道(ほうどう) 보도　見(み)る 보다　まだ 아직　なんで 왜
新(あたら)しい 새롭다　恋人(こいびと) 애인　スピード 스피드　離婚(りこん) 이혼

표현 TIP

* まだ～てない '아직 ~하지 않았다'는 뜻이에요.
* ～たばっかなのに ばっかは ばかり의 회화체로 동사의 과거형(～た)에 붙으면 '방금(막) ~했다'라는 어떤 동작이 완료된 후 시간이 얼마 지나지 않았음을 나타냅니다.

126 열애설 기사를 봤을 때

training 126.mp3

오늘 나온 열애설 봤어?

아직 안 봤는데 왜?

브리트니한테 새 애인이 생겼대.

스피드 이혼한 지 얼마나 됐다고.

사요 꿀팁*

일본 사람들은 연예인 가십을 좋아해요

인터넷상에는 늘 연예인에 대한 이야기가 넘쳐나고 週刊文春(しゅうかんぶんしゅん)(주간 문춘)이나 FRIDAY, 女性(じょせい)セブン(여성 세븐) 같은 주간지나 TV 와이드쇼 같은 프로그램에서도 연예가 가십(ゴシップ)은 늘 화제의 중심입니다. 이렇듯 연예인 가십 기사가 세상을 시끄럽게 하지 않는 날은 거의 없다고 해도 될 정도인데요. 그 속에는 연예인을 향한 질투가 숨어 있다고 합니다. 특히 불륜 등의 부정적인 기사가 흘러나온 연예인은 집중 공격을 받아 활동을 할 수 없게 되는 경우도 허다합니다.

127 주말에 한 일을 물을 때

127.mp3

週末(しゅうまつ)何(なに)してた？

家(いえ)にひきこもって映画(えいが)見(み)てたよ。

映画(えいが)好(す)きなんだ。

うん。私(わたし)の唯一(ゆいいつ)の楽(たの)しみだもん。*

단어

週末(しゅうまつ) 주말　家(いえ) 집　ひきこもる 틀어박히다　映画(えいが) 영화

唯一(ゆいいつ) 유일　楽(たの)しみ 즐거움, 낙

표현 TIP

* 唯一(ゆいいつ)の～だもん '유일한 ~인걸'이라는 뜻입니다.
* 楽(たの)しみ　楽(たの)しみ는 '즐거움, 낙'이라는 뜻도 있지만 즐거울 것으로 기대한다는 뜻도 있어서 楽(たの)しみにする(학수고대하다), 楽(たの)しみですね(기대되네요)처럼 써요.

127 주말에 한 일을 물을 때

training 127.mp3

주말에 뭐 했어?

집에 틀어박혀서 영화 봤어.

영화 좋아하는구나.

응. 내 유일한 낙인걸.

사요 꿀팁*

일본의 ひきこもり(은둔형 외톨이)

ひきこもる는 '집에 틀어박히다'라는 뜻의 동사이고, 그렇게 '틀어박혀 있는 사람'은 ひきこもり, 줄여서 ヒッキー라고 합니다. 영화나 게임처럼 자신이 하고 싶은 것을 하기 위해 밖에 나가지 않고 오랜 기간 집에만 있었다는 의미에서 가볍게 ひきこもってた라고 말하는 경우도 많지만 일본에서는 전 연령층에 퍼져 있는 은둔형 외톨이가 여전히 심각한 사회문제가 되고 있습니다.

128 독서가 취미라고 얘기할 때

128.mp3

休(やす)みの日(ひ)、いつも何(なに)してるの?

大体(だいたい)、本(ほん)読(よ)んでる。

好(す)きな作家(さっか)とかいる?

強(し)いて言(い)うなら三浦(みうら)しをんかな。*

단어

休(やす)み 휴식, 휴일　大体(だいたい) 대개　本(ほん) 책　読(よ)む 읽다　作家(さっか) 작가
強(し)いて 굳이　言(い)う 말하다　三浦(みうら)しをん 미우라 시온(작가명)

표현 TIP

* 強(し)いて言(い)うなら 強(し)いて는 동사 強(し)いる(강요하다, 강제하다)에 て가 붙어 부사가 된 말로 '억지로, 무리하여, 굳이'라는 뜻입니다. 여기에 言(い)うなら가 붙어 적당한 표현이 생각나지 않지만 '굳이 말한다고 하면, 굳이 말하자면'이라는 뜻으로 쓰는 표현이에요. 強(し)いて言(い)えば라고도 합니다.

128 독서가 취미라고 얘기할 때

training 128.mp3

쉬는 날 보통 뭐 해?

거의 책 읽어.

좋아하는 작가 있어?

굳이 뽑자면 미우라 시온.

사요 꿀팁*

한국과 이런 점이 달라요! 일본 특유의 책 문화

한국과 일본의 문화 차이는 책(本[ほん])에서도 엿볼 수 있는데요. 한국 책은 가로읽기가 기본이지만 일본은 대부분 세로읽기입니다. 다 읽은 책은 중고서점에 파는 문화가 정착돼 있어서 책을 깨끗하게 보존하기 위해 북 커버를 씌우고, 文庫本[ぶんこぼん](문고본)이라는 A6 정도의 작고 가벼운 판형의 책이 있어 전철 안에서도 책을 읽는 사람이 많습니다. 또한 대형 중고서점인 BOOK · OFF에서는 책뿐만 아니라 게임(ゲーム)이나 CD, DVD 등도 팔고 있습니다.

129 수집이 취미인 친구에게

129.mp3

収集癖(しゅうしゅうへき)あるよね。

うん。気(き)に入(い)ったら集(あつ)めちゃうんだ。

最近(さいきん)、何(なに)集(あつ)めてるの？

最近(さいきん)はプラモにハマってる。*

단어

収集癖(しゅうしゅうへき) 수집벽　気(き)に入(い)る 마음에 들다　集(あつ)める 모으다
最近(さいきん) 최근　プラモ 프라모델　ハマる 빠지다

표현 TIP

* ハマる　はまる는 '꼭 맞다, 구멍에 빠지다, 속다'라는 뜻과 함께 '열중하다'라는 뜻이 있는데, 이때는 '(어떠한 일에) 열중하다'라는 긍정적인 의미와 '(나쁜 일에) 빠지다'라는 부정적인 의미 둘 다로 써요.

129 수집이 취미인 친구에게

training 129.mp3

수집벽 있지 않아?

응. 마음에 들면 모아.

요즘엔 뭐 모으고 있어?

최근엔 프라모델에 빠져 있어.

사요 꿀팁*

癖(くせ)(버릇)가 들어가는 다양한 표현들

'버릇'을 일본어로 癖(くせ)라고 하는데요. 어떤 버릇이 있는지 나타낼 때는 ○○癖(ぐせ)라는 표현을 주로 씁니다. 예를 들어 '손버릇'은 手癖(てぐせ), '술버릇'은 酒癖(さけぐせ), 해야 할 일을 하지 않고 '게으름을 피우는 버릇'은 なまけ癖(ぐせ), 일을 성실히 하지 않고 '쉬엄쉬엄 대충하는 버릇'인 さぼり癖(ぐせ) 등이 있습니다. 또한 '버릇이 생길 것 같다' 혹은 '너무 좋아서 빠질 것 같다'는 의미로 癖(くせ)になりそう라는 말을 쓰기도 합니다.

130 반려동물에 대해 이야기하며

130.mp3

はるな　ペット飼(か)ってる？

たける　猫(ねこ)飼(か)ってるよ。

はるな　猫(ねこ)いいな。

たける　うん。かわいくて超(ちょう)いやされるよ。*

단어

ペット 애완동물　飼(か)う 기르다　猫(ねこ) 고양이　いやされる 치유되다, 힐링되다

표현 TIP

* ～て超癒(ちょういや)される　～て癒(いや)されるは '～해서 힐링된다'는 뜻인데, 여기에 강조 표현 超(ちょう)(완전, 너무)가 붙어 '～해서 완전 힐링된다'는 뜻입니다.

130 반려동물에 대해 이야기하며

training 130.mp3

반려동물 길러?

고양이 길러.

고양이 좋겠다.

응. 귀여워서 완전 힐링돼.

사요 꿀팁*

일본 여성들은 かわいい(귀엽다)라는 표현을 좋아해요

일본 여성들은 かわいい(귀엽다)라는 표현을 정말 자주 씁니다. 사람이나 동물뿐만 아니라 물건이나 남자의 행동 등 대상을 가리지 않고 귀엽다고 생각한 것에는 뭐든지 かわいい라고 해요. 그래서 이 かわいい라는 표현은 상황에 따라 '사랑스럽다, 작다, 아기 같다' 등의 여러 의미로 해석할 수 있는데요. 특히 여성의 복장이나 머리 모양 등을 칭찬할 때의 かわいい는 한국어의 '귀엽다'라는 뜻과 '예쁘다'라는 뜻 모두에 해당되는 뉘앙스가 있습니다.

망각방지 장치 1

하루만 지나도 학습한 내용의 50%는 잊어버립니다. 여러분은 몇 퍼센트나 잊어버렸을까요? 5분 안에 20개를 말해 보세요.

				○	×	복습
01	어제 '코드 블루' 봤어?		見(み)た？	☐	☐	121
02	응. 안구 정화되지.	うん。	よね。	☐	☐	121
03	응! 완전 좋아해.	うん！	。	☐	☐	122
04	사실은 나도! 최애가 누구야?	実(じつ)は私(わたし)も！	？	☐	☐	122
05	영화 재미있었지.	映画(えいが)	ね。	☐	☐	123
06	계속 울었지?	ずっと	よね？	☐	☐	123
07	콘서트 갔다 왔더니 노래 부르고 싶어졌어.	ライブ行(い)ったら	。	☐	☐	124
08	좋아. 노래방에서 밤새자.	いいね。カラオケで	。	☐	☐	124
09	추천하는 영화 있어?		ある？	☐	☐	125
10	애니지만 영상미 장난 아니야!	アニメだけど	から！	☐	☐	125

정답 01 昨日(きのう)の『コードブルー』 02 目(め)の保養(ほよう)になる 03 大好(だいす)き 04 誰推(だれお)し
05 面白(おもしろ)かった 06 泣(な)いてた 07 歌(うた)いたくなってきた
08 オールしよう 09 オススメの映画(えいが) 10 映像美(えいぞうび)ハンパない

			O	X	복습
11	오늘 나온 열애설 봤어?	今日(きょう)の　　　　　　　見(み)た？	☐	☐	126
12	스피드 이혼한 지 얼마나 됐다고.	スピード　　　　　　　なのに。	☐	☐	126
13	집에 틀어박혀서 영화 봤어.	映画見(えいがみ)てたよ。	☐	☐	127
14	응, 내 유일한 낙인걸.	うん、私(わたし)の　　　　　　　だもん。	☐	☐	127
15	쉬는 날 보통 뭐 해?	休(やす)みの日(ひ)、　　　　　　　の？	☐	☐	128
16	거의 책 읽어.	大体(だいたい)、　　　　　　　。	☐	☐	128
17	수집벽 있지 않아?	あるよね。	☐	☐	129
18	응. 마음에 들면 모아.	うん。　　　　　　　集(あつ)めちゃうんだ。	☐	☐	129
19	고양이 길러.	よ。	☐	☐	130
20	응. 귀여워서 완전 힐링돼.	うん。かわいくて　　　　　　　よ。	☐	☐	130

정답 11 熱愛報道(ねつあいほうどう)　12 離婚(りこん)したばっか　13 家(いえ)にひきこもって　14 唯一(ゆいいつ)の楽(たの)しみ
15 いつも何(なに)してる　16 本読(ほんよ)んでる　17 収集癖(しゅうしゅうへき)　18 気(き)に入(い)ったら
19 猫飼(ねこか)ってる　20 超(ちょう)いやされる

덕질이 취미일 때

131.mp3

週末(しゅうまつ)何(なに)してた？

オタ活(かつ)してた。*

ジャニオタだっけ？*

うん。関(かん)ジャニ∞(エイト)のコンサート行(い)ってきた。

단어

週末(しゅうまつ) 주말　オタ活(かつ) 덕질　関(かん)ジャニ∞ 칸쟈니 에이트(일본 아이돌)
コンサート 콘서트　行(い)ってくる 다녀오다, 갔다 오다

표현 TIP

* オタ活(かつ)　オタクの活動(かつどう)をすること(오타쿠 활동을 하는 것). 오타쿠들이 자신이 좋아하는 아이돌의 콘서트나 악수회에 가는 등 활발하게 활동하는 것을 オタ活(かつ), 혹은 ヲタ活(かつ)라고 합니다.
* ジャニオタ　ジャニーズオタク의 줄임말로 연예기획사 쟈니스(ジャニーズ)에 소속된 남자 아이돌을 열정적으로 좋아하는 사람을 가리킵니다.

131 덕질이 취미일 때

training 131.mp3 

주말에 뭐 했어?

덕질했어.

쟈니스 덕후였나?

응. 칸쟈니 에이트(∞) 콘서트 갔다 왔어.

사요 꿀팁*

아이돌(アイドル)과 관련된 다양한 표현들

일본에서는 ハイタッチ会(하이터치회)나 握手会(악수회)처럼 가수(歌手)와 팬(ファン)이 실제로 만나는 이벤트를 많이 하는데요. 그때 친절하고 멋진 팬 서비스를 해주는 것을 神対応(성의를 다한 팬 서비스)라고 하고, 반대로 냉담하게 팬을 대하는 태도를 塩対応(성의 없는 팬 서비스)라고 합니다. 또한 멤버가 그룹을 탈퇴하는 것을 卒業(졸업)라고 하는데 지명도가 높은 아이돌의 졸업은 미디어에서 방송을 해주기도 해요.

132 취미에 대해 이야기하며

132.mp3

何(なに)かハマってる事(こと)ある？

ダーツと乗馬(じょうば)、それから料理(りょうり)かな。

えりかって多趣味(たしゅみ)だよな。*

見(み)るとやってみたくなるんだよね。

단어

ハマる 빠지다　事(こと) 일, 것　ダーツ 다트　乗馬(じょうば) 승마　それから 그리고
料理(りょうり) 요리　多趣味(たしゅみ) 취미가 많음　やる 하다

표현 TIP

* ～だよな '~이지?'라는 뜻으로 사실을 확인하거나 동의를 구하는 표현입니다. ～だよな는 주로 남성이 쓰고 여성은 ～だよね라고 해요. 그리고 今日休(きょうやす)みだよな(오늘 쉬는 날이지?)처럼 자기 생각이나 의견을 혼잣말하듯 뱉어낼 때도 쓰는데 이때는 남녀 모두 씁니다.

132 취미에 대해 이야기하며

training 132.mp3

빠져 있는 거 뭐 있어?

다트랑 승마, 그리고 요리 정도.

에리카는 취미가 많네.

보면 해보고 싶어져서.

사요 꿀팁*

취미(趣味)와 관련된 다양한 표현들

'취미'는 일본어로 趣味(しゅみ)라고 하는데, 사람에 따라서는 한 가지 취미에 집중하는가 하면 어떤 사람은 이것저것 다양한 취미를 즐기기도 합니다. 이처럼 취미가 많은 것을 多趣味(たしゅみ)라고 하고 반대로 취미가 없는 것은 無趣味(むしゅみ)라고 합니다. 그리고 저급하고 사람들이 싫어하는 것을 아무렇지 않게 하는 것을 悪趣味(あくしゅみ)(악취미)라고 합니다.

133 좋아하는 연예인이 꿈에 나왔을 때

133.mp3

まお

コンユが私(わたし)に会(あ)いに来(き)てくれたの！

みか

何(なに)その夢(ゆめ)みたいな話(はなし)。*

まお

昨日(きのう)の夜(よる)みた夢(ゆめ)の話(はなし)なんだけどね。*

みか

な～んだ。びっくりした。

단어

会(あ)う 만나다　来(く)る 오다　夢(ゆめ) 꿈　みたいだ ～것 같다　話(はなし) 이야기

昨日(きのう) 어제　夜(よる) 밤　びっくりする 놀라다

표현 TIP

* 夢(ゆめ)を見(み)る '꿈을 꾸다'라는 뜻인데, 자면서 꾸는 꿈 외에 미래에 대해 공상하거나 꿈 같은 상황에 맞닥뜨렸을 때도 씁니다.

133 좋아하는 연예인이 꿈에 나왔을 때

training 133.mp3

공유가 나 만나러 와줬어.

뭐야, 그 꿈 같은 얘기는.

어젯밤 꿈 얘기야.

뭐야. 깜짝 놀랐네.

사요 꿀팁*

꿈(夢(ゆめ))과 관련된 다양한 표현들

한국에서는 돼지꿈을 꾸면 금전운이 있어서 복권을 산다고 하죠? 한편 일본에서는 흰뱀을 보면 縁起(えんぎ)がいい(조짐이 좋다)라고 말합니다. 그리고 '새해 첫 꿈'을 初夢(はつゆめ)라고 하는데 어떤 初夢(はつゆめ)를 꾸느냐로 1년의 운을 점치기도 합니다. 특히 첫 꿈으로 꾸면 좋은 것에는 일본에서 제일 높은 산인 富士山(ふじさん)(후지산)과 鷹(たか)(매), ナス(가지)가 있습니다. 이 세 가지는 차례대로 나열하여 一富士二鷹三茄子(いちふじにたかさんなすび)라고 부릅니다.

134 요즘 드라마에 대해 이야기하며

134.mp3

最近(さいきん)、離婚(りこん)ドラマ多(おお)いよね。

うん。特(とく)に主婦層(しゅふそう)に人気(にんき)があるんだって。

何(なん)でこんなに人気(にんき)なんだろう。*

さあね。*

단어

離婚(りこん) 이혼　ドラマ 드라마　主婦(しゅふ) 주부　~層(そう) ~층　人気(にんき) 인기
こんなに 이렇게　さあ 글쎄, 자

표현 TIP

* 何(なん)でこんなに~なんだろう '왜 이렇게 ~인 거지?'라는 뜻으로 이유를 모르겠다고 할 때 쓰는 표현입니다.
* さあ 남에게 어떤 행동을 재촉할 때는 '자, 어서'라는 뜻으로, 놀라거나 다급할 때는 '아~'로, 또 확실한 대답을 회피할 때는 '글쎄'라는 뜻으로 다양하게 쓰입니다.

134 요즘 드라마에 대해 이야기하며

training 134.mp3

요즘 이혼 드라마 많지 않아?

응. 특히 주부층에 인기가 많대.

왜 이렇게 인기가 많지?

글쎄.

사요 꿀팁*

일본의 막장 드라마를 소개합니다

이혼(離婚)에 불륜(不倫), 최근에는 동성애(同性愛)를 다룬 드라마까지, 실제 상황이면 논란이 될 만한 내용의 드라마들이 인기리에 종영했습니다. 이혼을 다룬 드라마로는 「最高の離婚」(최고의 이혼), 불륜을 다룬 드라마로는 「昼顔」(메꽃)가 유명한데, 특히 「昼顔」는 불륜을 다룬 드라마임에도 불구하고 시청률이 높아 영화로까지 만들어졌습니다. 부부 관계나 남녀의 연애관에 대해서 생각하게 만드는 내용이 많아 인기가 많은 걸까요?

135 귀여운 강아지를 봤을 때

135.mp3

ワンちゃんだ! かわいい。

そうでしょ～。

「お座(すわ)り」できる?*

うん。あと、「お手(て)」もできるよ。*

단어

ワンちゃん 강아지　かわいい 귀엽다　座(すわ)る 앉다　できる 할 수 있다, 가능하다　あと 그리고　手(て) 손

표현 TIP

* お座(すわ)り/お手(て) '앉아' '손 줘'라는 뜻으로 보통 강아지를 훈련시킬 때 쓰는 표현이에요. 이 밖에도 강아지를 훈련시킬 때 쓰는 표현에는 おかわり(반대쪽 손), 待(ま)て(기다려) 등이 있습니다.

135 귀여운 강아지를 봤을 때

training 135.mp3

멍멍이다! 귀여워.

그치?

'앉아' 할 수 있어?

응. 그리고 '손 줘'도 할 수 있어.

사요 꿀팁*

개(犬)와 고양이(猫)를 부르는 다양한 표현들

한국에서 개(犬)를 멍멍이라고 부르는 것처럼 개(犬)나 고양이(猫)를 나타내는 일본어 표현도 여러 가지가 있습니다. 개를 귀엽게 부르는 표현에는 의성어 ワンワン(멍멍)과 귀여운 뉘앙스가 있는 ちゃん을 붙인 ワンちゃん과 わんこ가 있어요. 그리고 고양이(猫)를 귀엽게 부르는 표현에는 '야옹야옹'에서 가져온 ニャンニャン과 にゃんこ가 있습니다. 동물이므로 オス(수컷)와 メス(암컷)라는 표현을 써야 하지만 가족으로 여겨서인지 '수컷'은 男の子(남자애), '암컷'은 女の子(여자애)라고 부르는 경우도 많습니다.

136 외국 영화 종류를 고를 때

136.mp3

この映画(えいが)、吹(ふ)き替(か)えと字幕(じまく)2種類(にしゅるい)ある。

ほんとだ。どっちにする？*

私(わたし)、吹(ふ)き替(か)え嫌(きら)いなんだよね。

じゃ、字幕(じまく)にしよう。*

단어

吹(ふ)き替(か)え 더빙　字幕(じまく) 자막　種類(しゅるい) 종류　嫌(きら)いだ 싫어하다

표현 TIP

* どっちにする？ '어느 쪽으로 할래?'라는 뜻으로 둘 중에 하나를 선택하라는 질문입니다.
* じゃ、~にしよう '그럼 ~로 하자'라는 뜻으로 어떠한 결정을 내리고 선택한 결과를 나타냅니다.

136 외국 영화 종류를 고를 때

training 136.mp3

이 영화, 더빙이랑 자막 두 종류야.

진짜. 어느 쪽으로 할래?

나, 더빙 싫어하는데.

그럼, 자막으로 하자.

사요 꿀팁*

자막파(字幕派) VS 더빙파(吹き替え派)

일본에서 개봉하는 외국 영화는 보통 두 종류로 나오는데, 하나는 자막(字幕)이 붙은 영화이고 다른 하나는 일본어로 더빙(吹き替え)을 한 영화입니다. 어느 쪽을 볼지 친구끼리 논쟁하는 경우도 있어 영화를 볼 때 字幕派? 吹き替え派?(자막파? 더빙파?)라고 묻기도 하는데, 일본에서는 더빙파(吹き替え派)가 자막파(字幕派)보다 많다고 해요.

137 영화 개봉을 기다리며

137.mp3

映画(えいが)の公開(こうかい)、待(ま)ちきれないな。*

私(わたし)その映画(えいが)もう見(み)たよ。*

まだ公開(こうかい)してないのにどうやって?

試写会(ししゃかい)行(い)ったんだ。

단어

公開(こうかい) 공개, 개봉　待(ま)つ 기다리다　～きれない ～할 수 없다　もう 벌써, 이미　まだ 아직
どうやって 어떻게　試写会(ししゃかい) 시사회

표현 TIP

* 待(ま)ちきれない　～きれない는 '완전히 ~할 수 없다, 충분히 ~할 수 없다'는 불가능의 의미를 만드는 표현입니다.
* もう　'이미, 벌써'라는 뜻으로 행위나 사태가 어느 시점에서 이미 완료됐음을 나타냅니다.

137 영화 개봉을 기다리며

training 137.mp3

영화 개봉 못 기다리겠어.

나 그 영화 벌써 봤어.

아직 개봉 안 했는데 어떻게?

시사회 갔었어.

사요 꿀팁*

자주 쓰는 해외 영화의 캐치프레이즈(キャッチフレーズ)

일본에서는 외국에서 히트한 실적을 가지고 캐치프레이즈를 만들어 영화 홍보를 하는데요. 全米(ぜんべい)No.1(전미 No.1), 全米(ぜんべい)が泣(な)いた(미국 전체가 울었다), 全米(ぜんべい)で大(だい)ヒット(미국 전역에서 대히트) 등으로 全米(ぜんべい)(전미)라는 표현을 정말 많이 씁니다. 그 외에도 今年一番(ことしいちばん)の感動作(かんどうさく)(올해 최고의 감동작), アカデミー賞最有力候補(しょうさいゆうりょくこうほ)(아카데미상 최유력 후보) 등도 많이 쓰는 캐치프레이즈입니다.

138 개그맨에 대해 얘기할 때

138.mp3

このお笑(わら)い芸人(げいにん)、面白(おもしろ)すぎる。

誰(だれ)？

トレンディエンジェルの斎藤(さいとう)さん。

あ～、ハゲネタの人(ひと)ね。*

단어

お笑(わら)い芸人(げいにん) 개그맨　面白(おもしろ)い 재미있다　ハゲ 대머리

ネタ 이야깃거리, 기삿거리, 재료

표현 TIP

* ハゲネタ　ハゲ는 '대머리', ネタ는 '이야기, 이야깃거리, 재료'라는 뜻으로, ハゲネタ라고 하면 '대머리에 관한 (웃긴) 이야깃거리'라는 뜻입니다.

138 개그맨에 대해 얘기할 때

training 138.mp3

이 개그맨 너무 재미있어.

누구?

트렌디 엔젤의 사이토 씨.

아~, 대머리 얘기하는 사람 말이지.

사요 꿀팁*

일본 개그의 ボケ(보케)와 ツッコミ(쏫코미)

일본의 개그는 주로 ボケ(보케)와 ツッコミ(쏫코미)로 이루어져 있습니다.

- **보케**: 今からこの部屋で鬼ごっこしようよ。(지금부터 이 방에서 술래잡기하자.)
- **쏫코미**: なんでやねん。(뭐라는겨.)

이처럼 보케(ボケ)는 이야기 도중에 갑자기 틀린 말이나 이상한 말을 해서 웃기는 것이고, 쏫코미(ツッコミ)는 보케의 잘못을 지적하거나 주의를 주어 그 보케가 이상하고 웃기다는 것을 사람들이 알게 해주는 역할이에요

139 아침 드라마에 대해 얘기할 때

139.mp3

えみ

朝(あさ)ドラの視聴率(しちょうりつ)すごいね。*

ゆい

平均視聴率(へいきんしちょうりつ)20%でしょ？

えみ

うちのお母(かあ)さんいつも見(み)てるよ。*

ゆい

うちのお母(かあ)さんも。*

단어

朝(あさ)ドラ 아침 드라마　視聴率(しちょうりつ) 시청률　すごい 대단하다　平均(へいきん) 평균
うち 우리(동료, 조직, 단체 등)　お母(かあ)さん 어머니　いつも 언제나, 늘

표현 TIP

* 朝(あさ)ドラ　朝(あさ)ドラマ의 줄임말로 '아침 드라마'라는 뜻이에요.
* お母(かあ)さん　자신의 가족을 남에게 말할 때는 높이지 않고 母(はは)라고 말하는 것이 보통이지만 친구끼리 말할 때는 자신이 엄마를 부를 때 사용하는 호칭인 お母(かあ)さん을 쓰는 경우가 많습니다.

139 아침 드라마에 대해 얘기할 때

training 139.mp3

아침 드라마 시청률 대단하네.

평균 시청률이 20퍼센트라며?

우리 엄마 맨날 보잖아.

우리 엄마도.

사요 꿀팁*

일본의 아침 드라마(朝ドラ)

朝ドラ(아침 드라마)는 NHK에서 방영되고 있는 장기 TV드라마 시리즈로 월요일부터 금요일 아침 8시~8시 15분에 방영됩니다. 드라마의 내용은 한 시대를 살아가는 여성의 모습을 그리며, 드라마에 따라 오사카, 도쿄, 오키나와, 이와테, 홋카이도 등이 무대가 되기 때문에 그 지역의 방언으로 말하는 것이 특징입니다. 아침 드라마에 출연하여 유명해진 배우가 많은데요. 예를 들어 아야노 고(綾野剛), 마쓰오카 마유(松岡茉優), 아리무라 카스미(有村架純) 등이 아침 드라마를 통해 스타가 되었습니다.

140 좋아하는 드라마를 못 봤을 때

140.mp3

昨日(きのう)のドラマ忙(いそが)しくて見逃(みのが)しちゃった。

ネットで見(み)ればいいんじゃない?

ネットでドラマ見(み)れるの?*

うん。ドラマ見放題(みほうだい)のサイト教(おし)えてあげるよ。

단어

ドラマ 드라마　忙(いそが)しい 바쁘다　見逃(みのが)す 놓치다, 못 보다　ネット 인터넷
~んじゃない ~지 않아?　見放題(みほうだい) 마음껏 봄　サイト 사이트　教(おし)える 알려주다

표현 TIP

* ネット　インターネット의 줄임말로 '인터넷'이라는 뜻입니다.

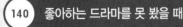

140 좋아하는 드라마를 못 봤을 때

training 140.mp3

바빠서 어제 드라마 못 봤어.

인터넷으로 보면 되잖아.

인터넷으로 드라마 볼 수 있어?

응. 드라마 무제한 사이트 알려줄게.

사요 꿀팁*

'무제한, 무한리필'을 뜻하는 ○○放題(ほうだい)

'무제한'을 일본어로 放題(ほうだい)라고 하는데요. 이것은 어떤 행동을 자기가 생각한 대로 마음껏 하는 것을 뜻합니다. 가령 뷔페처럼 음식을 무제한으로 먹는 것은 食(た)べ放題(ほうだい), 음료는 飲(の)み放題(ほうだい)라고 합니다. 그리고 전화를 무제한으로 걸 수 있는 것은 かけ放題(ほうだい)라고 하는데 이 말은 휴대폰 광고에서 흔히 볼 수 있어요. 또한 하고 싶은 말을 마음껏 하는 言(い)いたい放題(ほうだい), 하고 싶은 것을 마음껏 하는 したい放題(ほうだい) 등의 표현도 있습니다.

망각방지 장치 1

하루만 지나도 학습한 내용의 50%는 잊어버립니다. 여러분은 몇 퍼센트나 잊어버렸을까요? 5분 안에 20개를 말해 보세요.

			○	✕	복습
01	주말에 뭐 했어?	週末(しゅうまつ) ______ ?	☐	☐	131
02	덕질했어.	______ してた。	☐	☐	131
03	다트랑 승마, 그리고 요리 정도.	ダーツと乗馬(じょうば)、______ かな。	☐	☐	132
04	에리카는 취미가 많네.	えりかって ______ だよな。	☐	☐	132
05	뭐야, 그 꿈 같은 얘기는.	何(なに)その ______ 。	☐	☐	133
06	어젯밤 꿈 얘기야.	昨日(きのう)の夜(よる) ______ なんだけどね。	☐	☐	133
07	요즘 이혼 드라마 많지 않아?	最近(さいきん)、______ 多(おお)いよね。	☐	☐	134
08	특히 주부층에 인기가 많대.	特(とく)に主婦層(しゅふそう)に ______ んだって。	☐	☐	134
09	멍멍이다! 귀여워.	______ かわいい。	☐	☐	135
10	그리고 '손 줘'도 할 수 있어.	あと、______ よ。	☐	☐	135

정답 01 何(なに)してた 02 オタ活(かつ) 03 それから料理(りょうり) 04 多趣味(たしゅみ) 05 夢(ゆめ)みたいな話(はなし) 06 みた夢(ゆめ)の話(はなし) 07 離婚(りこん)ドラマ 08 人気(にんき)がある 09 ワンちゃんだ！ 10「お手(て)」もできる

			○	×	복습
11	이 영화, 더빙이랑 자막 두 종류야.	この映画(えいが)、____2種類(にしゅるい)ある。	☐	☐	136
12	진짜. 어느 쪽으로 할래?	ほんとだ。____?	☐	☐	136
13	영화 개봉 못 기다리겠어.	映画(えいが)の公開(こうかい)、____な。	☐	☐	137
14	시사회 갔었어.	____んだ。	☐	☐	137
15	이 개그맨 너무 재미있어.	このお笑(わら)い芸人(げいにん)、____。	☐	☐	138
16	대머리 얘기하는 사람 말이지.	____ね。	☐	☐	138
17	평균 시청률이 20퍼센트라며?	____20%でしょ?	☐	☐	139
18	우리 엄마 맨날 보잖아.	うちのお母(かあ)さん____。	☐	☐	139
19	바빠서 어제 드라마 못 봤어.	昨日(きのう)のドラマ忙(いそが)しくて____。	☐	☐	140
20	드라마 무제한 사이트 알려줄게.	ドラマ____教(おし)えてあげるよ。	☐	☐	140

정답 11 吹(ふ)き替(か)えと字幕(じまく) 12 どっちにする 13 待(ま)ちきれない 14 試写会(ししゃかい)行(い)った
15 面白(おもしろ)すぎる 16 ハゲネタの人(ひと) 17 平均視聴率(へいきんしちょうりつ) 18 いつも見(み)てる
19 見逃(みのが)しちゃった 20 見放題(みほうだい)のサイト

망각방지 장치 2

일주일이 지나면 학습한 내용의 70%를 잊어버립니다. 여러분은 몇 퍼센트나 기억하고 있을까요? 대화문으로 확인해 보세요.

061 영화에 빠져 있을 때

try 061.mp3

A 빠져 있는 거 뭐 있어? 132

B 最近は、映画鑑賞にハマってる。

A そうなんだ。추천하는 영화 있어? 125

B どういうジャンルの映画が好きなの？

A 強いて言うなら、アクション映画。

- ～にハマる ～에 빠지다　ジャンル 장르　強いて言うなら 굳이 말한다면　アクション 액션

062 영화 개봉을 기다리며

try 062.mp3

A 영화 개봉 못 기다리겠어. 137

B ね～！ 公開したら一緒に見に行こうよ。

A 나, 더빙 싫어하는데 136 大丈夫？

B 大丈夫。俺も字幕派だから。

- 公開 개봉　～に行こう ～하러 가자　大丈夫 괜찮음　字幕派 자막파

061

A　何かハマってる事ある？ 132

B　요즘은 영화감상에 빠져 있어.

A　그렇구나. オススメの映画ある？ 125

B　어떤 장르의 영화를 좋아해?

A　굳이 말하자면 액션 영화.

062

A　映画の公開、待ちきれないな。 137

B　그치. 개봉하면 같이 보러 가자.

A　私、吹き替え嫌いなんだけど 136 괜찮아?

B　괜찮아. 나도 자막파거든.

063 아침 드라마 시청률에 대해 얘기하며

try 063.mp3

A　아침 드라마 시청률 대단하네. 139

B　うん。すごい人気(にんき)だよね。

A　특히 주부층에 인기가 많대. 134

B　まあ、主婦(しゅふ)をターゲットにしてるからね。

- すごい 대단하다　人気(にんき) 인기　主婦(しゅふ) 주부　ターゲットにする 대상으로 하다

064 강아지에 대해 얘기하며

try 064.mp3

A　멍멍이다! 귀여워. 135

B　そうでしょ～。

A　강아지 좋겠다. 130 何犬(なにけん)？

B　柴犬(しばいぬ)だよ。

- 犬(いぬ) 개　柴犬(しばいぬ) 시바견

063

A　朝(あさ)ドラの視聴率(しちょうりつ)すごいね。[139]

B　응. 굉장한 인기지.

A　特(とく)に主婦層(しゅふそう)に人気(にんき)があるんだって。[134]

B　하긴 주부를 타깃으로 하니까.

064

A　ワンちゃんだ！ かわいい。[135]

B　그치?

A　犬(いぬ)いいな。[130] 견종이 뭐야?

B　시바견이야.

065 주말에 한 일에 대해 물으며

try 065.mp3

A　주말에 뭐 했어? [127]

B　一日中(いちにちじゅう)寝(ね)てた。ゆりは？

A　덕질했어. [131]

B　また関(かん)ジャニ∞(エイト)のコンサート？

A　当(あ)たり。

• 一日中(いちにちじゅう) 하루 종일　寝(ね)る 자다　また 또　当(あ)たり 맞음, 명중

066 못 본 드라마에 대해 얘기하며

try 066.mp3

A　바빠서 어제 드라마 못 봤어. [140]

B　昨日(きのう)、最終回(さいしゅうかい)だったのに。

A　そうだよね。おもしろかった？

B　おもしろかったし、감동했어. [123]

• 最終回(さいしゅうかい) 마지막회　おもしろい 재미있다

065

A 週末(しゅうまつ)何(なに)してた? 127

B 하루 종일 잤어. 유리는?

A オタ活(かつ)してた。 131

B 또 칸쟈니∞(에이트) 콘서트?

A 정답.

066

A 昨日(きのう)のドラマ忙(いそが)しくて見逃(みのが)しちゃった。 140

B 어제 마지막회였는데.

A 그러게. 재미있었어?

B 재미도 있었고 感動(かんどう)した。 123

067 콘서트를 다녀와서

try 067.mp3

A　ライブ楽(たの)しかったね。

B　うん。最高(さいこう)だった。

A　콘서트 갔다 왔더니 노래 부르고 싶어졌어.[124]

B　私(わたし)も。지금 노래방 갈래?[124]

A　いいね。

- ライブ 라이브 공연, 콘서트　楽(たの)しい 즐겁다　最高(さいこう) 최고

068 어제 한 일에 대해 물을 때

try 068.mp3

A　昨日(きのう)、何(なに)してた？

B　집에 틀어박혀서[127] 本(ほん)読(よ)んでた。

A　좋아하는 작가 있어?[128]

B　とくにいない。

- 本(ほん)を読(よ)む 책을 읽다　とくに 특별히, 딱히　いない 없다(사람 · 동물)

067

A 콘서트 즐거웠지.

B 응. 최고였어.

A ライブ行(い)ったら歌(うた)いたくなってきた。[124]

B 나도. 今(いま)からカラオケ行(い)く?[124]

A 좋아.

068

A 어제 뭐 했어?

B 家(いえ)にひきこもって、[127] 책 읽었어.

A 好(す)きな作家(さっか)とかいる?[128]

B 딱히 없어.

069 평소 하는 일에 대해 물을 때

try 069.mp3

A　쉬는 날 보통 뭐 해? 128

B　テニスかサーフィン、もしくは囲碁(いご)するかな。

A　에리카는 취미가 많네. 132

B　そうかな。

- テニス 테니스　サーフィン 서핑　もしくは 혹은, 그렇지 않으면　囲碁(いご) 바둑, 또는 바둑을 둠

070 반려동물을 자랑할 때

try 070.mp3

A　猫(ねこ)飼(か)ってるんだ！ かわいい。

B　そうでしょ～。猫(ねこ)だけど '앉아' 할 수 있어. 135

A　すごいね。猫(ねこ)いいな。私(わたし)も飼(か)いたいな。

B　응. 귀여워서 완전 힐링돼. 130

- 猫(ねこ) 고양이　飼(か)う 기르다　かわいい 귀엽다　すごい 대단하다

069

A　休(やす)みの日(ひ)、いつも何(なに)してるの？[128]

B　테니스나 서핑, 아니면 바둑을 둬.

A　えりかって多趣味(たしゅみ)だよね。[132]

B　그런가.

070

A　고양이 키우는구나! 귀여워.

B　그치~. 고양이지만「お座(すわ)り」できるよ。[135]

A　대단하네. 고양이 부럽다. 나도 키우고 싶다.

B　うん。かわいくて超(ちょう)いやされるよ。[130]

Part 08

네이티브가 매일 주고받는

다이어트 & 운동 & 건강

대화 20

Part 08 전체 듣기

건강을 위해 시작하는 다이어트. 굶는 다이어트파 vs 운동파, 여러분은 어느 파세요?
'요가 시작했어, 요요 오기 쉽대, 근육 탄탄하네, 다이어트는 내일부터야, 그렇게 하다가는 죽어, 쉽게 살 빼는 방법 없을까?, 살 빠진 것 같아, 많이 먹는데 살은 안 쪄, 몸치야, 잘하는 운동이 뭐야?' 등등
다이어트&운동&건강과 관련해 주고받는 다양한 대화를 익혀 보세요.

141 요가를 시작했을 때

141.mp3

今月(こんげつ)からヨガはじめたの。

体調(たいちょう)どう？*

いいよ。肩(かた)こりとれたし。

へ～、私(わたし)もやってみようかな。

단어

今月(こんげつ) 이번 달　ヨガ 요가　はじめる 시작하다　体調(たいちょう) 몸 상태
肩(かた)こり 어깨 결림　とれる 없어지다, 가시다　やる 하다

표현 TIP

* 体調(たいちょう)どう？ 体調(たいちょう)는 '몸 상태'라는 뜻으로 コンディション(컨디션)과 같은 뜻입니다. 이 말은 몸 상태가 어떤지 물어볼 때 쓰는데, 컨디션이 좋으면 体調(たいちょう)がいい라고 하고, 나쁘면 体調(たいちょう)が悪(わる)い라고 합니다.

141 요가를 시작했을 때

training 141.mp3

이달부터 요가 시작했어.

몸은 어때?

좋아. 어깨 결림이 없어졌어.

오~, 나도 해볼까?

사요 꿀팁*

일본에도 요가를 배우는 사람들이 많아요

일본 요가의 역사는 헤이안시대로 거슬러 올라갑니다. 원래는 瑜伽(ゆが)라 불리던 명상이 중심이었다고 해요. 한때는 쇠퇴할 뻔했지만 미국의 모델과 배우들이 몸 관리를 위해 요가를 하던 것이 이슈가 되며 일본에서도 요가 붐이 일었습니다. 전국에 요가 강습도 많고 그 종류도 다양한데, 사우나 같은 뜨거운 환경에서 하는 ホットヨガ(핫 요가), 岩盤(がんばん)ヨガ(암반 요가), 콜라겐 영양제 램프를 켠 방에서 하는 コラーゲンヨガ(콜라겐 요가)도 있습니다.

142 굶는 다이어트를 할 때

142.mp3

夕食(ゆうしょく)抜(ぬ)きダイエットしてるんだ。*

それリバウンドしやすいらしいよ。

そうなの？

朝昼晩(あさひるばん)きちんと食(た)べた方(ほう)がいいよ。*

단어

夕食(ゆうしょく) 저녁밥　抜(ぬ)き ~없이, ~거름　ダイエット 다이어트　リバウンド 요요 현상
朝昼晩(あさひるばん) 아침, 점심, 저녁　きちんと 정확히

표현 TIP

* ~抜(ぬ)き '빼다, 제외하다'라는 뜻으로 朝食抜(ちょうしょくぬ)き(아침식사를 거르다)와 같이 특정한 단어와 함께 자주 써요.
* ~た方(ほう)がいい 동사 た형에 方(ほう)がいい를 붙이면 '~하는 편이 좋다'라는 뜻입니다.

142 굶는 다이어트를 할 때

training 142.mp3

저녁 안 먹는 다이어트 하고 있어.

그거 요요 오기 쉽대.

그래?

아침, 점심, 저녁 제대로 먹는 게 좋아.

사요 꿀팁*

일본 사람은 삼시 세끼 뭘 먹을까?

일본에서는 하루 세끼가 기본이고 각각 '아침식사'는 朝食/朝ごはん, '점심식사'는 昼食/昼ごはん, '저녁식사'는 夕食/晩ごはん이라고 합니다. 아침으로는 흔히 밥(ごはん)과 된장국(みそ汁), 낫토(納豆), 생선구이(焼き魚)를 먹는데 밥이 아니라 빵(パン)을 먹는 사람도 많아요. 점심은 お弁当(도시락)를 싸 와서 먹는 사람도 있고 식당에 가서 런치 메뉴를 먹는 사람도 있습니다. 그리고 저녁은 肉じゃが(고기 감자조림)나 サバの味噌煮(일본식 고등어조림), 唐揚げ(닭튀김) 등 집집마다 다양한 메뉴가 있습니다.

143 아파 보이는 사람에게

143.mp3

顔色(かおいろ)悪(わる)いよ。*

なんかお腹(なか)痛(いた)くて。

早退(そうたい)した方(ほう)がいいんじゃない?

うん。課長(かちょう)に話(はな)してくる。

단어

顔色(かおいろ) 안색　悪(わる)い 나쁘다　お腹(なか) 배　痛(いた)い 아프다　早退(そうたい) 조퇴
課長(かちょう) 과장　話(はな)す 말하다

표현 TIP

* 顔色(かおいろ)が悪(わる)い　顔色(かおいろ)는 '안색, 얼굴빛'이라는 뜻인데 顔色(かおいろ)が悪(わる)い라고 하면 말 그대로 '안색이 좋지 않다'는 뜻이 됩니다. 몸 상태가 나쁘거나 얼굴이 새파랗게 질렸을 때 씁니다.

143 아파 보이는 사람에게

training 143.mp3

안색이 안 좋아.

배가 좀 아파서.

조퇴하는 게 낫지 않아?

응. 과장님한테 말하고 올게.

사요 꿀팁*

몸이 아플 때 쓰는 다양한 표현들

몸 어딘가가 아플 때는 '신체 부위+痛い' 형태로 말하면 되는데요. '머리가 아플 때'는 頭が痛い 또는 頭痛(두통)라고 하고, '배가 아플 때'는 お腹が痛い / 腹痛(복통), '이가 아플 때'는 歯が痛い / 歯痛(치통)라고 합니다. 그리고 통증을 잊게 하는 '진통제'는 鎮痛剤 / 痛み止めの薬라고 하는데, 통증이 심해지면 병원에 가야겠지만 일본에서는 감기에 걸려도 약국에서 파는 痛み止めの薬나 風邪薬(감기약)를 사 먹는 경우가 대부분입니다.

144 반사신경이 좋은 사람에게

144.mp3

昔(むかし)何(なに)か運動(うんどう)やってた？

うん。ボクシングやってた。

やっぱり。反射神経(はんしゃしんけい)いいもん。*

だいぶ鈍(なま)ったけどね。

단어

昔(むかし) 옛날　運動(うんどう) 운동　やる 하다　ボクシング 복싱　やっぱり 역시
反射神経(はんしゃしんけい) 반사신경　だいぶ 꽤　鈍(なま)る 둔해지다, 무뎌지다

표현 TIP

* いいもん もん은 '~거든, ~인걸'이라는 뜻으로 조금 유치하고 귀여운 느낌의 말입니다. 주로 여자나 어린아이들이 쓰지만 남자들도 씁니다.

144 반사신경이 좋은 사람에게

training 144.mp3

예전에 무슨 운동했었어?

응. 복싱했었어.

어쩐지. 반사신경이 좋다 했어.

꽤 둔해졌는데.

사요 꿀팁*

일본 학교의 동아리 활동(部活)

일본 학교의 동아리 활동(部活)은 크게 두 가지가 있는데 하나는 운동부(運動部)이고 다른 하나는 문화부(文化部)입니다. 운동부(運動部)에는 야구부(野球部), 축구부(サッカー部), 유도부(柔道部), 복싱부(ボクシング部) 등이 있고, 문화부(文化部)에는 미술부(美術部), 연극부(演劇部), 취주악부(吹奏楽部), 영화부(映画部), 신문부(新聞部) 등 운동부 이상으로 많은 종류의 동아리가 있어요. 部活를 통해 자신의 재능을 발전시키고 장래희망을 정하는 경우도 많고, 취미가 같은 사람이 모이기 때문에 친구도 사귀기 쉽고 선후배 관계도 배우게 됩니다.

145 근육이 탄탄한 사람에게

145.mp3

筋肉(きんにく)ムキムキだな。*

毎日(まいにち)筋(きん)トレやってるから。

1日(いちにち)何時間(なんじかん)くらいやってるの？

2時間(にじかん)くらいかな。

단어

筋肉(きんにく) 근육　ムキムキ 근육이 탄탄한 모양　毎日(まいにち) 매일　筋(きん)トレ 근력 운동
1日(いちにち) 하루　何時間(なんじかん) 몇 시간　くらい 정도

표현 TIP

* 筋肉(きんにく)ムキムキだな　ムキムキ는 근육이 울끈불끈 불거져 나온 모습을 나타내는 말로 근육이 탄탄한 사람을 봤을 때 이렇게 말합니다.

145 근육이 탄탄한 사람에게

training 145.mp3

근육이 탄탄하네.

매일 웨이트 하고 있거든.

하루에 몇 시간 정도 해?

두 시간 정도.

사요 꿀팁*

근육(筋肉(きんにく))과 관련된 다양한 표현들

'웨이트 트레이닝'을 일본어로 筋(きん)トレ라고 하는데 이 말은 筋肉(きんにく)トレーニング의 줄임말입니다. 일반적으로 남성스럽고 근육미를 자랑하는 남자를 マッチョ라고 하고, 말랐지만 근육이 적당하게 있는 몸을 細(ほそ)マッチョ라고 합니다. '식스팩'은 일본어로 シックスパック라고 하고 식스팩이 있는 사람을 봤을 때는 腹筋割(ふっきんわ)れてる라고 합니다.

146 말로만 다이어트 하는 사람에게

146.mp3

チキン食(た)べに行(い)かない?*

ダイエットするって言(い)ってなかったっけ?

ダイエットは明日(あした)から。

いつもそんなこと言(い)ってるよね。

단어

チキン 치킨　食(た)べる 먹다　ダイエットする 다이어트하다　言(い)う 말하다　明日(あした) 내일
いつも 언제나, 항상

표현 TIP

* ～に行(い)かない? '～하러 안 갈래?'라는 뜻으로 부정 표현을 써서 공손하게 권유하는 표현입니다. に 앞에는 동사의 ます형이 와서 '～하러'라는 목적을 나타내요.

146 말로만 다이어트 하는 사람에게

training 146.mp3 

치킨 먹으러 안 갈래?

다이어트 한다고 안 했어?

다이어트는 내일부터야.

맨날 그렇게 말하는 것 같은데.

사요 꿀팁*

일본에서 치킨(チキン) 하면 떠오르는 것은?

일본에서 '치킨(チキン)' 하면 떠오르는 것은 KFC입니다. 이는 일본의 KFC가 '치킨=KFC'라는 이미지를 만드는 데 큰 역할을 했기 때문인데요. 일본에서는 크리스마스에 KFC 치킨을 먹는 집이 많습니다. 그리고 KFC를 KFC라 부르지 않고 ケンタッキー・フライド・チキン 혹은 ケンタッキー, 줄여서 ケンタ라고 말합니다. 그 외에 치킨이라고 하면 편의점에서 파는 치킨이나 닭튀김(唐揚げ(からあ)) 등이 있습니다.

다이어트 중에 식사 제안을 거절할 때

147.mp3

ケーキバイキング行(い)かない？*

ダイエット中(ちゅう)だからやめておく。

何(なん)で？ 痩(や)せてるのに。

痩(や)せて見(み)えるだけだから。

단어

ケーキ 케이크　バイキング 뷔페　やめる 그만두다　痩(や)せる 살이 빠지다　見(み)える 보이다　だけ ~뿐, ~만

표현 TIP

* **～バイキング** バイキング는 バイキング料理(りょうり)의 줄임말로 '뷔페'라는 뜻입니다. 영어 Viking과는 다른 뜻을 가진 일본식 영어예요.

147 다이어트 중에 식사 제안을 거절할 때

training 147.mp3 

케이크 뷔페 안 갈래?

다이어트 중이라서 관둘래.

왜? 날씬한데.

날씬해 보이는 것뿐이야.

사요 꿀팁*

디저트와 관련된 일본식 영어 표현들

일본어에는 영어인 듯 영어 아닌 일본식 영어가 정말 많아요. 다이어트의 천적인 スイーツ(단것)에도 일본식 영어가 많은데요. 먼저 シュークリーム(슈크림)은 프랑스어 chou[ʃu]와 영어 cream이 합쳐진 말로 영어로는 cream puff라고 합니다. 그리고 ホットケーキ(핫케이크)와 ソフトクリーム(소프트크림)도 일본식 영어인데 영어로는 '핫케이크'는 pan cake, '소프트크림'은 soft icecream이라고 합니다.

148 구체적인 다이어트 방법을 물을 때

148.mp3

今IUダイエットやってるの。

聞いたことあるけど、具体的に何するの？

水を一日に3リットルだけ飲むの。*

そんなことしたら死ぬでしょ！

단어

聞(き)く 듣다　具体的(ぐたいてき) 구체적　水(みず) 물　一日(いちにち) 하루　リットル 리터(ℓ)
飲(の)む 마시다　死(し)ぬ 죽다

표현 TIP

* 一日(いちにち) 一日는 뜻에 따라 いちにち라고 읽거나 ついたち라고 읽습니다. '하루'라는 의미일 때는 いちにち, 매월의 첫날, 즉 '1일'이라는 뜻일 때는 ついたち라고 읽어요.

구체적인 다이어트 방법을 물을 때

training 148.mp3

지금 아이유 다이어트 하고 있어.

들어본 적 있는데, 구체적으로 뭘 하는 거야?

물을 하루에 3리터만 마시는 거야.

그렇게 하다가는 죽을걸!

사요 꿀팁*

일본에서 유행한 다이어트(ダイエット) 방법들

다이어트(ダイエット)에는 정말 많은 종류가 있지요. 과거 일본에서 유행했던 역대 다이어트를 봐도 정말 다양한데요. 예를 들어 사과를 먹고 살을 빼는 リンゴダイエット(사과 다이어트), こんにゃくダイエット(곤약 다이어트), 唐辛子(とうがらし)ダイエット(고추 다이어트), チョコレートダイエット(초콜릿 다이어트) 등이 있었습니다.

149 운동량을 과장해서 말할 때

149.mp3

今日ジム行ったの？

うん！ 腹筋200回してエアロビした。

話盛ってない？

本当は腹筋2回してエアロビ見てた。*

단어

今日(きょう) 오늘　ジム 헬스장　腹筋(ふっきん) 복근　エアロビ 에어로빅　話(はなし) 이야기
盛(も)る 많이 담다　本当(ほんとう) 사실, 정말

표현 TIP

* ～して～た '～하고 ～했다'라는 뜻으로 동작을 나열할 때 쓰는 표현입니다.

149 운동량을 과장해서 말할 때

training 149.mp3

오늘 헬스장 갔어?

응! 복근 200번 하고 에어로빅 했어.

과장한 거 아니야?

사실은 복근 두 번 하고 에어로빅 봤어.

사요 꿀팁*

이야기(話(はなし))를 그릇에 수북히 담으면(盛(も)る) 무슨 뜻?

盛(も)る는 茶碗(ちゃわん)にご飯(はん)を盛(も)る(밥그릇에 밥을 담다)처럼 뭔가를 산처럼 쌓아 올리거나 담는 것을 의미하는데 요즘은 '과장하다'라는 뜻으로 사용하는 경우가 많습니다. 가령 話(はなし)を盛(も)る라고 하면 과장하여 말하는 것을 의미하고, 머리를 볼륨 있게 세팅하거나 진한 화장을 하는 것도 盛(も)る로 표현합니다.

150 다이어트 방법을 추천하며

150.mp3

さとみ 簡単(かんたん)に痩(や)せれる方法(ほうほう)ないかな。*

あおい 水(みず)ダイエットはどう？

さとみ 水(みず)飲(の)むだけでいいの？

あおい うん。デトックス効果(こうか)で痩(や)せるんだって。

단어

簡単(かんたん) 간단함　痩(や)せる 살이 빠지다　方法(ほうほう) 방법　水(みず) 물　デトックス 디톡스　効果(こうか) 효과

표현 TIP

* 痩(や)せる '여위다, 살이 빠지다'라는 뜻이며 반대말은 ふとる・肥(こ)える(살찌다)입니다.

150 다이어트 방법을 추천하며

training 150.mp3

쉽게 살 뺄 수 있는 방법 없을까?

물 다이어트는 어때?

물만 마시면 돼?

응. 디톡스 효과로 살 빠진대.

사요 꿀팁*

'날씬하네'라고 말하고 싶다면?

주로 여자들 사이에서 날씬한 친구를 보고 "너 날씬하다."라고 말할 때는 細(ほそ)い라고 해요. 그냥 細(ほそ)いね(날씬하네)라고 말하기도 하고 특정 부위를 가리키면서 足細(あしほそ)い(다리 얇다)라고 말하기도 합니다. 단순히 '살이 빠지다'라는 의미로 쓸 때는 痩(や)せる라는 표현을 써서 痩(や)せたね(날씬해졌네)라고 말합니다.

망각방지 장치 1

하루만 지나도 학습한 내용의 50%는 잊어버립니다. 여러분은 몇 퍼센트나 잊어버렸을까요? 5분 안에 20개를 말해 보세요.

			○	✕	복습
01	이달부터 요가 시작했어.	今月(こんげつ)から　　　　の。	☐	☐	141
02	몸은 어때?	？	☐	☐	141
03	그거 요요 오기 쉽대.	それ　　　　らしいよ。	☐	☐	142
04	아침, 점심, 저녁 제대로 먹는 게 좋아.	朝昼晩(あさひるばん)　　　　よ。	☐	☐	142
05	안색이 안 좋아.	よ。	☐	☐	143
06	조퇴하는 게 낫지 않아?	んじゃない？	☐	☐	143
07	어쩐지. 반사신경이 좋다 했어.	やっぱり。　　　　もん。	☐	☐	144
08	꽤 둔해졌는데.	だいぶ　　　　けどね。	☐	☐	144
09	근육이 탄탄하네.	だな。	☐	☐	145
10	매일 웨이트 하고 있거든.	毎日(まいにち)　　　　から。	☐	☐	145

정답 01 ヨガはじめた　02 体調(たいちょう)どう　03 リバウンドしやすい
04 きちんと食(た)べた方(ほう)がいい　05 顔色悪(かおいろわる)い　06 早退(そうたい)した方(ほう)がいい
07 反射神経(はんしゃしんけい)いい　08 鈍(なま)った　09 筋肉(きんにく)ムキムキ　10 筋(きん)トレやってる

			○	×	복습
11	다이어트는 내일부터야.	ダイエットは ＿＿＿＿＿＿。	☐	☐	146
12	맨날 그렇게 말하는 것 같은데.	いつも ＿＿＿＿＿＿ よね。	☐	☐	146
13	케이크 뷔페 안 갈래?	＿＿＿＿＿＿ 行(い)かない？	☐	☐	147
14	날씬해 보이는 것뿐이야.	＿＿＿＿＿＿ だけだから。	☐	☐	147
15	들어본 적 있는데, 구체적으로 뭘 하는 거야?	＿＿＿＿＿＿ けど、具体的(ぐたいてき)に何(なに)するの？	☐	☐	148
16	그렇게 하다가는 죽을걸!	＿＿＿＿＿＿ 死(し)ぬでしょ！	☐	☐	148
17	과장한 거 아니야?	＿＿＿＿＿＿？	☐	☐	149
18	사실은 복근 두 번 하고 에어로빅 봤어.	本当(ほんとう)は腹筋(ふっきん)2回(にかい)して ＿＿＿＿＿＿。	☐	☐	149
19	쉽게 살 뺄 수 있는 방법 없을까?	簡単(かんたん)に ＿＿＿＿＿＿ ないかな。	☐	☐	150
20	디톡스 효과로 살 빠진대.	デトックス効果(こうか)で ＿＿＿＿＿＿。	☐	☐	150

정답 11 明日(あした)から 12 そんなこと言(い)ってる 13 ケーキバイキング 14 痩(や)せて見(み)える 15 聞(き)いたことある 16 そんなことしたら 17 話盛(はなしも)ってない 18 エアロビ見(み)てた 19 痩(や)せれる方法(ほうほう) 20 痩(や)せるんだって

151 하체에 살이 쪘을 때

151.mp3

最近(さいきん)太(ふと)りすぎちゃって。

どのへんが？

下半身(かはんしん)。

下半身(かはんしん)って脂肪(しぼう)つきやすいからね。*

단어

最近(さいきん) 최근, 요즘　太(ふと)る 살찌다　へん 부근, 언저리　下半身(かはんしん) 하반신
脂肪(しぼう) 지방　つく 붙다, 살이 오르다

표현 TIP

* 脂肪(しぼう)(が)つきやすい　～がつく는 '～이 붙다'라는 뜻으로 脂肪(しぼう)がつく라고 하면 '지방이 붙다'라는 뜻이 돼요. 여기에 '～하기 쉽다'라는 뜻의 ～やすい가 붙으면 '지방이 붙기 쉽다, 지방이 잘 붙는다'는 뜻이 됩니다.

151 하체에 살이 쪘을 때

training 151.mp3

요즘 너무 살쪘어.

어디가?

하체.

하체는 지방이 잘 붙으니까.

사요 꿀팁*

신체 부위가 들어간 다양한 일본어 표현들

일상생활에서 자주 쓰는 표현 중에는 신체 부위를 이용한 표현들이 많습니다.

- **頭**(あたま)(머리) : 頭(あたま)が上(あ)がらない(대등하게 맞설 수 없다, 거역할 수 없다)
- **首**(くび)(목) : 首(くび)をつっこむ(깊이 관여하다)
- **肩**(かた)(어깨) : 肩(かた)を持(も)つ(편들다, 지지하다)
- **腕**(うで)(팔) : 腕(うで)をふるう(능력이나 솜씨를 발휘하다)

152 건강을 잘 챙기는 사람에 대해 말할 때

152.mp3

松本(まつもと)さんって健康(けんこう)オタクだよね。

うん。お昼(ひる)、玄米(げんまい)おにぎりだったし。

だからなのか肌(はだ)きれいだよね。

うちらも見習(みなら)わなくちゃ。*

단어

健康(けんこう) 건강　オタク 어떤 분야에 열중하거나 집착하는 사람　お昼(ひる) 점심
玄米(げんまい) 현미　おにぎり 주먹밥　肌(はだ) 피부　見習(みなら)う 본받다

표현 TIP

* 見習(みなら)わなくちゃ　～なくちゃ는 ～なくては의 줄임말로 '～하지 않으면(안 된다), ～해야 한다'라는 의무를 나타내요.

152 건강을 잘 챙기는 사람에 대해 말할 때

training 152.mp3

하루: 마쓰모토 씨는 건강 덕후지.

사나: 응. 점심은 현미 주먹밥이었고.

하루: 그래서 그런지 피부 깨끗하더라.

사나: 우리도 배워야돼.

사요 꿀팁*

긍정적 뉘앙스로 쓰이는 オタク(덕후)

オタク는 원래 만화(マンガ)나 애니메이션(アニメ)에 열광하는 폐쇄적인 마니아를 의미하는 말로 부정적인 이미지가 강했는데요. 해외에서 일본 만화나 애니메이션을 높게 평가하면서 オタク라는 말이 일반화되었고, 더 나아가 그 취미에 관한 지식이 풍부한 사람이라는 긍정적인 뉘앙스도 가지게 되었습니다. 예를 들어 건강 지식이 풍부하며 건강을 유지하는 것에 열중하는 사람은 健康(けんこう)オタク(건강 덕후), 축구에 대한 지식이 풍부한 사람은 サッカーオタク(축구 덕후), 영화에 대해서 잘 아는 사람은 映画(えいが)オタク(영화 덕후)라고 합니다.

153 잠을 잘못 잘 때

153.mp3

どうしたの？ ボーっとして。

体(からだ)がだるくて…。

ちゃんと寝(ね)れてる？*

実(じつ)は不眠症(ふみんしょう)なんだよね。*

단어

ぼうっとする 정신 나가다, 넋을 잃다　体(からだ) 몸　だるい 나른하다　ちゃんと 정확히, 제대로
寝(ね)る 자다　実(じつ)は 사실은　不眠症(ふみんしょう) 불면증

표현 TIP

* ちゃんと～てる？ 상대방에게 '제대로(잘) ~하고 있어?'라고 확인하는 의미이며, ちゃんと는 빈틈없고 확실하며 실수가 없는 모습, 결과가 충분한 모습 등을 나타냅니다.
* 実(じつ)は '사실은, 솔직히 말하면'이라는 뜻으로 사실을 숨기지 않고 솔직히 말하겠다는 의미로 쓰는 표현입니다.

153 잠을 잘 못 잘 때

training 153.mp3

왜 멍때리고 있어?

몸이 피곤해서….

잠은 잘 자는 거야?

실은 불면증이야.

사요 꿀팁*

잠이 안 올 때는 양(ひつじ)을 센다?

일본에서는 옛날부터 잠이 안 올 때 양을 세는 습관이 있습니다. 이것은 원래 영국에서 시작되었는데 양(羊)을 의미하는 영어 sheep이 sleep(자다)과 철자가 비슷하여 뇌에 자라고 말하는 것으로 착각하여 잠이 오게 된다고 합니다. 일본어로 양을 셀 때는 羊が一匹, 羊が二匹…라고 하는데, 일본어의 羊(양)와 寝る(자다)는 전혀 다르게 생긴 말이어서 효과가 있을지는 모르겠네요.

154 살이 빠진 친구에게

154.mp3

あれ？ 何(なん)か痩(や)せた？*

うん、1(いっ)カ月(げつ)で4(よん)キロ痩(や)せた。

どんなダイエットしたの？

ジムで運動(うんどう)しただけだよ。

단어

痩(や)せる 여위다, 살이 빠지다　1(いっ)カ月(げつ) 1개월, 한 달　キロ 킬로(kg)　どんな 어떤
ジム 헬스장　運動(うんどう) 운동

표현 TIP

* あれ？ 놀라거나 의외라고 여길 때 내는 감탄사예요.

154 살이 빠진 친구에게

training 154.mp3

어? 살 빠진 것 같은데?

응. 한 달 만에 4킬로 빠졌어.

어떤 다이어트 했는데?

그냥 헬스장 좀 다녔어.

사요 꿀팁*

한국인이 틀리기 쉬운 일본어 '헬스'

'헬스'를 일본어로도 ヘルス(헬스)일 거라고 생각해서 ヘルスに通(かよ)ってる(헬스 다니고 있어)라고 말하면 큰 오해를 살 수 있습니다. ヘルス는 일본어로 '유흥업소'를 의미하기 때문인데요. 그렇다면 '헬스장' '헬스클럽'은 일본어로 뭐라고 할까요? 일반적으로는 ジム라고 하는데 그 외에 スポーツジム(스포츠짐), スポーツクラブ(스포츠클럽), フィットネスクラブ(피트니스클럽)라고도 합니다.

155 먹어도 살 안 찌는 사람이 부러울 때

155.mp3

まさる君(くん)って大食(おおぐ)いだよね。

大食(おおぐ)いだけど太(ふと)らないよね。

太(ふと)れない体質(たいしつ)らしいよ。

うらやましい!*

단어

大食(おおぐ)い 많이 먹음, 대식가 太(ふと)る 살찌다 体質(たいしつ) 체질 うらやましい 부럽다

표현 TIP

* うらやましい '부럽다'는 뜻으로 다른 사람의 능력이나 상태를 보고 자신도 그렇게 되고 싶다고 생각하거나 샘이 날 때 쓰는 표현이에요. 동사 うらやむ(부러워하다, 샘하다, 선망하다)에서 온 형용사입니다.

155 먹어도 살 안 찌는 사람이 부러울 때

training 155.mp3 

마사루는 대식가지.

대식가지만 살은 안 찌지?

살이 잘 안 붙는 체질이래.

부러워!

사요 꿀팁*

먹는 것과 관련된 표현들 ○○食い

먹는 것과 관련해 ○○食い 꼴로 쓰이는 다양한 표현들이 있습니다. '많이 먹는 것, 많이 먹는 사람'을 뜻하는 大食い 외에 '빨리 먹는 것'은 早食い, '군것질'은 買い食い라고 하는데요. 또 그릇을 들고 먹는 것이 식사 예절인 일본에서는 고개를 숙이고 먹는 것은 버릇이 없다고 여겨 이를 犬(개)에 빗대 犬食い라고 합니다

156 음식을 빨리 먹는 사람에게

156.mp3

もっとゆっくり噛(か)んで食(た)べなよ。*

職業柄(しょくぎょうがら)、早食(はやぐ)いになっちゃうんだよね。

早食(はやぐ)いはデブの元(もと)だよ。

そうなの？ 気(き)をつけるわ。

단어

もっと 더, 한층 ゆっくり 천천히 噛(か)む 깨물다, 씹다 職業(しょくぎょう) 직업 柄(がら) ~상(성질 · 상태를 나타내는 말) 早食(はやぐ)い 빨리 먹음 デブ 뚱뚱함 元(もと) 근원 気(き)をつける 주의하다

표현 TIP

* 食(た)べなよ 食(た)べるな(먹지 마)처럼 동사의 기본형에 な가 붙으면 '~하지 말라'는 금지의 뜻이 되고, 食(た)べな(먹어)처럼 동사의 ます형에 な가 붙으면 '~해'라는 가벼운 명령을 나타내요.

156 음식을 빨리 먹는 사람에게

training 156.mp3

좀 천천히 씹어 먹어.

직업상 빨리 먹게 돼.

빨리 먹는 건 비만의 원인이야.

그래? 신경 써야겠다.

사요 꿀팁*

'뚱뚱해도' 기분 좋은 표현들

일본에서는 뚱뚱한 사람을 デブ 혹은 ブタ라고 하는데요. 이런 표현들은 부정적인 뉘앙스가 있기 때문에 조심해야 합니다. 대신 ふくよか(폭신하고 부드러운 모양), ぽっちゃり(통통하고 귀여운 모양)라는 귀엽고 사랑스러운 표현을 써보세요. 그 외에도 体格がいい(체격이 좋다), 貫禄がある(관록이 있다), 存在感がある(존재감이 있다) 등 칭찬으로 쓸 수 있는 표현도 있습니다.

157 근육질의 남자가 이상형일 때

157.mp3

やっぱ男性(だんせい)は筋肉(きんにく)がなきゃだよね。*

さくら、筋肉(きんにく)フェチだったの？

つきすぎは嫌(いや)だけどね。

細(ほそ)マッチョが好(す)きってこと？*

단어

やっぱ 역시　男性(だんせい) 남성　筋肉(きんにく) 근육　フェチ 페티시즘　つきすぎ 너무 붙음
嫌(いや) 싫음　細(ほそ) 가는 ~　マッチョ 마초　好(す)き 좋아함

표현 TIP

* ～がなきゃ　～なきゃ는 '없으면'이라는 뜻으로 ない(없다)의 가정형 なければ(없으면)의 줄임말이에요. 뒤에는 だめだ / ならない / いけない(안 된다) 같은 말이 생략되어 있습니다.
* 細(ほそ)マッチョ　날씬해 보이지만 근육질인 사람을 의미해요.

근육질의 남자가 이상형일 때

training 157.mp3

역시 남자는 근육이 있어야 돼.

사쿠라, 근육 페티시였어?

너무 많은 건 싫지만.

슬림한 근육질이 좋다는 거야?

사요 꿀팁*

이건 무슨 뜻? フェチ(페티시)

フェチ는 フェティシズム(페티시즘), フェティシスト(페티시스트)의 줄임말로 어떤 대상물에 대해 과도하게 집착하거나 그것을 좋아한다는 의미로 사용하는 말이에요. 가령 다리나 팔 등 신체의 일부분에 집착하거나 안경이나 부츠 등 몸에 착용하는 물건에 집착하는 것 등을 말하며 각각 足(あし)フェチ, 腕(うで)フェチ, 眼鏡(めがね)フェチ, ブーツフェチ라고 해요. 성적 취향을 의미하는 말이기도 해서 조금 야한 느낌도 있지만 단순히 자신이 좋아하는 것이라는 의미로도 많이 쓴답니다.

158 편식하는 사람에게

158.mp3

あれ？ ピーマン食(た)べないの？

ピーマン苦(にが)くて食(た)べれないの。*

良薬(りょうやく)は口(くち)に苦(にが)しだよ。*

体(からだ)に良(い)い事(こと)はわかってるんだけどね。

단어

ピーマン 피망 苦(にが)い 쓰다 良薬(りょうやく) 양약 口(くち) 입 体(からだ) 몸 良(い)い 좋다 わかる 알다

표현 TIP

* 食(た)べれる 食(た)べる와 られる가 합쳐진 것으로 '먹을 수 있다'는 뜻입니다. 실제 말할 때에는 られる에서 ら를 빼고 이야기하는 경우가 많기 때문에 이것을 ら抜(ぬ)き言葉(ことば)(ら가 빠진 말)라고 해요.
* 良薬(りょうやく)は口(くち)に苦(にが)し 공자가 말한 내용으로 '좋은 약은 입에 쓰다'는 뜻입니다. 좋은 약이 입에 쓴 것처럼 진정한 충고는 귀에 거슬린다는 뜻으로도 해석할 수 있어요.

편식하는 사람에게

training 158.mp3

어? 피망 안 먹어?

피망 써서 못 먹어.

좋은 약은 입에 쓰대.

몸에 좋은 건 알지만 말이야.

사요 꿀팁*

아이들은 피망(ピーマン)을 싫어해

엄마: またピーマンだけ残して！ ちゃんと食べなさい！(또 피망만 남겼네! 다 먹어!)

짱구: やだ！(싫어!)

애니메이션「クレヨンしんちゃん」(짱구는 못 말려)에 나오는 엄마와 짱구의 대화입니다. 짱구처럼 일본에는 피망(ピーマン)을 싫어하는 어린이들이 많은데요. 이것은 아이의 혀가 성인보다 약 두 배 정도 민감해서 피망의 쓴맛(苦味)이나 신맛(酸味)을 위험한 것이라고 판단하기 때문이래요. 그래서 아이들에게 피망을 먹이기 위해서 피망 극복 레시피 같은 것도 있다고 합니다.

159 스포츠에 대해서 애기할 때

159.mp3

スポーツはやる派(は)？ 見(み)る派(は)？

見(み)る派(は)。俺(おれ)、運動音痴(うんどうおんち)だから。*

そうなの？ 運動(うんどう)できそうに見(み)えるけど。

好(す)きだけど、できないんだよね。

단어

スポーツ 스포츠 やる 하다 ～派(は) ～파 見(み)る 보다 運動(うんどう) 운동 音痴(おんち) 음치
できる 할 수 있다, 잘하다 見(み)える 보이다

표현 TIP

* 運動音痴(うんどうおんち) 音痴(おんち)는 '음치'라는 뜻과 運動音痴(うんどうおんち)(몸치), 方向音痴(ほうこうおんち)(길치), 機械音痴(きかいおんち)(기계치)와 같이 특정한 감각이 둔한 것 혹은 그러한 사람을 뜻합니다.

스포츠에 대해서 얘기할 때

training 159.mp3

스포츠는 하는 게 좋아, 보는 게 좋아?

보는 거. 나 몸치거든.

그래? 운동 잘하게 생겼는데.

좋아하는데 못 해.

사요 꿀팁*

당신은 무슨 파? ○○派 사용법

'○○파'라고 하면 대부분 正統派(정통파), 保守派(보수파) 같은 말을 떠올리겠지만, 의미가 반대이거나 비교 대상을 제시하여 둘 중 어느 것이 좋은지를 물을 때 ○○派라는 표현을 씁니다. 예를 들어 강아지와 고양이 중 어느 쪽을 좋아하는지 물을 때는 犬派(강아지파)？猫派(고양이파)？라고 하고, 휴일에 집에서 지내는 것을 좋아하는지 아니면 밖에 나가는 것을 좋아하는지 물을 때는 インドア派(실내파)？アウトドア派(야외파)？라고 합니다.

160 잘하는 스포츠를 물을 때

160.mp3

俺、球技全般苦手。*

じゃあ、スポーツで何が得意なの？*

eスポーツ。

それスポーツっていうかゲームだろ？

단어

球技(きゅうぎ) 구기(공을 사용하는 운동 경기)　全般(ぜんぱん) 전반　苦手(にがて) 서투름
スポーツ 스포츠　得意(とくい) 가장 숙련됨　〜っていうか ~라기보다　ゲーム 게임

표현 TIP

* 苦手(にがて)/得意(とくい) 어떠한 일에 서툴고 잘 못하는 것을 苦手(にがて)라고 하고, 반대로 특히 잘하는 것을 得意(とくい)라고 합니다.

160 잘하는 스포츠를 물을 때

training 160.mp3

노조무

나 구기 운동은 다 못해.

다케루

그럼 제일 잘하는 스포츠는 뭐야?

노조무

e스포츠.

다케루

그거 스포츠라기보다 게임이잖아.

사요 꿀팁*

일본의 e스포츠는 한국보다 시장이 작아요

e스포츠는 한국을 비롯해 세계적으로 인기가 있고 지금도 많은 대회가 열리고 있지만 일본에서는 별로 인기 종목이 아니었습니다. 게임대회에 상금을 거는 것이 법적으로 금지되어 있는 환경이 e스포츠의 확장이나 선수 육성을 방해한다는 지적도 있는데요. 그러나 최근 일본 내 e스포츠대회 운영자와 게임 저작권 관리자 등이 연합한 日本(にほん)eスポーツ連合(れんごう)(일본 e스포츠 연합 : JeSU)가 만들어지면서 화제가 되어 2018년 유행어 대상에 오르기도 했습니다.

망각방지 장치 1

하루만 지나도 학습한 내용의 50%는 잊어버립니다. 여러분은 몇 퍼센트나 잊어버렸을까요? 5분 안에 20개를 말해 보세요.

			O	X	복습
01	요즘 너무 살쪘어.	最近(さいきん)　　　。	☐	☐	151
02	하체는 지방이 잘 붙으니까.	下半身(かはんしん)って　　　からね。	☐	☐	151
03	마쓰모토 씨는 건강 덕후지.	松本(まつもと)さんって　　　だよね。	☐	☐	152
04	우리도 배워야돼.	うちらも　　　…。	☐	☐	152
05	몸이 피곤해서….	。	☐	☐	153
06	실은 불면증이야.	実(じつ)は　　　よね。	☐	☐	153
07	어? 살 빠진 것 같은데?	あれ？　　　？	☐	☐	154
08	그냥 헬스장 좀 다녔어.	ジムで　　　だよ。	☐	☐	154
09	대식가지만 살은 안 찌지?	よね。	☐	☐	155
10	살이 잘 안 붙는 체질이래.	らしいよ。	☐	☐	155

정답 01 太(ふと)りすぎちゃって　02 脂肪(しぼう)つきやすい　03 健康(けんこう)オタク　04 見習(みなら)わなくちゃ　05 体(からだ)がだるくて　06 不眠症(ふみんしょう)なんだ　07 何(なん)か痩(や)せた　08 運動(うんどう)しただけ　09 大食(おおぐ)いだけど太(ふと)らない　10 太(ふと)れない体質(たいしつ)

			○	✕	복습
11	좀 천천히 씹어 먹어.	もっとゆっくり ______ よ。	☐	☐	156
12	직업상 빨리 먹게 돼.	職業柄(しょくぎょうがら)、______ んだよね。	☐	☐	156
13	근육 페티시였어?	______ だったの？	☐	☐	157
14	슬림한 근육질이 좋다는 거야?	______ が好(す)きってこと？	☐	☐	157
15	좋은 약은 입에 쓰대.	良薬(りょうやく)は ______ だよ。	☐	☐	158
16	몸에 좋은 건 알지만 말이야.	______ はわかってるんだけどね。	☐	☐	158
17	스포츠는 하는 게 좋아, 보는 게 좋아?	スポーツは ______ ？	☐	☐	159
18	보는 거. 나 몸치거든.	見(み)る派(は)。俺(おれ)、______ だから。	☐	☐	159
19	나 구기 운동은 다 못해.	俺(おれ)、球技全般(きゅうぎぜんぱん) ______ 。	☐	☐	160
20	제일 잘하는 스포츠는 뭐야?	スポーツで ______ なの？	☐	☐	160

정답 11 噛(か)んで食(た)べな　12 早食(はやぐ)いになっちゃう　13 筋肉(きんにく)フェチ　14 細(ほそ)マッチョ
15 口(くち)に苦(にが)し　16 体(からだ)に良(い)い事(こと)　17 やる派(は)？見(み)る派(は)？　18 運動音痴(うんどうおんち)
19 苦手(にがて)　20 何(なに)が得意(とくい)

망각방지 장치 2

일주일이 지나면 학습한 내용의 70%를 잊어버립니다. 여러분은 몇 퍼센트나 기억하고 있을까요? 대화문으로 확인해 보세요.

071 근육이 탄탄한 친구에게

try 071.mp3

A　예전에 무슨 운동했었어? 144

B　うん。ラグビーやってた。

A　やっぱり！ 근육이 탄탄한걸. 144

B　そう？

- ラグビー 럭비　やる 하다　やっぱり 역시

072 요즘 살쪘다는 사람에게

try 072.mp3

A　요즘 너무 살쪘어. 151

B　え～。痩(や)せてるよ。

A　날씬해 보이는 것뿐이야. 147

B　気(き)にしすぎだと思(おも)うけどな。

- 痩(や)せる 여위다, 살이 빠지다　気(き)にする 마음에 두다, 걱정하다　～すぎる 너무 ~하다

071

A　昔何か運動やってた？[144]

B　응. 럭비했었어.

A　어쩐지. 筋肉ムキムキだもん。[145]

B　그래?

072

A　最近太りすぎちゃって。[151]

B　무슨~. 날씬해.

A　痩せて見えるだけだから。[147]

B　너무 신경 쓰는 것 같은데.

073 스포츠 취향에 대해 얘기하며

try 073.mp3

A　스포츠는 하는 게 좋아, 보는 게 좋아? [159]

B　私(わたし)やる派(は)！ 매일 웨이트 하고 있고 [145]

週一(しゅういち)でテニスもしてる。

A　アクティブだね。

B　たけるは？

A　俺(おれ)は見(み)る派(は)。趣味(しゅみ)がスポーツ観戦(かんせん)だから。

- ～派(は) ～파　週一(しゅういち) 주 1회　アクティブ 활동적임, 적극적임　スポーツ観戦(かんせん) 스포츠 관전

074 불면증이 있는 사람에게

try 074.mp3

A　안색이 안 좋아. [143]

B　실은 불면증이야. [153]

A　眠(ねむ)れないのって意外(いがい)とつらいよね。

B　うん。疲(つか)れがとれなくてさ。

A　寝(ね)る前(まえ)に本(ほん)読(よ)んでみたら？

- 眠(ねむ)れない 잠이 안 오다　意外(いがい)と 의외로　つらい 괴롭다　疲(つか)れがとれる 피로가 풀리다

073

A　スポーツはやる派？見る派？[159]

B　난 하는 거! 毎日筋トレやってるし、[145]

일주일에 한 번 테니스도 쳐.

A　활동적이네.

B　다케루는?

A　난 보는 거. 취미가 스포츠 관람이거든.

074

A　顔色悪いよ。[143]

B　実は不眠症なんだよね。[153]

A　잠 못 자는 거 의외로 힘들지.

B　응. 피로가 안 풀려서.

A　자기 전에 책 읽어봐.

075 요가로 살이 빠졌을 때

try 075.mp3

A　ヨガはじめたって言(い)ってたよね。몸은 어때? [141]

B　いいよ。한 달 만에 4킬로 빠졌어. [154]

A　それはすごいね！

B　うん。自分(じぶん)でもびっくりしてる。

- ヨガ 요가　はじめる 시작하다　自分(じぶん) 자기, 자신　びっくりする 놀라다

076 다이어트 중인 친구를 격려할 때

try 076.mp3

A　치킨 먹으러 안 갈래? [146]

B　다이어트 중이라서 관둘래. [147]

A　そっか。わかった。

B　ごめんね。

A　うん。大丈夫(だいじょうぶ)。ダイエットがんばってね。

- そっか 그래?　わかる 알다, 이해하다　ごめん 미안해　がんばる 분발하다, 열심히 하다

075

A　요가 시작했냐고 했지? 体調(たいちょう)どう？ 141

B　좋아. 1カ月(いっげつ)で4(よん)キロ痩(や)せた。 154

A　그거 대단하네!

B　응. 나도 놀랐어.

076

A　チキン食(た)べに行(い)かない？ 146

B　ダイエット中(ちゅう)だからやめておく。 147

A　그래. 알았어.

B　미안해.

A　응. 괜찮아. 다이어트 열심히 해.

077 날씬한 사람이 다이어트 할 때

try 077.mp3

A　저녁 안 먹는 다이어트 하고 있어. 142

B　え～、痩(や)せてるのにダイエットしてるの？

A　全然(ぜんぜん)痩(や)せてないよ。足(あし)とか太(ふと)いよ。

B　まあ、하체는 지방이 잘 붙는다니까. 151

- 痩(や)せる 살이 빠지다　ダイエットする 다이어트 하다　全然(ぜんぜん) 전혀　足(あし) 다리　太(ふと)い 굵다

078 두통으로 멍하니 있는 사람에게

try 078.mp3

A　왜 멍때리고 있어? 153

B　なんか頭(あたま)が痛(いた)くて。

A　大丈夫(だいじょうぶ)? 조퇴하는 게 낫지 않아? 143

B　うん。大丈夫(だいじょうぶ)。心配(しんぱい)してくれてありがとう。

- 頭(あたま)が痛(いた)い 머리가 아프다　心配(しんぱい)する 걱정하다　～てくれる ~해주다

077

A　夕食抜きダイエットしてるんだ。[142]

B　뭐~, 날씬한데 다이어트 해?

A　전혀 안 날씬해. 다리는 굵어.

B　하긴 下半身って脂肪つきやすいって言うからね。[151]

078

A　どうしたの？ボーっとして。[153]

B　왠지 머리가 아파서.

A　괜찮아? 早退した方がいいんじゃない？[143]

B　응. 괜찮아. 걱정해줘서 고마워.

079 피곤해서 운동을 못 한 친구에게

try 079.mp3

A　오늘 헬스장 갔어? [149]

B　몸이 피곤해서 [153] 行(い)けなかったよ。

A　風邪(かぜ)ひいたんじゃないの？

B　そうかも。

- 風邪(かぜ)をひく 감기 걸리다　そうかも 그럴지도 (모른다)

080 먹는 것에 비해 날씬한 친구에게

try 080.mp3

A　まいって意外(いがい)と 대식가지. [155]

B　うん。食(た)べるの大好(だいす)きだから。

A　その割(わり)には、痩(や)せてるよね。

B　そう？毎日(まいにち)筋(きん)トレやってるからかな。

A　하루에 얼마 정도 해? [145]

- 大好(だいす)きだ 아주 좋아하다　その割(わり)には 그런 것 치고는　筋(きん)トレ 근력 트레이닝, 웨이트

079

A　今日(きょう)ジム行(い)ったの? 149

B　体(からだ)がだるくて 153 못 갔어.

A　감기 걸린 거 아니야?

B　그런가 봐.

080

A　마이는 의외로 大食(おおぐ)いだよね。155

B　응. 먹는 거 정말 좋아하거든.

A　그런 거 치고는 날씬하네.

B　그래? 매일 웨이트 하고 있어서 그런가.

A　1日(いちにち)どのくらいやってるの? 145

Part 09

네이티브가 매일 주고받는

이벤트 & 날씨 & 계절 대화 20

Part 09 전체 듣기

계절에 따라 날씨에 따라 이것저것 챙겨야 하는 무수한 날. 오늘은 무슨 날인가요?
'새해 복 많이 받아, 밸런타인데이네, 생일 축하해, 한일전 누가 이길 것 같아?, 꽃구경 갈래?,
가을은 독서의 가을이지, 날씨 좋다, 더위 먹었나 봐, 오후부터 비 온대' 등등
이벤트&날씨&계절과 관련해 주고받는 다양한 대화를 익혀 보세요.

161 친구끼리 새해 인사를 나눌 때

162 밸런타인데이에 대해 얘기할 때

163 한일전을 앞두고

164 올림픽 시즌에

165 생일을 축하할 때

166 밸런타인데이 초콜릿을 많이 받았을 때

167 추석을 앞두고

168 설 연휴 근황을 물을 때

169 꽃구경을 가자고 할 때

170 장마철에

171 가을 하면 떠오르는 것에 대해 말할 때

172 눈이 올 때

173 갑자기 비가 올 때

174 크리스마스 시즌에

175 만우절에

176 어머니날에

177 날씨가 좋을 때

178 더위로 식욕이 없을 때

179 가족여행을 다녀왔을 때

180 비 예보를 깜박하고 외출했을 때

161 친구끼리 새해 인사를 나눌 때

161.mp3

さとみ　あけおめ。今年(ことし)もよろしく！*

えりか　こちらこそ。今年(ことし)もよろしくね！

さとみ　昨日(きのう)、年越(としこ)しそば食(た)べた？

えりか　うん！ 食(た)べたよ。

단어

あけおめ 새해 복 많이 받아　今年(ことし) 올해　よろしく 잘 부탁해　昨日(きのう) 어제
年越(としこ)しそば 도시코시소바(해넘이 국수)　食(た)べる 먹다

표현 TIP

* あけおめ あけましておめでとうございます(새해 복 많이 받으세요)의 줄임말로, 보통 친구 등 친한 사람끼리 쓰는 표현이에요. 한국에서는 새해가 오기 전에 새해 인사를 하기도 하지만 일본에서는 무조건 새해를 맞이한 다음에 새해 인사를 합니다.

161 친구끼리 새해 인사를 나눌 때

training 161.mp3

새해 복 많이 받아. 올해도 잘 부탁해!

나야말로. 올해도 잘 부탁해.

어제 해넘이 국수 먹었어?

응! 먹었어.

사요 꿀팁*

일본 특유의 새해 맞이 관습

일본의 설날에는 일본 특유의 관습이 있습니다. 설날 전날인 大晦日(12월 31일)에는 年越しそば(해넘이 국수)를 먹는 관습이 있는데요. そば(메밀국수)는 다른 면류보다 잘 끊어져서 올해 일어난 재액을 끊어버린다는 의미와 얇고 긴 것을 먹고 장수하기를 바라는 마음이 담겨 있습니다. 또 친한 사람이나 신세를 진 사람에게는 연하장(年賀状)을 보내기도 합니다. 최근에는 라인이나 핸드폰 메시지로 보내는 사람이 늘어나기도 했지만 여전히 손으로 쓴 연하장을 보내는 사람이 많습니다.

162 밸런타인데이에 대해 얘기할 때

162.mp3

来週(らいしゅう)バレンタインデーだね。

彼氏(かれし)に何(なに)か作(つく)る？

時間(じかん)ないから買(か)う予定(よてい)。

ゆみは？*

私(わたし)は作(つく)る予定(よてい)。*

단어

来週(らいしゅう) 다음 주　バレンタインデー 밸런타인데이　彼氏(かれし) 남자친구

作(つく)る 만들다　時間(じかん) 시간　ない 없다　買(か)う 사다　予定(よてい) 예정

표현 TIP

* ～予定(よてい)　予定(よてい)는 확실하게 정해진 예정을 나타내고, 비슷한 말인 つもり는 불확실하지만 자신의 의지가 담긴 예정을 말할 때 씁니다.

162 밸런타인데이에 대해 얘기할 때

training 162.mp3

다음 주 밸런타인데이네.

남친한테 뭐 만들어줄 거야?

시간 없어서 사려고. 유미는?

나는 만들 거야.

사요 꿀팁*

밸런타인데이에 주는 초콜릿도 다 같은 의미가 아니다!

2월 14일은 밸런타인데이로 여성이 좋아하는 남성에게 초콜릿(チョコレート)을 선물하는 날이죠. 일본에서는 チョコレート를 チョコ라고 짧게 부르는 경우가 많은데 주는 대상에 따라서 초콜릿의 명칭이 달라집니다. 고마운 마음을 담아 의리상 주는 초콜릿은 義理(ぎり)チョコ(의리 초콜릿)라고 하고, 정말 좋아하는 사람에게 주는 것은 本命(ほんめい)チョコ(진심 초콜릿)라고 합니다. 그 외에 동성 친구에게 주는 것은 友(とも)チョコ(친구 초콜릿), 반대로 남자가 여자에게 애정을 고백하며 주는 것은 逆(ぎゃく)チョコ라고 해요.

163 한일전을 앞두고

163.mp3

ゆうた

今夜(こんや)、サッカーの決勝戦(けっしょうせん)だね。

ユジン

しかも日韓戦(にっかんせん)。*

ゆうた

どっちが勝(か)つと思(おも)う？

ユジン

当然韓国(とうぜんかんこく)でしょ。

단어

今夜(こんや) 오늘 밤　サッカー 축구　決勝戦(けっしょうせん) 결승전　しかも 게다가
日韓戦(にっかんせん) 한일전　勝(か)つ 이기다　思(おも)う 생각하다　当然(とうぜん) 당연(히)
韓国(かんこく) 한국

표현 TIP

* **しかも** 비슷한 경향의 조건을 덧붙이는 표현으로 '게다가'라는 뜻입니다. 앞 문장보다 뒤 문장 내용에 더 비중을 두는 경우가 많습니다.
* **日韓戦(にっかんせん)** '한일전'이라는 뜻으로 일본에서는 보통 '일본'을 앞에 넣어서 日韓戦(にっかんせん)이라고 말합니다.

163 한일전을 앞두고

training 163.mp3

오늘 밤 축구 결승전이네.

그것도 한일전이야.

어느 쪽이 이길 것 같아?

당연히 한국이지.

사요 꿀팁*

축구팬의 성지 시부야의 스크램블 교차로

시부야의 스크램블 교차로(スクランブル交差点(こうさてん))는 축구팬의 성지와 같은 곳으로 일본 대표팀의 시합이 있을 때마다 많은 사람이 모여듭니다. 과거 월드컵 때는 유니폼을 입은 서포터들이 스크램블 교차로에 모여 하이파이브를 하거나 응원가를 부르며 축제처럼 떠들어 문제가 되기도 했는데요. 분위기가 너무 달아올라 매번 경찰도 출동하는데, 재치 있는 말투로 사람들을 능숙하게 유도하는 경찰을 DJポリス(DJ폴리스)라고 부르며 한때 화제가 되기도 했습니다.

164 올림픽 시즌에

164.mp3

ユジン　オリンピック見(み)てる?

ゆうた　ちょいちょい見(み)てる。*

ユジン　じゃあ、昨日(きのう)のフィギュア見(み)た?

ゆうた　フィギュアは見(み)てないな。

단어

オリンピック 올림픽　見(み)る 보다　ちょいちょい 가끔　フィギュア 피겨 스케이트

표현 TIP

* ちょいちょい '때때로, 가끔'이라는 뜻으로 간격을 두고 같은 일이 계속되는 모양새를 나타냅니다.

164 올림픽 시즌에

training 164.mp3

올림픽 봐?

가끔 봐.

그럼 어제 피겨 봤어?

피겨는 안 봤어.

사요 꿀팁*

일본에서는 올림픽이 총 4번 개최되었어요!

일본에서는 1964년 도쿄올림픽(東京オリンピック), 1972년 삿포로올림픽(札幌オリンピック), 1998년 나가노올림픽(長野オリンピック), 2021년에 도쿄올림픽(東京オリンピック)이 개최되었습니다.

165 생일을 축하할 때

165.mp3

えりか

昨日(きのう)、誕生日(たんじょうび)だったよね？
おめでとう。*

あおい

ありがとう！*

えりか

彼氏(かれし)からプレゼントもらった？*

あおい

うん。指輪(ゆびわ)もらっちゃった。

단어

誕生日(たんじょうび) 생일　おめでとう 축하해　ありがとう 고마워　プレゼント 선물　もらう 받다
指輪(ゆびわ) 반지

표현 TIP

* おめでとう/ありがとう '축하해', '고마워'란 뜻의 おめでとう와 ありがとう는 각각 형용사 おめでたい(경사스럽다), ありがたい(고맙다)의 연용형 음편에서 온 말이에요.
* ～から～もらう '~한테(로부터) ~을 받다'라는 뜻입니다.

생일을 축하할 때

training 165.mp3

어제 생일이었지? 축하해.

고마워!

남친한테 생일 선물 받았어?

응. 반지 받았어.

사요 꿀팁*

친하지 않다면 나이는 묻지 마세요!

한국에서는 연장자를 대우하기 때문에 만난 지 얼마 안 된 사이라도 나이를 묻기도 하지만 일본에서는 서로에 대해 어느 정도 알고 나서 나이를 묻는 경우가 많습니다. 그래서 직장에서는 나이에 관계없이 さん(~씨)을 붙이거나 직책으로 부르고, 형, 오빠, 누나, 언니라는 호칭도 보통 형제자매 사이에서만 사용합니다

166 밸런타인데이 초콜릿을 많이 받았을 때

166.mp3

のぞむ チョコ何個(なんこ)もらった?

たける 20個(にじゅっこ)くらいかな。

のぞむ マジ!? モテモテじゃん!*

たける うん。モテ期(き)、来(き)てるかも。*

단어

チョコ 초콜릿 何個(なんこ) 몇 개 モテモテ 너무 인기가 있어 어찌할 바를 모름
モテ期(き) 인기 절정의 시기 来(く)る 오다 ~かも ~일지도 (모른다)

표현 TIP

* **モテモテじゃん** モテモテ는 '인기 있다'는 뜻을 가진 モテる의 モテ를 두 번 반복함으로써 뜻이 더 강조되어 '너무나 인기가 많다'는 뜻입니다.
* **モテ期(き)(が)来(く)る** モテ期(き)는 이성에게 갑자기 인기가 많아지는 시기로 이 말은 갑자기 고백받거나 애인이 생겼을 때 써요.

166 밸런타인데이 초콜릿을 많이 받았을 때

training 166.mp3

초콜릿 몇 개 받았어?

스무 개 정도?

대박! 인기 짱이네.

응. 인기 절정의 시기가 왔나 봐.

사요 꿀팁*

화이트데이에는 어떤 선물을 줄까?

3월 14일 화이트데이(ホワイトデー)는 밸런타인데이(バレンタインデー)에 초콜릿(チョコレート)을 받은 남성이 여성에게 답례를 하는 날입니다. 남자가 여자를 얼마나 좋아하는지에 따라 답례의 종류가 달라지는데요. 일반적으로는 사탕이나 쿠키 등의 과자를 주고, 좋아하는 사람이나 신세를 진 사람의 경우는 조금 비싼 고급 과자를 주기도 합니다. 상대가 여자친구라면 더 비싼 브랜드 시계나 옷 등을 선물하거나 저녁을 사주는 경우도 많습니다. 반면에 여자에 대해 관심이 없는 사람의 경우 간혹 아무것도 안 주는 사람도 있습니다.

167 추석을 앞두고

167.mp3

今度(こんど)のお盆(ぼん)、家(いえ)帰(かえ)る？

帰(かえ)るかどうか迷(まよ)ってる。*

なんで？ どうせ仕事(しごと)しないじゃん。

親(おや)が早(はや)く嫁(よめ)に行(い)けって小言(こごと)言(い)うからさ。*

단어

今度(こんど) 이번 お盆(ぼん) 오봉(일본의 추석) 家(いえ) 집 帰(かえ)る 돌아가다
迷(まよ)う 망설이다 どうせ 어차피 親(おや) 부모님 早(はや)く 빨리, 일찍 嫁(よめ) 며느리, 시집
小言(こごと) 잔소리

표현 TIP

* ～かどうか迷(まよ)う '～할지 말지 망설이다'라는 뜻으로 결단을 내리지 못하고 고민하고 있다는 뜻입니다.
* 嫁(よめ)に行(い)く '시집가다'라는 뜻으로, 비슷한 표현으로 嫁入(よめい)り(시집감)라는 말이 있습니다.

추석을 앞두고

training 167.mp3

이번 추석 때 집에 가?

갈까 말까 고민이야.

왜? 어차피 일 안 하잖아.

부모님이 빨리 결혼하라고 잔소리하니까.

사요 꿀팁*

일본의 추석(お盆(ぼん))

'추석'은 일본어로 お盆(ぼん)이라고 하는데 일반적으로는 8월 13일~16일 무렵에 고향에 가서 성묘(お墓参り(はかまいり))를 합니다. 성묘는 무덤을 청소하거나 조상님께 선향이나 꽃, 공물을 바칩니다. 그리고 추석 때는 많은 사람들이 고향으로 돌아가기 때문에 붐비는데 이것을 帰省(きせい)ラッシュ(귀성 러시)라고 합니다. 반대로 고향에 갔던 사람들이 도시로 돌아오며 붐비는 것을 Uターンラッシュ(유턴 러시)라고 합니다.

168 설 연휴 근황을 물을 때

168.mp3

正月(しょうがつ)休(やす)み、何(なに)してた?

ずっとひきこもってゲームしてた。

ほんとゲーム好(す)きだよね。

うん。三度(さんど)の飯(めし)よりゲームが好(す)き。*

단어

正月(しょうがつ) 설, 정월　休(やす)み 휴일　ずっと 계속　ひきこもる 틀어박히다　ゲーム 게임
ほんと 정말　三度(さんど) 세 번　飯(めし) 밥

표현 TIP

* 三度(さんど)の飯(めし)より好(す)き 하루 세끼 식사를 걸러도 좋을 만큼 어떤 것을 좋아할 때 쓰는 표현이에요.

168 설 연휴 근황을 물을 때

training 168.mp3

설 연휴에 뭐 했어?

계속 틀어박혀서 게임했어.

진짜 게임 좋아하나 보네.

응. 세끼 밥보다 게임이 좋아.

사요 꿀팁*

설날에 먹는 떡 기리모치(切り餅)

설 연휴가 끝나고 오랜만에 친구들을 만나면 얼굴이 통통해진 경우가 많습니다. 특히 먹기 편하도록 네모나게 자른 기리모치(切り餅)를 많이 먹어서 살찌는 경우가 많은데요. 기리모치(切り餅)는 구워서 김이나 치즈를 말아서 간장에 찍어 먹거나 콩가루를 묻혀서 먹거나 또는 단팥죽(おしるこ)을 만들어 먹습니다. 또한 고기나 채소가 들어 있는 수프에 떡을 넣어 오조니(お雑煮)로 만들어 먹기도 합니다.

169 꽃구경을 가자고 할 때

169.mp3

お花見(はなみ)行(い)かない?

いいね。ちょうど行(い)きたいと思(おも)ってたんだ。*

いつ行(い)く?

来週(らいしゅう)の日曜日(にちようび)はどう?

단어

お花見(はなみ) 꽃구경　ちょうど 마침, 정확히　いつ 언제　来週(らいしゅう) 다음 주
日曜日(にちようび) 일요일

표현 TIP

* **ちょうど**　ちょうど는 상황에 따라 '꼭, 정확히, 마치, 방금(막)' 등의 다양한 뜻으로 쓰이는데 본문에서처럼 어떤 시기에 딱 맞을 때는 '마침, 알맞게'라는 뜻으로 해석하면 됩니다.

169 꽃구경을 가자고 할 때

training 169.mp3

꽃구경 안 갈래?

좋아. 마침 가고 싶었는데.

언제 갈래?

다음 주 일요일은 어때?

사요 꿀팁*

봄에는 뭐니 뭐니 해도 꽃구경(お花見)!

일본의 お花見(꽃구경)는 나라시대 귀족들의 행사에서 시작되었는데 지금처럼 일반인들도 꽃구경을 할 수 있게 된 것은 에도시대부터라고 해요. 전국에 벚꽃 명소가 있고 매년 각지에서 벚꽃축제가 열립니다. 꽃이 만개(満開)하면 도시락(お弁当)이나 술(お酒)을 준비해 꽃구경을 가는 사람들이 많은데, 음식 반입이 안 되는 곳도 많으니 사전에 확인하는 것이 좋습니다. 그리고 밤에 꽃구경하는 것을 夜桜라고 하는데 환한 조명이 켜져 낮에 보는 벚꽃과는 또 다른 분위기를 즐길 수 있습니다.

170 장마철에

170.mp3

暑(あつ)くて死(し)にそう。*

何(なん)かじめじめしてるよね。

梅雨(つゆ)だからかな。

そうかもね。*

단어

暑(あつ)い 덥다　死(し)ぬ 죽다　じめじめ 후덥지근함, 축축함　梅雨(つゆ) 장마

표현 TIP

* ～て死(し)にそう '～해서 죽겠어, 죽을 것 같아'라는 뜻입니다.
* そうかも　そうかも知(し)れない(그럴지도 모르겠다)의 줄임말로 그렇다고 단정할 수 없지만 또 그럴 수도 있다'고 가능성을 나타내는 애매한 표현입니다.

170 장마철에

training 170.mp3

아오이

더워 죽겠어.

사토시

뭔가 후덥지근하네.

아오이

장마라서 그런가?

사토시

그런가 봐.

사요 꿀팁*

장마(梅雨(つゆ))와 관련된 다양한 일본어 표현들

일본의 장마는 보통 6월 초에 시작해서 7월 중순쯤 끝납니다. '장마'를 일본어로 梅雨(つゆ)라고 하는데 장마철에 남쪽에서 북쪽으로 올라가는 '장마전선'을 말할 때는 梅雨前線(ばいうぜんせん)이라고 읽습니다. 그리고 '장마철이 시작되는 것'을 梅雨入り(つゆいり)라고 하고, 반대로 '장마철이 끝나는 것'을 梅雨明け(つゆあけ)라고 합니다. 장마철이 되면 습기 때문에 빨래도 안 마르고 음식도 잘 상하기 때문에 장마철에 들어갔다고 하면 특히 주부들의 한숨 소리가 커집니다

망각방지 장치 1

하루만 지나도 학습한 내용의 50%는 잊어버립니다. 여러분은 몇 퍼센트나 잊어버렸을까요? 5분 안에 20개를 말해 보세요.

			○	✕	복습
01	새해 복 많이 받아. 올해도 잘 부탁해!	!	☐	☐	161
02	어제 해넘이 국수 먹었어?	昨日(きのう)　　　　食(た)べた？	☐	☐	161
03	남친한테 뭐 만들어줄 거야?	彼氏(かれし)に　　　　？	☐	☐	162
04	시간 없어서 사려고.	時間(じかん)ないから　　　　。	☐	☐	162
05	오늘 밤 축구 결승전이네.	今夜(こんや)、　　　　だね。	☐	☐	163
06	그것도 한일전이야.	しかも　　　　。	☐	☐	163
07	올림픽 봐?	オリンピック　　　　？	☐	☐	164
08	가끔 봐.	見(み)てる。	☐	☐	164
09	어제 생일이었지? 축하해.	昨日誕生日(きのうたんじょうび)だったよね？　　　　。	☐	☐	165
10	남친한테 생일 선물 받았어?	彼氏(かれし)から　　　　？	☐	☐	165

정답 01 あけおめ。今年(ことし)もよろしく　02 年越(としこ)しそば　03 何(なに)か作(つく)る
04 買(か)う予定(よてい)　05 サッカーの決勝戦(けっしょうせん)　06 日韓戦(にっかんせん)　07 見(み)てる
08 ちょいちょい　09 おめでとう　10 プレゼントもらった

			O	X	복습
11	대박! 인기 짱이네.	マジ！？ ＿＿＿＿ ！	☐	☐	166
12	인기 절정의 시기가 왔나 봐.	＿＿＿＿ かも。	☐	☐	166
13	이번 추석 때 집에 가?	今度のお盆、＿＿＿＿ ？	☐	☐	167
14	갈까 말까 고민이야.	＿＿＿＿ 迷ってる。	☐	☐	167
15	계속 틀어박혀서 게임했어.	＿＿＿＿ ゲームしてた。	☐	☐	168
16	응. 세끼 밥보다 게임이 좋아.	うん。＿＿＿＿ ゲームが好き。	☐	☐	168
17	꽃구경 안 갈래?	＿＿＿＿ ？	☐	☐	169
18	좋아. 마침 가고 싶었는데.	いいね。＿＿＿＿ んだ。	☐	☐	169
19	뭔가 후덥지근하네.	何か ＿＿＿＿ よね。	☐	☐	170
20	장마라서 그런가?	＿＿＿＿ かな。	☐	☐	170

정답 11 モテモテじゃん 12 モテ期、来てる 13 家帰る 14 帰るかどうか
15 ずっとひきこもって 16 三度の飯より 17 お花見行かない
18 ちょうど行きたいと思ってた 19 じめじめしてる 20 梅雨だから

171 가을 하면 떠오르는 것에 대해 말할 때

171.mp3

秋(あき)といったら？

読書(どくしょ)の秋(あき)でしょ。*

私(わたし)は食欲(しょくよく)の秋(あき)。*

食(た)べるの好(す)きなまりならしいよ。*

단어

秋(あき) 가을　読書(どくしょ) 독서　食欲(しょくよく) 식욕　食(た)べる 먹다　らしい ~답다

표현 TIP

* **～の秋(あき)** の 앞에 특정 단어가 와서 '~의 가을'이라는 뜻이 됩니다. 흔히 많이 쓰는 표현으로는 読書(どくしょ)の秋(あき)(독서의 가을), 食欲(しょくよく)の秋(あき)(식욕의 가을), スポーツの秋(あき) (스포츠의 가을) 등이 있어요.
* **まりならしい** ~らしい는 동사나 형용사 뒤에 붙으면 근거나 이유가 있는 확실한 추측을 나타내고, 본문과 같이 이름이나 직함 등 명사에 붙으면 '~답다'라는, 어떠한 자질을 충분히 갖추고 있음을 뜻합니다.

171 가을 하면 떠오르는 것에 대해 말할 때

training 171.mp3 

가을 하면?

독서의 가을이지.

나는 식욕의 가을.

먹는 거 좋아하는 마리나답네.

사요 꿀팁*

가을 하면? 食欲の秋(식욕의 가을)!

가을(秋)이라고 하면 보통 독서의 가을(読書の秋)을 떠올리지만 저에게 가을은 식욕의 가을(食欲の秋)입니다. 栗(밤), ブドウ(포도), リンゴ(사과), 松茸(송이버섯) 같은 맛있는 음식들과 꽁치를 가장 좋아해요. '꽁치'는 일본어로 秋刀魚라고 하는데, 한자를 보면 '가을(秋)에 잡히는 칼(刀)처럼 생긴 물고기(魚)'입니다. 제철 꽁치를 소금구이(塩焼き) 해서 무즙(大根おろし)과 함께 먹으면 정말 맛있답니다.

눈이 올 때

172.mp3

雪降ってる。

ほんとだ。

今年は雪積もるかな。*

積もったら雪だるま作ろうよ。

단어

雪(ゆき) 눈　降(ふ)る (눈, 비 등이) 내리다　積(つ)もる 쌓이다　雪(ゆき)だるま 눈사람
作(つく)る 만들다

표현 TIP

* 今年(ことし) 今年는 ことし라고 읽는 것이 일반적이고 대부분의 사람들은 ことし라고 읽습니다. 격식을 차릴 때 こんねん이라고 읽는 경우도 있는데 회화에서 사용하는 경우는 거의 없습니다.

172 눈이 올 때

training 172.mp3

눈 온다.

진짜.

올해는 눈이 쌓일까?

쌓이면 눈사람 만들자.

사요 꿀팁*

세계 3대 축제 중 하나! 삿포로 눈 축제(札幌雪まつり)

일본에서 눈이 많이 내리는 지역을 雪国(설국)라고 하는데 눈이 많은 홋카이도나 동북지방을 가리킵니다. 매년 각지에서 눈 축제(雪まつり)가 열리는데, 그중에서도 특히 200만 명 이상의 관광객이 방문하는 札幌雪まつり(삿포로 눈 축제)가 가장 유명합니다. 매년 2월에 열리며 눈으로 만든 성이나 미끄럼대 등 크고 작은 여러 종류의 아름다운 눈 조각상과 얼음 조각상을 볼 수 있어요.

173 갑자기 비가 올 때

173.mp3 □□□

うわ〜、雨(あめ)すごい降(ふ)ってる。

傘(かさ)持(も)ってないよ。

予報(よほう)では晴(は)れるって言(い)ってたのに。*

ね。ゲリラ豪雨(ごうう)かな。*

단어

雨(あめ) 비 すごい 굉장하다, 대단하다 降(ふ)る (눈, 비 등이) 내리다 傘(かさ) 우산
持(も)つ 들다, 가지다 予報(よほう) 예보 晴(は)れる 개다, 맑다 ゲリラ豪雨(ごうう) 게릴라 호우

표현 TIP

* 晴(は)れる 날씨가 '맑다'는 뜻입니다. '날씨'는 天気(てんき)라고 하고 '일기예보'는 天気予報(てんきよほう)라고 하는데 일기예보에서 흔히 듣는 날씨 표현에는 晴(は)れ(맑음), 雨(あめ)(비), 雪(ゆき)(눈), 曇(くも)り(흐림) 외에 晴(は)れ時々曇(ときどきくも)り(맑고 때때로 흐림), 曇(くも)り一時雨(いちじあめ)(흐리고 한때 비), 雪(ゆき)のち晴(は)れ(눈 온 후 갬) 등이 있습니다.
* ね。 확인하는 의미로 '그치?'라고 맞장구칠 때 쓰는 감탄사입니다. 상승조(↗)의 억양이니 주의하세요.

173 갑자기 비가 올 때

training 173.mp3

와, 비 많이 온다.

우산 안 가져왔어.

일기예보에서는 맑다고 했는데.

그치? 게릴라 호우인가.

사요 꿀팁*

예고 없이 벌어지는 그것! ゲリラ○○

일기예보에 의한 정확한 예측이 곤란한 국지적인 큰비를 갑자기 공격해오는 게릴라에 빗대 ゲリラ豪雨(ごうう)(게릴라 호우)라고 합니다. 이처럼 ゲリラ라는 말은 어느 날 갑자기 예고 없이 무언가를 한다는 뜻으로 사용되는데요, 예를 들면 예고도 없이 거리에서 라이브하는 것을 ゲリラライブ(게릴라 라이브)라고 하고, 예고 없이 갑자기 실시간으로 라이브 스트리밍하는 것을 ゲリラ配信(はいしん)이라고 합니다.

174 크리스마스 시즌에

174.mp3

どこ行(い)ってもツリーがあるね。

もう少(すこ)しでクリスマスだもんね。

イブまでに彼氏(かれし)作(つく)る予定(よてい)だったのにな。

クリぼっち同士(どうし)クリパでもしよっか。*

단어

ツリー 트리　もう少(すこ)し 조금 더　クリスマス 크리스마스　イブ 크리스마스이브
予定(よてい) 예정　クリぼっち 크리스마스를 혼자 보내다　同士(どうし) ~끼리　クリパ 크리스마스 파티

표현 TIP

* ~ぼっち 一人(ひとり)ぼっち의 줄임말로 친구나 애인 없이 혼자 있는 것을 말합니다.

174 크리스마스 시즌에

training 174.mp3

어딜 가나 트리가 있네.

조금 있으면 크리스마스니까.

이브까지 남친 만들려고 했는데.

크리스마스 솔로끼리 파티라도 할까?

사요 꿀팁*

이건 무슨 뜻? クリぼっち와 クリパ

일본의 크리스마스(クリスマス)는 예수님의 탄생을 기념하는 날이라기보다는 누군가와 함께 지내는 날이라는 이미지가 강합니다. 그중에서도 연인(恋人(こいびと))과 함께 보내는 날이라는 이미지가 강해 '크리스마스에 애인이 없는 사람'을 クリスマスに一人(ひとり)ぼっち(크리스마스에 혼자), 줄여서 クリぼっち라고 합니다. 또 クリスマスパーティー(크리스마스파티)는 줄여서 クリパ라고 해요.

175 만우절에

175.mp3

俺(おれ)たちもう終(お)わりにしよう。

なんでいきなりそんなこと言(い)うの?

今日(きょう)はエイプリルフールだから。

もう! ビックリしたじゃん。*

단어

終(お)わり 끝, 마지막 ~にする ~로 하다 いきなり 갑자기 言(い)う 말하다
エイプリルフール 만우절 びっくりする 깜짝 놀라다

표현 TIP

* もう! '뭐야!'라는 뜻으로 가볍게 따지거나 짜증을 내는 느낌입니다.
* ビックリする 갑작스럽거나 의외의 일로 순간 놀라는 것을 말합니다. 비슷한 말로 驚(おどろ)く가 있는데, びっくりする가 회화체로 주로 쓰이는 반면, 驚(おどろ)く는 회화체와 문어체 모두에 쓰입니다.

만우절에

training 175.mp3

우리 이제 끝내자.

갑자기 왜 그러는 거야?

오늘은 만우절이니까.

뭐야! 깜짝 놀랐잖아.

사요 꿀팁*

만우절(エイプリルフール)에는 이런 거짓말도 한다?

만우절(エイプリルフール)은 친구나 애인에게 장난 삼아 거짓말(うそ)을 하는 날이지요. 이날은 평소에 성실한 이미지를 가진 기업이 SNS를 통해 거짓말을 하기도 하는데요. 예를 들어 피망 맛의 탄산음료가 발매되었다고 한다거나 규동 전문점이 규동 판매를 그만두고 오야코동(親子丼(おやこどん))을 판매하기 시작했다 같은 재미있는 거짓말을 하기도 합니다.

176 어머니날에

176.mp3

花屋(はなや)さんカーネーションだらけだね。*

明日(あした)母(はは)の日(ひ)だもんね。

母(はは)の日(ひ)に何(なに)かあげる?

私(わたし)、エプロンプレゼントするよ。

단어

花屋(はなや)さん 꽃집　カーネーション 카네이션　母(はは)の日(ひ) 어머니날　あげる 주다
エプロン 앞치마　プレゼント 선물

표현 TIP

* 花屋(はなや)さん　~さん은 사람의 이름뿐만 아니라 어떤 직책이나 직업, 동물 등 다양한 것에 붙어 존경과 친애의 뜻을 나타냅니다. 예를 들어 社長(しゃちょう)さん(사장님), お嬢(じょう)さん(아가씨), お馬(うま)さん(말) 등이 있습니다.
* ~だらけ　'~투성이'라는 뜻으로 어느 하나로만 가득 차 있는 모양을 나타냅니다.

176 어머니날에

training 176.mp3

꽃집이 온통 카네이션이네.

내일 어머니날이니까.

어머니날에 선물 뭐 드려?

난 앞치마 선물할 거야.

사요 꿀팁*

일본에는 어머니날과 아버지날이 따로 있어요

일본에서는 어머니(母)와 아버지(父)의 날을 따로 구분하여 5월 둘째 주 일요일은 母の日(어머니날), 6월 셋째 주는 父の日(아버지날)라고 합니다. 母の日에는 한국의 어버이날처럼 주로 카네이션(カーネーション)을 선물하고 그 외에 쿠키(クッキー)나 케이크(ケーキ) 등을 선물하거나 다른 꽃을 보내기도 합니다. 父の日에는 특별히 정해진 것은 없지만 술(お酒)이나 넥타이(ネクタイ), 넥타이핀(ネクタイピン) 등을 선물하는 경우가 많습니다. 그리고 어머니날과 아버지날을 한꺼번에 축하하기도 하는데, 이때는 부모님의 선물을 세트로 사서 선물하기도 합니다.

177 날씨가 좋을 때

177.mp3

天気(てんき)いいね。

うん。雲(くも)一(ひと)つない晴天(せいてん)だね。*

天気(てんき)がいいからどこか行(い)きたいね。

散歩(さんぽ)でも行(い)く？

단어

天気(てんき) 날씨　雲(くも) 구름　一(ひと)つ 하나　晴天(せいてん) 맑게 갠 하늘　散歩(さんぽ) 산책

표현 TIP

* 晴天(せいてん) 晴天(せいてん)은 '청천, 맑게 갠 하늘'이라는 뜻으로 반대말은 雨天(うてん)(우천, 비 오는 날씨), 曇天(どんてん)(담천, 흐린 날씨)이에요.

177 날씨가 좋을 때

training 177.mp3

날씨 좋다.

응. 구름 한 점 없이 맑은 하늘이네.

날씨가 좋으니까 어디 가고 싶다.

산책이라도 갈까?

사요 꿀팁*

이야깃거리가 없다면 날씨 이야기를 해보세요

처음 만난 사람이나 별로 친하지 않은 사람과 이야기를 할 때는 조금 어색하기도 한데요. 그럴 때는 いい天気ですね(날씨가 좋네요)와 같이 날씨에 관한 이야기를 하면 어떨까요? 더운 날이면 今日も暑いですね(오늘도 덥네요), 비가 올 것 같으면 雨が降りそうですね(비가 올 것 같네요), 날씨가 추워졌을 때는 朝晩寒くなりましたね(아침저녁으로 추워졌네요)라고 말해보세요.

178 더위로 식욕이 없을 때

178.mp3

ご飯(はん)、食(た)べないの?

夏(なつ)バテかも。食欲(しょくよく)なくて。*

この暑(あつ)さだもんね。

なんかさっぱりしたものが食(た)べたい。*

단어

ご飯(はん) 밥　食(た)べる 먹다　夏(なつ)バテ 여름을 탐, 더위 먹음　食欲(しょくよく) 식욕
暑(あつ)さ 더위　さっぱり 산뜻한 모양, 담박한 모양

표현 TIP

* 夏(なつ)バテ　夏(なつ)(여름)와 バテる(지치다)가 합쳐진 말로 '더위 먹음'이라는 뜻입니다.
* ～が食(た)べたい　～たい는 '~을 하고 싶다'라는 뜻인데 대상을 나타내는 '을'에 해당하는 조사로 を 대신 が를 쓰면 더욱 간절한 느낌입니다.

178 더위로 식욕이 없을 때

training 178.mp3

밥 안 먹어?

더위 먹었나 봐. 입맛이 없어서.

너무 더우니까.

뭔가 담백한 거 먹고 싶다.

사요 꿀팁*

여름에 일본 여행을 간다면?

일본의 여름(夏)은 정말 덥습니다. 너무 더워서 매년 열사병(熱中症)에 의한 사망자가 천여 명에 이른다고 해요. 그렇기 때문에 여름에 일본을 방문할 때에는 수분이나 염분을 충분히 보충하고 모자나 양산을 쓰는 등 열사병(熱中症)에 걸리지 않도록 조심해야 합니다. 또 더위를 먹기 쉽고 식욕이 떨어질 때가 많은데 그럴 때는 면에 오이나 고기, 햄, 달걀지단 등을 얹어 초간장 육수를 부어 먹는 일본식 냉라면 冷やし中華를 추천합니다.

179 가족여행을 다녀왔을 때

179.mp3

ゴールデンウィーク何(なに)して過(す)ごした?*

家族(かぞく)でUSJ行(い)ってきた。

USJ混(こ)んでたでしょ?

うん。すごい混(こ)んでた。

단어

ゴールデンウィーク 황금연휴　過(す)ごす 보내다, 지내다　家族(かぞく) 가족
USJ 유니버설 스튜디오 재팬(오사카 소재)　混(こ)む 붐비다

표현 TIP

* ゴールデンウィーク 영어의 golden과 week를 합쳐서 만든 일본식 영어로, 주로 4월 말부터 5월 초까지의 휴일이 많은 일주일을 말합니다.

179 가족여행을 다녀왔을 때

training 179.mp3

황금연휴에 뭐 하고 지냈어?

가족끼리 USJ 갔다 왔어.

USJ 사람 많았지?

응, 엄청 많았어.

사요 꿀팁*

일본의 인기 테마파크 TOP 3

일본에서 인기 있는 테마파크라고 하면 도쿄디즈니랜드(東京ディズニーランド)&디즈니씨(ディズニーシー)와 오사카(大阪)에 있는 유니버설 스튜디오 재팬(ユニバーサルスタジオジャパン), 그리고 나가사키(長崎)에 있는 하우스텐보스(ハウステンボス)입니다. 그중에서도 특히 해외 관광객은 물론 일본 국내에서도 인기 급상승 중인 곳이 유니버설 스튜디오 재팬(USJ)인데요. 세계 최대의 여행 사이트인 TripAdvisor의 일본 테마파크 랭킹에 2년 연속 선정되기도 했습니다.

180 비 예보를 깜박하고 외출했을 때

180.mp3

やばい。*

何(なに)が？

洗濯物(せんたくもの)、外(そと)に干(ほ)したままだ。

え～！ 今日(きょう)、午後(ごご)から雨(あめ)だよ。

단어

やばい 위태롭다, 위험하다　洗濯物(せんたくもの) 빨래　外(そと) 바깥　干(ほ)す 말리다
～まま (그 상태) 그대로, ~채　午後(ごご) 오후　雨(あめ) 비

표현 TIP

* **やばい** やばい의 원래 의미는 '위험하다, 위태롭다'이지만 현재는 주로 젊은이들이 '대단하다, 좋다, 좋지 않다, 최고이다' 등의 뜻으로 긍정과 부정의 의미를 강조할 때 많이 씁니다. 줄여서 ヤベー라고도 합니다.

180 비 예보를 깜박하고 외출했을 때

training 180.mp3

어떡해.

뭐가?

빨래 밖에 널어놓고 왔어.

정말? 오늘 오후부터 비 와.

사요 꿀팁*

'소나기'에도 여러 가지 표현이 있어요

'소나기'를 뜻하는 일본어는 여러 개가 있습니다. 일기예보(天気予報(てんきよほう))에서 정식으로 사용하는 용어는 にわか雨(あめ)인데, 비(雨(あめ))가 아니라 눈(雪(ゆき))이 일시적으로 올 때는 にわか雪(ゆき)라고 합니다. 通(とお)り雨(あめ)라는 표현도 있는데, 말 그대로 스쳐 지나가듯 잠깐 내렸다가 바로 그치는 비를 말하고, 여름날 오후부터 저녁까지 내리는 소나기는 夕立(ゆうだち)라고 해요.

망각방지 장치 1 하루만 지나도 학습한 내용의 50%는 잊어버립니다. 여러분은 몇 퍼센트나 잊어버렸을까요? 5분 안에 20개를 말해 보세요.

			○	✕	복습
01	독서의 가을이지.	でしょ。	□	□	171
02	나는 식욕의 가을.	私(わたし)は　。	□	□	171
03	올해는 눈이 쌓일까?	今年(ことし)は　かな。	□	□	172
04	쌓이면 눈사람 만들자.	積(つ)もったら　よ。	□	□	172
05	일기예보에서는 맑다고 했는데.	予報(よほう)では　言(い)ってたのに。	□	□	173
06	게릴라 호우인가 봐.	かな。	□	□	173
07	이브까지 남친 만들려고 했는데.	イブまでに　予定(よてい)だったのにな。	□	□	174
08	크리스마스 솔로끼리 파티라도 할까?	クリぼっち同士(どうし)　。	□	□	174
09	오늘은 만우절이니까.	今日(きょう)は　だから。	□	□	175
10	뭐야! 깜짝 놀랐잖아.	もう！　じゃん。	□	□	175

정답 01 読書(どくしょ)の秋(あき)　02 食欲(しょくよく)の秋(あき)　03 雪積(ゆきつ)もる　04 雪(ゆき)だるま作(つく)ろう
05 晴(は)れるって　06 ゲリラ豪雨(ごうう)　07 彼氏作(かれしつく)る　08 クリパでもしよっか
09 エイプリルフール　10 ビックリした

			○	×	복습
11	꽃집이 온통 카네이션이네.	花屋(はなや)さん ________ だね。	□	□	176
12	어머니날에 선물 뭐 드려?	母(はは)の日(ひ)に ________ ？	□	□	176
13	구름 한 점 없이 맑은 하늘이네.	________ だね。	□	□	177
14	산책이라도 갈까?	________ ？	□	□	177
15	더위 먹었나 봐. 입맛이 없어서.	________ 。食欲(しょくよく)なくて。	□	□	178
16	뭔가 담백한 거 먹고 싶다.	なんか ________ が食(た)べたい。	□	□	178
17	황금연휴에 뭐 하고 지냈어?	ゴールデンウィーク、________ ？	□	□	179
18	엄청 많았어.	________ 。	□	□	179
19	빨래 밖에 널어놓고 왔어.	洗濯物(せんたくもの)、________ だ。	□	□	180
20	오늘 오후부터 비 와.	今日(きょう)、________ だよ。	□	□	180

정답 11 カーネーションだらけ　12 何(なに)かあげる　13 雲一(くもひと)つない晴天(せいてん)　14 散歩(さんぽ)でも行(い)く
15 夏(なつ)バテかも　16 さっぱりしたもの　17 何(なに)して過(す)ごした　18 すごい混(こ)んでた
19 外(そと)に干(ほ)したまま　20 午後(ごご)から雨(あめ)

망각방지 장치 2 일주일이 지나면 학습한 내용의 70%를 잊어버립니다. 여러분은 몇 퍼센트나 기억하고 있을까요? 대화문으로 확인해 보세요.

081 눈 오는 날에

try 081.mp3

A 눈 온다.[172]

B ほんとだ。寒(さむ)いわけだ。

A 조금 있으면 크리스마스니까.[174]

B 今年(ことし)も残(のこ)すところあとわずかだね。

- 寒(さむ)い 춥다　今年(ことし) 올해　残(のこ)す 남기다　あと 앞으로, 아직　わずか 얼마 안 되는 모양

082 비 예보를 깜박하고 외출했을 때

try 082.mp3

A 와, 비 많이 온다.[173]

B ほんと？どうしよう！ 빨래 밖에 널어놓고 왔어.[180]

A 天気予報(てんきよほう)見(み)なかったの？

B うん。朝(あさ)、晴(は)れてたから大丈夫(だいじょうぶ)だと思(おも)って…。

- 天気予報(てんきよほう)を見(み)る 일기예보를 보다　朝(あさ) 아침　晴(は)れる 맑다, 개다

081

A　雪(ゆき)降(ふ)ってる。[172]

B　진짜. 춥다고 했어.

A　もう少(すこ)しでクリスマスだもんね。[174]

B　올해도 얼마 안 남았네.

082

A　うわ～、雨(あめ)すごい降(ふ)ってる。[173]

B　진짜? 어떡해! 洗濯物(せんたくもの)、外(そと)に干(ほ)したままだ。[180]

A　일기예보 안 봤어?

B　응. 아침에 맑길래 괜찮을 거 같아서….

083 날씨가 좋을 때

try 083.mp3

A 날씨가 좋으니까 어디 가고 싶다. 177

B 꽃구경 안 갈래? 169

A いいね!

B 今(いま)、どれくらい咲(さ)いてるかな。

A どうだろう。満開(まんかい)だといいね。

- どれくらい 어느 정도 咲(さ)く (꽃이) 피다 満開(まんかい) 만개 ~だといい ~하면 좋다

084 어머니날 선물에 대해 얘기하며

try 084.mp3

A 来週(らいしゅう)、母(はは)の日(ひ)だっけ?

B うん。来週(らいしゅう)の日曜日(にちようび)だったはず。

A 어머니날에 선물 뭐 드려? 176

B 난 앞치마 선물할 거야. 176

- 来週(らいしゅう) 다음 주 ~っけ ~던가, ~였지

083

A　天気(てんき)がいいからどこか行(い)きたいね。[177]

B　お花見(はなみ)行(い)かない？[169]

A　좋아!

B　지금 얼마나 피었을까?

A　글쎄. 활짝 피었으면 좋겠다.

084

A　다음 주 어머니날이던가?

B　응. 다음 주 일요일일 거야.

A　母(はは)の日(ひ)に何(なに)かあげる？[176]

B　私(わたし)、エプロンプレゼントするよ。[176]

085 황금연휴 근황을 물을 때

try 085.mp3

A 황금연휴에 뭐 하고 지냈어? [179]

B 계속 틀어박혀서 애니 봤어. [168] ゆかは？

A 私(わたし)、実家(じっか)帰(かえ)ったよ。

B 実家(じっか)どこ？

A 福岡(ふくおか)だよ。

- 実家(じっか) 본가

086 더운 날 담백한 음식이 당길 때

try 086.mp3

A 더워 죽겠어. [170]

B この暑(あつ)さ、ちょっと異常(いじょう)だよね。

A お昼(ひる)、何(なに)食(た)べる？

B 뭔가 담백한 거 먹고 싶다. [178]

A じゃあ、そばはどう？

- 暑(あつ)さ 더위 異常(いじょう) 이상함 お昼(ひる) 점심 식사 そば 메밀국수

085

A ゴールデンウィーク何して過ごした? 179

B ずっとひきこもってアニメ見てた。168 유카는?

A 난 본가에 갔어.

B 본가가 어딘데?

A 후쿠오카야.

086

A 暑くて死にそう。170

B 이 더위 좀 이상하지.

A 점심 뭐 먹을래?

B なんかさっぱりしたものが食べたい。178

A 그럼 메밀국수는 어때?

087 비 예보가 있는 날에

try 087.mp3

A 날씨 좋다.[177]

B でも確(たし)か午後(ごご)から雨(あめ)って言(い)ってた気(き)がする。

A そうなの？ 우산 안 가져왔어.[173]

B 私(わたし)、傘(かさ)2つ(ふた)持(も)ってるから、もし降(ふ)ったら貸(か)してあげるよ。

• 確(たし)か 분명히, 필시 気(き)がする 생각[느낌]이 들다 傘(かさ) 우산 貸(か)す 빌려주다

088 오랜만에 친구를 만났을 때

try 088.mp3

A 久(ひさ)しぶり。

B 久(ひさ)しぶりだね～。

A 설 연휴에 뭐 했어?[168]

B 가족끼리 USJ 갔다 왔어.[179]

A USJ混(こ)んでたでしょ？

• 久(ひさ)しぶり 오랜만임 混(こ)む 붐비다

087

A　天気いいね。 177

B　근데 분명 오후부터 비 온다고 한 것 같은데.

A　그래? 傘持ってないよ。 173

B　나 우산 두 개니까 비 오면 빌려줄게.

088

A　오랜만이야.

B　오랜만이네~.

A　正月休み、何してた? 168

B　家族でUSJ行ってきた。 179

A　USJ 사람 많았지?

089 더위 먹었을 때

try 089.mp3

A 顔色悪いけど大丈夫？

B 最近、暑すぎて 더위 먹었나 봐. 178

A それに梅雨入りしたからか、후덥지근하네. 170

B 早く梅雨明けしてほしいよ。

- 梅雨入り 장마철이 됨　じめじめ 습기가 많은 모양, 축축　梅雨明け 장마가 걷힘

090 밸런타인데이를 앞두고

try 090.mp3

A 今日、2月7日ってことは、다음 주 밸런타인데이네. 162

B ほんとだ。남친한테 뭐 만들어줄 거야? 162

A 考え中。えりはどうするの？

B 時間ないからたぶん買うと思う。

- ～ってことは ~라는 건　考える 생각하다　～中 ~중　たぶん 대개, 아마

089

A　안색이 안 좋은데 괜찮아?

B　요즘 너무 더워서 夏(なつ)バテかも…。[178]

A　게다가 장마철에 들어서 그런지 じめじめしてるよね。[170]

B　빨리 장마철이 끝났으면 좋겠어.

090

A　오늘이 2월 7일이면 来週(らいしゅう)バレンタインデーだね。[162]

B　진짜. 彼氏(かれし)に何(なに)か作(つく)る？[162]

A　생각 중이야. 에리는 어떻게 할 건데?

B　시간 없어서 아마 살 것 같아.

Part 10

네이티브가 매일 주고받는

SNS&스마트폰 &유행어 대화 20

Part 10 전체 듣기

최신 트렌드를 반영하는 유행어, 그리고 그 중심에 있는 SNS와 스마트폰!
'구글링해 봐, 인스타 올렸어, 라인 해? 또 스팸메일이야, 남친이 읽씹해, 사진발 좋네, 셀카야, 디스당했어, 비번 생각 안 나, 악플로 도배돼 있어, 이모티콘 귀엽다, 리트윗 해야지' 등등 SNS&스마트폰&유행어와 관련해 주고받는 다양한 대화를 익혀 보세요.

181 정보를 검색할 때

182 SNS에서 음식 사진을 봤을 때

183 SNS 주소를 공유할 때

184 스팸메일이 계속 올 때

185 걸으면서 스마트폰을 할 때

186 SNS에 올라온 사진이 궁금할 때

187 메시지에 답장이 오지 않을 때

188 잘 나온 친구의 사진을 보고

189 직장 상사가 괴롭힐 때

190 거리가 사람들로 북적일 때

191 비밀번호를 잊어버렸을 때

192 순진한 사람에 대해 말할 때

193 재미있는 뉴스를 봤을 때

194 악플로 도배된 사람의 SNS를 봤을 때

195 질투가 심하다고 느낄 때

196 유행어의 의미를 물을 때

197 예쁜 가게를 발견했을 때

198 귀여운 이모티콘을 봤을 때

199 SNS를 하는지 물어볼 때

200 SNS 글을 리트윗 할 때

181 정보를 검색할 때

181.mp3

忖度(そんたく)ってどういう意味(いみ)だろ。

さぁ～、ググってみたら？*

そうしてみる。

やっぱグーグル先生(せんせい)が一番(いちばん)だよ。*

단어

忖度(そんたく) 남의 마음을 미루어 헤아림　どういう 어떠한, 무슨　意味(いみ) 의미
ググる 구글에서 검색하다　やっぱ 역시　グーグル 구글(google)　一番(いちばん) 가장, 제일, 최고

표현 TIP

* ググる 검색 엔진 Google에 る를 붙여 동사화한 것으로 '구글에서 검색하다'라는 뜻입니다.
* やっぱ '역시'라는 뜻으로 やはり의 회화체인 やっぱり의 줄임말입니다. 주로 도쿄를 중심으로 쓰는 방언이에요.

181 정보를 검색할 때

training 181.mp3

'손타쿠'가 무슨 뜻이지?

글쎄? 구글링해봐.

그래야겠다.

역시 구글 선생님이 최고야.

사요 꿀팁

流行語大賞(유행어 대상)에 오른 표현들

일본에서는 매년 연말에 1년 동안 인기 있었던 표현을 모아 그중에서 유행어 대상을 정하는데요. 新語流行語大賞라고 해서 1984년부터 계속 되고 있어요. 대화문에 나온 忖度는 2017년에 유행어 대상에 오른 표현입니다. 그 외에도 메이저리거 大谷翔平(오타니 쇼헤이) 의 활약을 나타낸 リアル二刀流(리얼 이도류)와 ショータイム(쇼 타임), 학원의 CF 광고에서 당시 강사였던 林修(하야시 오사무)가 말한 今でしょ(지금이죠) 등이 있습니다. 일본인이면 누구나 아는 표현들이니 기회가 있다면 일본인 친구 앞에서 한번 써보세요!

182 SNS에서 음식 사진을 봤을 때

182.mp3

健一(けんいち)、インスタ載(の)せてる。*

どれどれ？*

ラーメンの写真(しゃしん)だ！

飯(めし)テロかよ！

단어

インスタ 인스타그램　載(の)せる 올리다　ラーメン 라면　写真(しゃしん) 사진　飯(めし) 밥　テロ 테러

표현 TIP

* **インスタ載(の)せてる** インスタ는 インスタグラム(Instagram)의 줄임말이고, SNS에 사진 등을 올릴 때는 載(の)せる(게재하다, 올리다)라는 표현을 씁니다.
* **どれどれ** どれ(어느 것)를 두 번 반복한 표현으로 '어디 보자'라는 뜻이에요.

182 SNS에서 음식 사진을 봤을 때

training 182.mp3

겐이치 인스타 올렸어.

어디 봐봐.

라면 사진이잖아!

밥 테러냐고!

사요 꿀팁*

이건 무슨 뜻? 飯テロ(밥 테러)

飯テロ(밥 테러)란 '밥'을 의미하는 飯와 テロリスト(테러리스트)를 합친 말로 식욕을 돋우는 음식 사진이나 영상을 인터넷에 올려, 보는 사람을 배고픔에 몸부림치게 만드는 행위를 테러에 빗댄 표현입니다. 드라마 「孤独のグルメ」(고독한 미식가)와 같이 맛있는 음식이 많이 나와 보는 것만으로도 배가 고파지는 드라마를 飯テロドラマ(밥 테러 드라마)라고도 합니다.

183 SNS 주소를 공유할 때

183.mp3

ラインやってる?*

やってるよ。*

よかったら、ライン教(おし)えて。

いいよ。じゃあ、ID(アイディー)教(おし)えるね。

단어

やる 하다　よかったら 괜찮다면　教(おし)える 가르치다　ID(アイディー) 아이디

표현 TIP

* やってる やっている(하고 있다)의 회화체 표현입니다. やる는 '하다'라는 뜻 외에 아랫사람이나 동물 등에게 무언가를 '주다'라는 뜻으로 쓰기도 합니다.

183 SNS 주소를 공유할 때

training 183.mp3

라인 해?

하지.

괜찮으면 라인 주소 알려줘.

알았어. 그럼 ID 알려줄게.

사요 꿀팁*

일본에서 제일 핫한 라인(LINE)

현재 일본에서는 라인(LINE)을 하는 게 당연한 일이 됐습니다. 2011년에 서비스를 시작한 라인의 일본 내 사용자 수는 7,600만 명으로 트위터 4,500만 명, 페이스북 2,800만 명, 인스타그램 2,000만 명과 비교해도 압도적으로 많습니다(2018년 10월 기준). 라인은 젊은 세대뿐만 아니라 폭넓은 세대가 이용하는 것이 특징 중의 하나인데, 특히 40대 이상의 유저가 전체 이용자 수의 반을 차지한다고 합니다.

184 스팸메일이 계속 올 때

184.mp3

また迷惑(めいわく)メールだ。

ブロックしたら？

ブロックしてもきりがないんだよな。*

それかメアド変(か)えるとか。*

단어

また 또　迷惑(めいわく)メール 스팸메일　ブロック 블록, 차단　きり 일단락, 끝맺음　メアド 메일 주소　変(か)える 바꾸다

표현 TIP

* **きりがない** きりがない는 '제한이 없다, 끝이 없다'라는 뜻입니다.
* **それか** 지시대명사 それ에 조사 か가 붙은 것으로 '그것 또는, 아니면'이라는 뜻입니다. 뒤에 다른 선택지 등을 제시할 때 쓰며, 비슷한 말로는 あるいは(혹은), または(또는) 등이 있습니다.

184 스팸메일이 계속 올 때

training 184.mp3

또 스팸메일이야.

차단해.

차단해도 끝이 없어.

아니면 메일 주소를 바꾸든지.

사요 꿀팁*

迷惑(めいわく)가 들어가는 다양한 표현들

迷惑(めいわく)는 '민폐'라는 뜻으로 迷惑(めいわく)メール라고 하면 민폐가 되는 메일, 즉 '스팸메일'을 뜻합니다. 이런 메일이 오면 ブロック(차단)하거나 メールアドレス(메일 주소)를 바꿉니다. 또 전화의 경우는 迷惑電話(めいわくでんわ)(스팸전화)라고 하며 역시 번호를 차단하거나 신고합니다. 메일이나 전화뿐만 아니라 주변 사람들에게 폐를 끼치는 것은 はた迷惑(めいわく), 특히 집 근처에 있는 사람에게 폐를 끼치는 것은 近所迷惑(きんじょめいわく)라고 합니다.

185 걸으면서 스마트폰을 할 때

185.mp3

また歩(ある)きスマホしてる。

ユーチューブ見(み)てたわ。*

今(いま)ぶつかりそうだったよ。

ごめん。気(き)をつけるわ。*

단어

歩(ある)く 걷다　スマホ 스마트폰　ユーチューブ 유튜브　見(み)る 보다　ぶつかる 부딪치다
気(き)をつける 주의하다

표현 TIP

* ～わ　종조사 わ는 주로 여자들이 사용하는 이미지가 있지만 남자들도 많이 씁니다. 그렇다고 여성스러운 느낌을 나타내는 것이 아니라 친구끼리 편하게 말할 때 특별한 의미 없이 쓰는 표현입니다.

185 걸으면서 스마트폰을 할 때

training 185.mp3

하루나: 또 걸으면서 스마트폰 한다.

다카시: 유튜브 봤어.

하루나: 지금 부딪칠 뻔했어.

다카시: 미안. 조심할게.

사요 꿀팁*

이건 무슨 뜻? 歩(ある)きスマホ(스몸비)

스마트폰(スマホ)의 보급으로 문제가 되는 것이 보행 중에 스마트폰을 사용하는 歩(ある)きスマホ, 일명 '스몸비(스마트폰과 좀비의 합성어)' 문제입니다. 걸으면서 스마트폰을 조작하기 때문에 앞에 어떤 장애물이 있는지, 달려 오는 차가 있는지를 인지하지 못해 큰 사고로 이어질 가능성이 높고, 실제로 관련 사건 · 사고도 증가하고 있습니다. 친구가 걸으면서 스마트폰을 하고 있다면 歩(ある)きスマホやめなよ(걸으면서 폰 하지 마)라고 따끔하게 주의를 주세요.

186 SNS에 올라온 사진이 궁금할 때

186.mp3

昨日(きのう)アップした写真(しゃしん)、何(なに)?*

夜(よる)載(の)せた写真(しゃしん)?

そう。隣(となり)にいる人(ひと)、誰(だれ)?

新(あたら)しくできた彼氏(かれし)だよ。

단어

昨日(きのう) 어제　アップ 업로드　写真(しゃしん) 사진　夜(よる) 밤　載(の)せる 올리다, 싣다
隣(となり) 옆　誰(だれ) 누구　新(あたら)しい 새롭다　できる 생기다

표현 TIP

* アップする　アップロードする(업로드하다)의 줄임말로 반대말은 ダウンロードする(다운로드하다) 입니다.
* できる　できる는 '할 수 있다, 되다, 나다' 등의 여러 뜻을 가지고 있는데 여기서는 '생기다'라는 뜻입니다.

186 SNS에 올라온 사진이 궁금할 때

training 186.mp3 

어제 업로드한 사진 뭐야?

밤에 올린 사진?

응. 옆에 있는 사람 누구야?

새로 생긴 남친이야.

사요 꿀팁*

한국인이 틀리기 쉬운 일본어 '애인'

일본어로 '남친'은 彼氏(かれし), '여친'은 彼女(かのじょ)라고 하며 '남사친'은 男友達(おとこともだち), '여사친'은 女友達(おんなともだち)라고 합니다. 또 '애인'은 恋人(こいびと)라고 하는데 직역하여 愛人(あいじん)이라고 하면 불륜 상대를 의미하는 말이 되니 연인을 소개할 때 조심하세요

187 메시지에 답장이 오지 않을 때

187.mp3

最近(さいきん)、彼氏(かれし)に既読(きどく)スルーされる。

バイト中(ちゅう)だからじゃないの?*

バイトはしてないはずなんだけど。

もしくは返信(へんしん)するの忘(わす)れてるとか。*

단어

最近(さいきん) 최근, 요즘　既読(きどく)スルー 읽고 무시함　バイト 아르바이트

もしくは 또는, 혹은, 그렇지 않으면　返信(へんしん) 답장　忘(わす)れる 잊다

표현 TIP

* ～中(ちゅう) 어떤 일을 하고 있는 상태를 설명하는 것으로 '～하고 있는 중'이라는 뜻입니다.
* もしくは '또는, 혹은'이라는 뜻으로 두 가지 중에서 어느 한쪽이라는 의미입니다.

187 메시지에 답장이 오지 않을 때

training 187.mp3

요즘 남친한테 읽씹 당해.

알바 중이라 그런 거 아니야?

알바는 안 하고 있을 텐데.

아니면 답장하는 거 까먹고 있든가.

사요 꿀팁*

이건 무슨 뜻? 既読(きどく)スルー(읽씹)

일본에서는 주로 라인을 사용해 메시지를 주고받는데, A가 B에게 라인을 보냈을 때 B가 내용을 읽었으면 읽었다는 뜻의 既読(きどく) 표시가 뜹니다. 읽고도 답장을 하지 않는 것을 요즘 말로 '읽씹'이라고 하는데, 일본어로는 既読(きどく)スルー 혹은 既読無視(きどくむし)라고 합니다. 또 글을 읽지도 않고 그대로 내버려두는 것은 未読(みどく)スルー, 未読無視(みどくむし)라고 합니다. 라인의 이러한 기능 때문에 바로 답장을 해야 한다는 부담이 있어 既読(きどく) 표시가 나지 않게 메시지를 보는 방법이 고안되고 있다고 합니다.

188 잘 나온 친구의 사진을 보고

188.mp3

えみ、写真映え(しゃしんば)するよね。*

そうかな。

この写真誰(しゃしんだれ)が撮(と)ったの？

それ自撮(じど)り。

단어

写真(しゃしん) 사진　誰(だれ) 누구　撮(と)る 찍다　自撮(じど)り 셀카

표현 TIP

* ～映(ば)えする　映(は)え는 '빛나는 모양, 빛나다'라는 뜻인데 映(は)え 앞에 '사진'이 오면 발음이 映(ば)え가 되면서 '사진발'이라는 뜻이 됩니다.

188 잘 나온 친구의 사진을 보고

training 188.mp3 

에미 사진발 좋네.

그래?

이 사진 누가 찍었어?

그거 셀카야.

사요 꿀팁*

이건 무슨 뜻? 自撮(じど)り(셀카)

'셀카'는 일본어로 自撮(じど)り라고 하고 '셀카봉'은 自撮(じど)り棒(ぼう)라고 합니다. 몇 년 전만 해도 일본에서는 셀카 찍는 사람을 ナルシスト(나르시스트)라고 하여 이상하게 여기는 분위기였는데 요즘은 셀카 찍는 사람이 정말 많아졌습니다. '셀카'를 다른 말로 セルフィー(selfie)라고도 하는데 눈은 크게 뜨고 얼굴은 45도 각도로 찍는 등 '셀카를 잘 찍는 비결'은 セルフィーテクニック, 혹은 自撮(じど)りテクニック(自撮(じど)りテク)라고 합니다.

189 직장 상사가 괴롭힐 때

189.mp3

今日(きょう)も部長(ぶちょう)にディスられた。

マジか。お疲(つか)れ。

何(なん)か目(め)の敵(かたき)にされてる気(き)がする。*

あんまり気(き)にしすぎない方(ほう)がいいよ。*

단어

部長(ぶちょう) 부장　ディスる 디스하다, 경멸하다　目(め)の敵(かたき) 눈엣가시
気(き)にする 신경 쓰다

표현 TIP

* 気(き)がする/気(き)にする　気(き)는 주로 마음의 상태를 의미해서 気(き)がする라고 하면 '생각이 들다, 느낌이 들다'라는 뜻이고, 気(き)にする라고 하면 '마음에 두다, 걱정하다'라는 뜻입니다.

189 직장 상사가 괴롭힐 때

training 189.mp3

오늘도 부장님한테 디스당했어.

진짜? 고생했어.

왠지 눈엣가시로 여기는 것 같아.

너무 신경 쓰지 않는 게 좋아.

사요 꿀팁*

이건 무슨 뜻? ディスる(디스하다)

ディスる는 보통 ディスられた(디스당했다)라는 식으로 사용하는데, 영어 disrespect에 る를 붙여 동사화한 표현으로 비판이나 욕하는 것을 말합니다. 요즘에는 명사에 る를 붙여 동사화하기도 하는데, 예를 들어 택시를 이용하는 것은 タクシー(택시)에 る를 붙여 タクる, 메모하는 것은 メモ(메모)에 る를 붙여 メモる, Google에서 검색하는 것은 Google에 る를 붙여 ググる라고 합니다.

거리가 사람들로 북적일 때

190.mp3

六本木パリピだらけだね。

今日ハロウィンだからかも。

それにしてもうるさいね。*

耳栓でも買おっか。*

단어

六本木(ろっぽんぎ) 롯폰기(지명)　パリピ 파티 피플　ハロウィン 핼러윈　うるさい 시끄럽다
耳栓(みみせん) 귀마개　買(か)う 사다

표현 TIP

* それにしても '그렇다고 해도'라는 뜻으로 화제를 바꿀 때 씁니다.
* ～でも買おっか '～라도 살까?'라는 뜻으로 買おっか는 買おうか(살까)의 회화체 표현입니다.

190 거리가 사람들로 북적일 때

training 190.mp3

롯폰기에 파티 피플 쫙 깔렸네.

오늘 핼러윈이니까.

그렇다 쳐도 시끄러워.

귀마개라도 살까?

사요 꿀팁*

이건 무슨 뜻? パリピ(파티 피플)

パリピ란 パーティーピープル(party people)의 약자로 클럽을 좋아하는 '파티 피플' 혹은 한국의 신조어 '인싸'와 비슷한 말입니다. 주로 파티나 클럽 등에서 술을 마시고 떠드는 것을 의미하는데 그 외에도 친구들과 신나게 노는 것을 뜻하기도 해서 明日(あした)休(やす)みだし、パリピしたいよね(내일 쉬는 날이니까 신나게 놀고 싶네)라는 식으로 씁니다. 또 パリピ에는 시끄럽게 떠들고 불성실하고 경박한 사람들이라는 부정적인 뉘앙스도 있습니다.

망각방지 장치 1

하루만 지나도 학습한 내용의 50%는 잊어버립니다. 여러분은 몇 퍼센트나 잊어버렸을까요? 5분 안에 20개를 말해 보세요.

			○	✕	복습
01	'손타쿠'가 무슨 뜻이지?	忖度(そんたく)って＿＿＿＿だろ。	□	□	181
02	글쎄? 구글링해봐.	さぁ～、＿＿＿＿？	□	□	181
03	겐이치 인스타 올렸어.	健一(けんいち)、＿＿＿＿。	□	□	182
04	밥 테러냐고!	＿＿＿＿かよ！	□	□	182
05	라인 해?	ライン＿＿＿＿？	□	□	183
06	괜찮으면 라인 주소 알려줘.	よかったら、＿＿＿＿。	□	□	183
07	또 스팸메일이야.	また＿＿＿＿だ。	□	□	184
08	차단해도 끝이 없어.	ブロックしても＿＿＿＿んだよな。	□	□	184
09	또 걸으면서 스마트폰 한다.	また＿＿＿＿してる。	□	□	185
10	지금 부딪칠 뻔했어.	今(いま)＿＿＿＿よ。	□	□	185

정답 01 どういう意味(いみ)　02 ググってみたら　03 インスタ載(の)せてる　04 飯(めし)テロ
05 やってる　06 ライン教(おし)えて　07 迷惑(めいわく)メール　08 きりがない
09 歩(ある)きスマホ　10 ぶつかりそうだった

			○	✕	복습
11	어제 업로드한 사진 뭐야?	昨日(きのう) ＿＿＿＿ 写真(しゃしん)、何(なに)？	☐	☐	186
12	옆에 있는 사람 누구야?	＿＿＿＿ 人(ひと)、誰(だれ)？	☐	☐	186
13	요즘 남친한테 읽씹 당해.	最近(さいきん)、彼氏(かれし)に ＿＿＿＿。	☐	☐	187
14	알바 중이라 그런 거 아니야?	＿＿＿＿ だからじゃないの？	☐	☐	187
15	에미 사진발 좋네.	えみ、＿＿＿＿ よね。	☐	☐	188
16	그거 셀카야.	それ ＿＿＿＿。	☐	☐	188
17	오늘도 부장님한테 디스당했어.	今日(きょう)も ＿＿＿＿。	☐	☐	189
18	왠지 눈엣가시로 여기는 것 같아.	何(なん)か ＿＿＿＿ 気(き)がする。	☐	☐	189
19	롯폰기에 파티 피플 쫙 깔렸네.	六本木(ろっぽんぎ) ＿＿＿＿ だね。	☐	☐	190
20	그렇다 쳐도 시끄러워.	それにしても ＿＿＿＿ ね。	☐	☐	190

정답 11 アップした　12 隣(となり)にいる　13 既読(きどく)スルーされる　14 バイト中(ちゅう)
15 写真映(しゃしんば)えする　16 自撮(じど)り　17 部長(ぶちょう)にディスられた
18 目(め)の敵(かたき)にされてる　19 パリピだらけ　20 うるさい

191 비밀번호를 잊어버렸을 때

191.mp3

パスワード何(なん)だっけ？

忘(わす)れたの？

うん。思(おも)い出(だ)せない。

再設定(さいせってい)してみなよ。*

단어

パスワード 암호, 비밀번호　忘(わす)れる 잊다　思(おも)い出(だ)す 생각해내다
再設定(さいせってい) 재설정

표현 TIP

* 〜してみな 〜してみなさい의 줄임말로 '〜해봐'라는 가벼운 명령을 나타냅니다.

191 비밀번호를 잊어버렸을 때

training 191.mp3

비번 뭐였더라?

까먹었어?

응. 생각 안 나.

재설정해봐.

사요 꿀팁

한국인이 틀리기 쉬운 일본어 '비밀번호'

'비밀번호'는 일본어로 직역하여 秘密番号(ひみつばんごう)라고 생각하기 쉬운데, 이는 틀린 표현이고 맞는 표현은 暗証番号(あんしょうばんごう) 혹은 パスワード입니다. 일반적으로 컴퓨터나 스마트폰에서 로그인할 때 입력하는 '비밀번호'는 パスワード(패스워드)라고 하고 ATM 등에서 돈을 인출할 때, 혹은 신용카드를 사용할 때 쓰는 '비밀번호'는 暗証番号(あんしょうばんごう)라고 합니다.

192 순진한 사람에 대해 말할 때

192.mp3

冗談をマジレスで返す人、どう思う？

誰がマジレスしたって？

ゆうこだよ。

ゆうこ天然だからね。*

단어

冗談(じょうだん) 농담　マジレス 진지한 대답　返(かえ)す 돌려주다, 갚다　思(おも)う 생각하다

天然(てんねん) 천연, 천성, 백치미

표현 TIP

* 天然(てんねん) 天然(てんねん)은 '천연'이라는 뜻이지만 보통 사람과 다른 생각이나 행동을 하는 사람들을 '이상하다, 재미있다, 귀엽다'고 하면서 天然(てんねん)이라고 부릅니다. 백치미 캐릭터, 어리버리한 사람, 사차원 등의 뜻에 가깝지만 한국어로 번역하기 까다로운 표현이에요.

192 순진한 사람에 대해 말할 때

training 192.mp3

농담에 진지하게 답변하는 사람 어떻게 생각해?

누가 정색했는데?

유코야.

유코는 천성이 그러니까.

사요 꿀팁*

이건 무슨 뜻? マジレス(진지한 댓글)

マジレス란 '진지함, 정말 진심'이라는 의미가 있는 マジ와 영어의 response를 줄인 レス가 합쳐져 만들어진 말로 '진지한 댓글'이라는 뜻입니다. 주로 SNS 등 인터넷상에서 자주 쓰이는 속어로, 농담으로 한 말에 상대방이 정색하고 반응할 때 비판의 의미로 사용합니다. 또 자신이 진지한 말을 한다는 뜻으로 쓰기도 합니다.

193 재미있는 뉴스를 봤을 때

193.mp3

昨日(きのう)のニュースマジウケる。*

どんなニュース?

「ラグビー選手(せんしゅ)、車(くるま)にひかれて無傷(むきず)」。

スーパーサイヤ人(じん)か!*

단어

ニュース 뉴스　マジ 진심, 진정　ウケる 웃기다　ラグビー 럭비　選手(せんしゅ) 선수
車(くるま) 자동차　ひく (차 따위가) 치다　無傷(むきず) 상처가 없음

표현 TIP

* **マジウケる** 보통 受(う)ける라고 하면 '받다'라는 뜻이지만 대화에서 사용할 때는 '웃기다, 재미있다'라는 뜻으로 쓰일 때가 많고 표기할 때는 ウケ는 가타카나로, る는 히라가나로 표기합니다. 여기에 '진심, 진짜'라는 뜻의 マジ가 붙으면 '진짜 웃기다, 진짜 재미있다'는 뜻이 됩니다.
* **スーパーサイヤ人(じん)** 만화 드래곤볼에 나오는 표현으로, 캐릭터들이 변신만 하면 힘이 말도 안 되게 강해지는 상태를 말합니다.

193 재미있는 뉴스를 봤을 때

training 193.mp3

어제 뉴스 진짜 웃겼어.

어떤 뉴스였는데?

'럭비 선수, 차에 치였으나 부상 없음'.

초사이어인이냐고!

사요 꿀팁*

한국은 ㅋㅋㅋ, 일본은 www

일본에서는 재미있다는 의사 표시를 할 때 괄호 안에 한자 笑(웃다)를 넣어 '(笑): かっこわらい'라고 합니다. 笑는 爆笑(폭소)나 苦笑(쓴웃음)처럼 여러 표현을 만들 수 있는 것이 특징이며 상냥하고 공손한 느낌을 줍니다. 또 친한 사이에서는 わらい의 알파벳 앞 글자 w를 따서 쓰기도 하는데, w 개수로 재미의 정도를 나타내어 정말 재미있을 때는 wwwww처럼 w를 많이 씁니다. 또 w가 많은 모양이 풀이 난 것처럼 보인다고 해서 최근에는 草(풀) 혹은 草生える(풀이 나다)라고 표현하기도 합니다.

194 악플로 도배된 사람의 SNS를 봤을 때

194.mp3

この芸能人(げいのうじん)のツイート見(み)て!

うわっ、すごい炎上(えんじょう)してる。

この人(ひと)よく炎上(えんじょう)する気(き)がしない?*

炎上商法(えんじょうしょうほう)かもね。

단어

芸能人(げいのうじん) 연예인　ツイート 트위터　炎上(えんじょう) 악플 쇄도, 댓글 쇄도　よく 자주
気(き)がする 생각이 들다, 느낌이 들다　商法(しょうほう) 상법, 상술

표현 TIP

* 気(き)がしない? 気(き)がする는 '어떠한 생각이 들다, 느낌이 들다'라는 뜻이므로 気(き)がしない?는 '느낌 안 들어?, ~같지 않아?'라는 뜻입니다.

194 악플로 도배된 사람의 SNS를 봤을 때

training 194.mp3

이 연예인 트윗 봐봐!

와, 악플로 엄청 도배돼 있네.

이 사람 자주 이러는 것 같지 않아?

관심 끌려고 일부러 그러는 건가?

사요 꿀팁*

이건 무슨 뜻? 炎上(えんじょう)(악플)

炎上(えんじょう)란 불이 타오르는 것을 의미하는데 인터넷상에서는 SNS에 있는 어떤 내용에 비판적인 댓글이 불이 타오르는 것처럼 집중적으로 모이는 것을 의미하며 '악성 댓글'과 비슷한 뜻입니다. 炎上(えんじょう)하는 데는 여러 이유가 있지만 주로 실언이나 폭언, 부정적인 발언 때문입니다. 개중에는 일부러 비판받을 내용을 올려서 사람들의 주목을 끌어 이익을 얻으려는 방법이 문제가 되고 있는데, 이를 炎上商法(えんじょうしょうほう)(염상상법)라고 합니다.

195 질투가 심하다고 느낄 때

195.mp3

私(わたし)メンヘラかもしれない。

どうしたの、いきなり。

彼氏(かれし)が他(ほか)の人(ひと)と話(はな)してると
イラっとするの。*

それはただの嫉妬(しっと)じゃない？

단어

いきなり 갑자기　他(ほか) 다른　話(はな)す 이야기하다　イラっとする 짜증 나다, 초조해하다
ただ 단지, 그냥　嫉妬(しっと) 질투

표현 TIP

* **イラっとする** 초조한 모습을 나타내는 부사 いらいら에서 온 표현으로 '짜증 나다, 초조해하다'라는 뜻입니다. 비슷한 표현으로 いらいらする, むかっとする 등이 있습니다.

195 질투가 심하다고 느낄 때

training 195.mp3

나 정신이 이상한가 봐.

갑자기 무슨 소리야?

남친이 다른 사람이랑 얘기하면 짜증 나.

그건 단순히 질투 아니야?

사요 꿀팁*

이건 무슨 뜻? メンヘラ(멘헤라)

メンヘラ는 メンタル・ヘルス(mental health)에 문제가 있는 사람(-er), 즉 정신적으로 불완전한 사람을 가리키는 인터넷 속어입니다. 최근 몇 년간 일상생활에 급속히 침투하여 자주 쓰는 말이 되었습니다. 처음에는 주로 정신적으로 문제가 있는 사람을 가리키는 말로 사용했지만 요즘에는 보다 넓은 의미로 쓰입니다. 외로움을 많이 타고 사람들에게 관심을 받고 싶어하는 사람, 부정적인 발언이 많은 사람, 히스테릭한 사람, SNS에 글을 올리는 속도가 남들보다 빠른 사람 등을 말하며 주로 여성에게 많이 씁니다.

196 유행어의 의미를 물을 때

196.mp3

何(なに)、このマジ卍(まんじ)って。

最近(さいきん)、若(わか)い子達(こたち)がよく使(つか)ってるよね。*

卍(まんじ)ってお寺(てら)のマークじゃないの?

言葉(ことば)っていうか記号(きごう)だよね。*

단어

若(わか)い 젊다　子(こ) 아이　～達(たち) ~들(복수)　使(つか)う 사용하다　お寺(てら) 절
マーク 마크　言葉(ことば) 말　記号(きごう) 기호

표현 TIP

* よく　よく는 상황에 따라 '자주, 잘, 잘도' 등의 뜻으로 쓰여요.
* ～っていうか　'오히려, ~랄까(라고 할까), 그보다, ~라기보다'라는 뜻으로 문장 전체를 부드럽게 부정하며 보충할 때 쓰는 표현입니다.

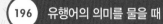

196 유행어의 의미를 물을 때

training 196.mp3

뭐야, 이 마지만지는?

요즘 젊은 애들이 자주 써.

만지는 절 마크 아니야?

말이라기보다는 기호지.

사요 꿀팁*

일본 여고생들이 많이 사용했던 이모티콘 卍(まんじ)

卍(まんじ)는 원래 일본에서 절의 지도 기호로 쓰는 것인데, 언제부턴가 여고생을 중심으로 젊은 사람들이 기분이 좋아졌을 때나 아니면 그냥 의미 없이 쓰는 기호가 되었습니다. 卍(まんじ)에 '진짜'라는 뜻을 가진 マジ를 붙여 マジ卍(まんじ)라고 할 때가 많은데, 이때는 '대박, 쩔어, 위험하다' 등의 뜻을 가진 やばい와 뉘앙스가 비슷합니다.

197 예쁜 가게를 발견했을 때

197.mp3

これインスタ映(ば)えしそうじゃない?

ほんとだ! ケーキが虹色(にじいろ)。*

お店(みせ)もかわいいね。

ここ入(はい)ってみる?

단어

インスタ映(ば)え 인스타각, 인스타 감성　ケーキ 케이크　虹色(にじいろ) 무지개색　お店(みせ) 가게
かわいい 귀엽다　入(はい)る 들어가다

표현 TIP

* 虹色(にじいろ) '무지개색'이란 뜻입니다. 무지개색은 나라마다 다른 경우도 있는데 일본은 한국과 같은 赤(せき)(빨강)・橙(とう)(주황)・黄(おう)(노랑)・緑(りょく)(초록)・青(せい)(파랑)・藍(らん)(남색)・紫(し)(보라)를 무지개색이라고 합니다.

197 예쁜 가게를 발견했을 때

training 197.mp3

이거 인스타각일 것 같지 않아?

진짜! 케이크가 무지개색이야.

가게도 귀여워.

여기 들어가볼까?

사요 꿀팁*

'인스타각'은 インスタ映え라고 해요

インスタ映え는 인스타그램에 사진을 올렸을 때 '빛나다, 더 좋아 보인다'라는 의미로 '인스타각' 정도의 뜻입니다. インスタ映え 외에도 ○○映え라는 표현이 많은데, 예를 들어 化粧映え는 화장을 하면 다른 사람보다 얼굴이 빛나고 화장이 잘 어울리는 사람을 의미하며, 반대로 화장을 안 하면 인상에 남지 않는 흔한 얼굴이라는 부정적인 의미도 포함되어 있습니다. 한국어로 말하면 '화장발'과 비슷한 말입니다

198 귀여운 이모티콘을 봤을 때

198.mp3

スタンプかわいい。*

昨日(きのう)新(あたら)しく買(か)ったの。

このスタンプ動(うご)くんだ〜。

うん。あと、声(こえ)も出(で)るよ。*

단어

スタンプ 스탬프, 이모티콘　昨日(きのう) 어제　新(あたら)しい 새롭다　買(か)う 사다
動(うご)く 움직이다　あと 그리고　声(こえ) 목소리　出(で)る 나오다

표현 TIP

* かわいい 사전적 의미는 '귀엽다'지만 일본에서는 '예쁘다'라는 뜻으로도 かわいい를 많이 써요.
* あと 後(あと)는 위치를 나타낼 때는 '뒤쪽', 시기를 나타낼 때는 '이후, 나중, 앞으로', 접속사로 쓰일 때는 '그리고' 등의 뜻으로 쓰입니다.

198 귀여운 이모티콘을 봤을 때

training 198.mp3

이모티콘 귀엽다.

어제 새로 샀어.

이 이모티콘 움직이는 거구나~.

응. 또 소리도 나와.

사요 꿀팁*

'라인에서 쓰는 이모티콘'은 スタンプ라고 해요

スタンプ라고 하면 보통 우편물의 소인이나 관광지에 갔을 때 찍는 기념 스탬프를 말하는데, 일본에서는 라인에서 쓰는 '이모티콘'도 スタンプ라고 합니다. 요즘은 움직이는 것, 소리를 내는 것 등 정말 다양한 이모티콘이 있어서 이모티콘을 쓰는 것도 하나의 재미가 되고 있습니다. スタンプ와 함께 휴대전화나 메신저 어플에서 많이 쓰는 것이 絵文字(えもじ)와 顔文字(かおもじ)인데요. 絵文字(えもじ)는 글자 그대로 그림 문자로 한 글자 크기의 그림이나 애니메이션으로 만들어지고 顔文字(かおもじ)는 기호를 조합해서 표정을 나타내는 것입니다.

199 SNS를 하는지 물어볼 때

199.mp3

ラインやってる?

ラインやってない。

ラインやってないってめずらしいね。

そもそも私(わたし)、ガラケーなんだよね。*

단어

やる 하다　めずらしい 드물다, 희귀하다　そもそも 처음, 애초　ガラケー 폴더폰

표현 TIP

* そもそも '애초부터, 원래'라는 뜻으로 어떤 주제에 대해 논리적으로 이야기하려고 할 때 많이 씁니다.

199 SNS를 하는지 물어볼 때

training 199.mp3

모모: 라인 해?

유미: 라인 안 해.

모모: 라인 안 하다니 신기하네.

유미: 애초에 나 폴더폰이거든.

사요 꿀팁

'피처폰'은 ガラケー라고 해요

ガラケー란 갈라파고스 제도에 비유하여 ガラパゴス携帯(갈라파고스화된 핸드폰)를 줄인 말로 '피처폰, 폴더폰'을 의미합니다. 일상생활에서는 멀티터치 방식인 스마트폰과 비교하여 버튼식 핸드폰이라는 의미로 쓰며, 주로 업무용이나 60대 이상 나이 많은 분들이 사용합니다.

200 SNS 글을 리트윗 할 때

200.mp3

見(み)て、この投稿(とうこう)。*

ウケる。

面白(おもしろ)いからリツイートしとこ。*

私(わたし)もしとこ。*

단어

投稿(とうこう) 투고, 원고 **ウケる** 재미있다, 웃기다 **面白(おもしろ)い** 재미있다 **リツイート** 리트윗

표현 TIP

* **投稿(とうこう)** 잡지나 신문 등에 게재될 목적으로 원고를 보내는 것뿐만 아니라 블로그나 SNS, 인터넷 게시판 등에 글이나 영상을 업로드하는 것도 投稿(とうこう)라고 합니다.
* **しとこ** しておこう(해 놓자)의 회화체이자 줄임말입니다.

SNS 글을 리트윗 할 때

training 200.mp3

이 글 좀 봐봐.

웃긴다.

재밌으니까 리트윗 해둬야지.

나도 해야지.

사요 꿀팁*

트위터(ツイッター) 관련 표현들

트위터(ツイッター)에서 사용하는 일본어를 정리하면 '트윗'은 ツイート, '리트윗'은 リツイート라고 하고, '팔로우'는 フォロー, '팔로워'는 フォロワー라고 합니다. 그리고 서로 팔로워가 되는 '맞팔'은 フォロバ라고 합니다. 일본만의 특이한 용어도 있는데 '계정, 어카운트'는 원래 アカウント인데 일본에서는 이를 한자 垢(あか)로 간단하게 써서 '본 계정'은 本垢(ほんあか), '비밀계정'은 裏垢(うらあか)라고 합니다.

망각방지 장치 1

하루만 지나도 학습한 내용의 50%는 잊어버립니다. 여러분은 몇 퍼센트나 잊어버렸을까요? 5분 안에 20개를 말해 보세요.

			○	×	복습
01	비번 뭐였더라?	パスワード ＿＿＿＿ ?	□	□	191
02	재설정해봐.	＿＿＿＿ よ。	□	□	191
03	농담에 진지하게 답변하는 사람 어떻게 생각해?	冗談(じょうだん)を ＿＿＿＿ どう思(おも)う？	□	□	192
04	유코는 천성이 그러니까.	ゆうこ ＿＿＿＿ ね。	□	□	192
05	어제 뉴스 진짜 웃겼어.	昨日(きのう)のニュース ＿＿＿＿ 。	□	□	193
06	어떤 뉴스였는데?	＿＿＿＿ ?	□	□	193
07	와, 악플로 엄청 도배돼 있네.	うわっ、＿＿＿＿ 。	□	□	194
08	관심 끌려고 일부러 그러는 건가?	＿＿＿＿ かもね。	□	□	194
09	나 정신이 이상한가 봐.	私(わたし) ＿＿＿＿ かもしれない。	□	□	195
10	그건 단순히 질투 아니야?	それは ＿＿＿＿ じゃない?	□	□	195

정답 01 何(なん)だっけ　02 再設定(さいせってい)してみな　03 マジレスで返(かえ)す人(ひと)　04 天然(てんねん)だから
05 マジウケる　06 どんなニュース　07 すごい炎上(えんじょう)してる　08 炎上商法(えんじょうしょうほう)
09 メンヘラ　10 ただの嫉妬(しっと)

			○	✕	복습
11	요즘 젊은 애들이 자주 써.	最近(さいきん)、若(わか)い子達(こたち)が ______ よね。	☐	☐	196
12	말이라기보다는 기호지.	______ 記号(きごう)だよね。	☐	☐	196
13	이거 인스타각일 것 같지 않아?	これ ______ じゃない？	☐	☐	197
14	여기 들어가볼까?	ここ ______ ？	☐	☐	197
15	이모티콘 귀엽다.	______ 。	☐	☐	198
16	어제 새로 샀어.	昨日(きのう) ______ の。	☐	☐	198
17	라인 안 하다니 신기하네.	ラインやってないって ______ ね。	☐	☐	199
18	애초에 나 폴더폰이거든.	そもそも私(わたし)、______ よね。	☐	☐	199
19	이 글 좀 봐봐.	見(み)て、______ 。	☐	☐	200
20	재밌으니까 리트윗 해둬야지.	面白(おもしろ)いから ______ 。	☐	☐	200

정답 11 よく使(つか)ってる 12 言葉(ことば)っていうか 13 インスタ映(ば)えしそう 14 入(はい)ってみる
15 スタンプかわいい 16 新(あたら)しく買(か)った 17 めずらしい 18 ガラケーなんだ
19 この投稿(とうこう) 20 リツイートしとこ

망각방지 장치 2

일주일이 지나면 학습한 내용의 70%를 잊어버립니다. 여러분은 몇 퍼센트나 기억하고 있을까요? 대화문으로 확인해 보세요.

091 이모티콘의 뜻을 물을 때

try 091.mp3

A　'쿠사'가 무슨 뜻이지? [181]

B　それ笑(わら)いっていう意味(いみ)なんだって。

A　そうなんだ。悪口(わるぐち)かと思(おも)ってた。

B　요즘 젊은 애들이 자주 써. [196]

• 笑(わら)い 웃음　~なんだって ~이래　悪口(わるぐち) 욕　~かと思(おも)った ~인 줄 알았다, ~인가 생각했다

092 라인으로 사진으로 주고받을 때

try 092.mp3

A　さっき撮(と)った写真(しゃしん)、あとでちょうだい。

B　オッケー。라인 해? [199]

A　하지. [183]

B　じゃあ、ID教(おし)えて。あとでラインに送(おく)るよ。

• ちょうだい 주세요　オッケー 오케이　教(おし)える 가르치다　あとで 나중에　送(おく)る 보내다

091

A　草(くさ)ってどういう意味(いみ)だろ？[181]

B　그거 '웃음'이라는 뜻이래.

A　그렇구나. 욕인 줄 알았어.

B　最近(さいきん)、若(わか)い子達(こたち)がよく使(つか)ってるよね。[196]

092

A　아까 찍은 사진 나중에 줘.

B　알았어. ラインやってる？[199]

A　やってるよ。[183]

B　그럼 ID 알려줘. 나중에 라인으로 보낼게.

093 인터넷으로 정보를 검색할 때

try 093.mp3

A 뭐야, 이 마지만지는? 196

B 最近(さいきん)よく聞(き)くけど、どうゆう意味(いみ)なんだろうね。

A 구글링 해볼래? 181

B そうだね。

A わからない時(とき)はグーグル先生(せんせい)に聞(き)くのが一番(いちばん)だよね。

- どうゆう 어떤, 무슨(=どういう) わかる 알다 グーグル 구글(google) 一番(いちばん) 상책, 제일

094 움직이는 이모티콘을 봤을 때

try 094.mp3

A 이 이모티콘 귀엽다. 198

B でしょ〜。

A 게다가 움직이는 거구나~. 198

B うん。面白(おもしろ)くて買(か)っちゃったよ。

A 私(わたし)もこれ買(か)おうかな。

- 面白(おもしろ)い 재미있다

093

A　何(なに)、このマジ卍(まんじ)って。[196]

B　요즘 자주 듣는데 무슨 의미지?

A　ググってみる？[181]

B　그래.

A　모를 때는 구글 선생님한테 물어보는 게 제일이야.

094

A　このスタンプかわいい。[198]

B　그치？

A　しかも動(うご)くんだ〜。[198]

B　응. 재미있어서 샀어.

A　나도 이거 살까?

095 악플로 도배된 SNS를 보고

try 095.mp3

A　이 글 좀 봐봐. 200

B　와, 악플로 엄청 도배돼 있네. 194

A　ヤバいよね。

B　何でこんなに炎上したんだろう。

• やばい 위태롭다, 위험하다　炎上 염상(큰 건물 등이 타오름), 악플 쇄도

096 걸으면서 스마트폰을 할 때

try 096.mp3

A　또 걸으면서 스마트폰 한다. 185 今、赤信号だったよ。

B　ほんと？気がつかなかった。

A　そんなんじゃいつかケガするよ。

B　わかったよ。조심할게. 185

• 赤信号 빨간불　気がつく 깨닫다, 주의가 미치다　けがをする 다치다

095

A この投稿見て。200

B うわっ、すごい炎上してる。194

A 대박이지?

B 왜 이렇게 악플로 도배됐을까?

096

A また歩きスマホしてる。185 방금 빨간불이었어.

B 진짜? 몰랐어.

A 그러다가 언젠가 다쳐.

B 알았어. 気をつけるよ。185

097 예쁜 가게를 발견했을 때

try 097.mp3

A　このお店(みせ)かわいい！

B　ほんとだ。お店(みせ)がピンク色(いろ)。

A　여기 인스타각일 것 같지? 197

B　うん。여기 들어가볼까? 197

A　そうだね。

- お店(みせ) 가게　ピンク色(いろ) 분홍색

098 스팸메일 때문에 골치일 때

try 098.mp3

A　最近(さいきん)、迷惑(めいわく)メールが多(おお)くて困(こま)ってるんだよね。

B　1日(いちにち)に何件(なんけん)くらいくるの？

A　200件(にひゃっけん)くらい。

B　차단해. 184 아니면 메일 주소를 바꾸든지. 184

- 迷惑(めいわく)メール 스팸메일　困(こま)る 난처하다　1日(いちにち) 하루　何件(なんけん) 몇 건

097

A　이 가게 예쁘다!

B　진짜. 가게가 핑크색이야.

A　ここインスタ映(ば)えしそうじゃない? 197

B　응. ここ入(はい)ってみる? 197

A　그래.

098

A　요즘 스팸메일이 많아서 괴로워.

B　하루에 몇 건 정도 오는데?

A　200건 정도.

B　ブロックしたら? 184 それかメアド変(か)えるとか。184

099 친구가 SNS에 사진을 올렸을 때

try 099.mp3

A　겐이치 인스타 올렸어.[182]

B　옆에 있는 사람 누구야?[186]

A　もしかして彼女(かのじょ)かな。

B　だとしたら超(ちょう)ショックなんだけど。

- もしかして 혹시　彼女(かのじょ) 여자친구, 그녀　超(ちょう) 아주, 매우　ショック 쇼크, 충격

100 친구가 SNS를 그만뒀을 때

try 100.mp3

A　요즘 유코한테 읽씹 당해.[187]

B　ゆうこ、ラインやめたらしいよ。

A　그럼 지금 라인 안 하는 거야?[199] なんでまた…。

B　ラインでのやり取(と)りが面倒(めんどう)くさくなったんだって。

- やめる 그만두다　やり取(と)り 주고받음, 교환함　面倒(めんどう)くさい 귀찮다, 번거롭다

099

A　健一、インスタ載せてる 182

B　隣にいる人、誰? 186

A　혹시 여친인가?

B　그렇다면 완전 쇼크인데.

100

A　最近、ゆうこに既読スルーされる 187

B　유코 라인 그만둔 모양이야.

A　じゃあ、今ラインやってないの? 199 왜 또….

B　라인으로 주고받는 게 귀찮아졌대.

ㄱ

ㅇ